Géopolitique d'un monde mélancolique

Chez le même éditeur

Sami A. Aldeeb Abu-Sahlieh, *Introduction à la société musulmane*

Patrick Lagadec, Laura Bertone et Xavier Guilhou, *Voyage au cœur d'une implosion, Ce que l'Argentine nous apprend*

Philippe Moreau Defarges, *Où va l'Europe?*

Bernard Nadoulek, *L'épopée des civilisations*

Alain Simon

Géopolitique
d'un monde mélancolique

EYROLLES

Groupe Eyrolles
61, bd Saint-Germain
75240 Paris Cedex 05

www. editions-eyrolles.com

© Groupe Eyrolles, 2006
ISBN : 2-7081-3486-8

Alain Simon

Géopolitique
d'un monde mélancolique

EYROLLES

Groupe Eyrolles
61, bd Saint-Germain
75240 Paris Cedex 05

www. editions-eyrolles.com

© Groupe Eyrolles, 2006
ISBN : 2-7081-3486-8

SOMMAIRE

METTRE EN QUESTIONS

*Les hommes ressemblent plus à leur
époque qu'à leur père.*

MARC BLOCH

Adeptes ou victimes de la Très Grande Vitesse, veuillez prendre place. Acceptez un instant de vous asseoir et d'interrompre le rythme des horaires et de leurs rendez-vous – le mot sonne comme une reddition aux agendas. Drapeau blanc, le temps d'un voyage. Quelques journaux pour accompagner le trajet. Mais c'est alors de nouveau la presse. Comment échapper à la dictature du jour le jour, si elle est quotidienne? Le recul de l'hebdomadaire change à peine la profondeur de champ. Il ne suffit donc pas d'incliner le fauteuil pour prendre du recul.

La mise en mouvement commence. Les fenêtres du train voisin, sur le quai mitoyen, s'éloignent. Comment ne pas croire que l'on s'est déplacé? L'impression ne dure qu'un instant, c'est l'autre train qui a démarré, et lorsqu'il a disparu, le quai de la gare, toujours là, témoigne à la fois de notre mouvement illusoire et de notre immobilité persistante.

Qui n'a éprouvé ce sentiment de bouger… alors que le monde extérieur seul se déplaçait? Qui n'a cru, à l'inverse, demeurer inchangé alors que tout s'agitait autour de lui? Ce jeu de trompe-perception pourrait bien nous prendre dans ses rets en toutes circonstances… En ce début de XXIe siècle, par exemple. Tandis que nous ressentons l'impression confuse que l'actualité serait en tâche d'écrire une page d'Histoire. Jamais peut-être, depuis l'année 1989 et son cortège de bouleversements, de Pékin à Berlin, cette perception n'avait été plus vivace; il y aurait un avant et un après. Faudrait-il donc attendre que la page soit rédigée, tournée peut-être, pour en prendre la mesure?

Dans la confusion apparente, quelle place faire à la réalité, touffue certes, et à la perception que nous en avons, brouillée sans (aucun) doute. Manquons-nous d'informations ou, au contraire, sommes-nous submergés par leur profusion? Ne peut-on admettre que des arbres innombrables puissent cacher une forêt à celui qui s'y perd? Serait-ce le fait d'être né dans un vieux monde, qui n'est pas tout à fait mort, qui empêcherait de comprendre le nouveau, qui n'est pas complètement né? Le sentiment de vivre une révolution? Mais une révolution, n'est-ce pas aussi ce qui ramène au point de départ? Quelle distance focale adopter pour que la profondeur du champ présent soit nette? Doit-on ne voir que les ruptures – elles semblent évidentes –, ou bien des pôles de stabilité et de continuité continueraient-ils d'exister?

Faut-il s'étonner de la tentation nostalgique qu'on sent monter? Est-ce pure coïncidence si le Grand Palais fait cimaises combles, à Paris, à l'automne 2005, en proposant deux expositions qui laissent si bien percevoir cette nostalgie : *Vienne 1900* et *La Mélancolie?* Cette dernière exposition, que l'on doit à Jean Clair, son commissaire, rappelle combien la mélancolie traverse l'histoire de l'Occident, qui lui doit génies et folies. La mélancolie est le plus souvent associée à la dépression… mais on a vu de grandes Dépressions, après une Grande Guerre, exploser en une autre Guerre. La mélancolie montre alors son visage furieux, l'autre versant de sa face abattue, et les deux écrivent l'Histoire. En ce moment même, tout se passe comme si faisait irruption une «belle époque», évidemment enjolivée après coup? N'est-ce pas la tendance de toutes les générations, celles qui du moins n'ont pas connu d'apocalypses, de mythifier leur passé – une propension à laquelle nous n'échapperions pas?

Devant la carence des discours explicatifs, le retour en arrière n'est pas le pire danger. La tentation est généralement toute proche de dériver vers les boucs émissaires dont le projet, tapi dans l'ombre, donnerait un sens apparent aux déstabilisations confuses. La rationalité ayant horreur du vide, on dispose alors de vraies fausses explications et, c'est plus important encore, de paratonnerres : on passe aisément des boucs émissaires aux victimes expiatoires, vers qui orienter ses angoisses fulgurantes.

Ces questions, tant d'autres encore, surgissent des débats, conférences, rencontres, en ville ou en campagne (électorale), *talk-shows* publics et cafétérias privées. Elles sous-tendent le voyage qui est ici proposé. Inutile de jouer à cache-cache, ce livre propose de montrer que le monde est moins fou, insensé, qu'il n'y paraît. Une climatologie est visible sous les péripéties de la météorologie.

Pour prendre le monde en mains, tenter de le mieux comprendre, le cheminement propose deux compagnons de voyage. Pourrait-on trouver meilleurs guides qu'un archéologue, qui fouille le passé, et un architecte, qui bâtit l'avenir? L'un et l'autre occupent l'espace, s'occupent des territoires, sont à leur aise sur les chantiers. Leur réunion n'est-elle pas comme une conjonction de coordination qui associerait l'Histoire et la Géographie? Nous tenterons de les faire entrer en résonance et parlerons donc de géopolitique, puisqu'on nomme ainsi l'amalgame formé par la vieille histoire-géo de nos enfances.

Je vous souhaite bon voyage, sans besoin de ceintures attachées, celles des idées reçues, dans le temps long, celui de l'Histoire, et les espaces irréductibles, ceux de la Géographie… Au fil du trajet, nous croiserons l'économie triviale, les créances qu'elle fait naître; nous retrouverons aussi sans cesse le monde des idées, les croyances qui le tapissent. Et partout le risque des discrédits.

1

PAYSAGES
APRÈS LA BATAILLE...

«L'homme ne peut vivre s'il n'a pas la force de briser et de dissoudre une partie de son passé, et s'il ne fait pas, de temps à autre, usage de cette force : il lui faut pour cela traîner ce passé en justice, lui faire subir un sévère interrogatoire et enfin le condamner.» Nietzsche est cité par un historien de l'art, Daniel Arasse, qui n'a eu de cesse de donner à mieux voir. La phrase est dans la bouche d'Anselm Kiefer, artiste allemand contemporain, dont il nous propose de visiter les œuvres, interrogations permanentes sur la possibilité d'être artiste quand on est né dans les ruines de 1945.

Empruntons nous aussi cette voie en revendiquant toutefois qu'un interrogatoire ne requiert pas nécessairement une condamnation. Constamment, nous proposerons de citer l'Histoire à comparaître comme témoin, grand témoin, qui non seulement permet de visiter, revisiter le passé, mais aide à comprendre les créations contemporaines, notre actualité.

Aperçus avant impressions

Au commencement, il y eut la Guerre Froide, la borne qui marque le temps à partir duquel s'opèrent les déplacements, se mesurent les changements en cours. Soulagés au début, obnubilés ultérieurement par les conséquences de son achèvement, nous avons oublié son déroulement et les conditions de son dénouement semblent occultées. Comme lorsque meurt un créateur, son œuvre commence généralement une traversée du désert. Combien de temps avant de le retrouver, de prendre la mesure de sa contribution?

Et pourtant, qui aurait prétendu comprendre la période inaugurée au milieu des années 1940 sans se référer à la manière dont avait été conduite, gagnée, la seconde en date des guerres dites mondiales? Les espoirs qu'elle avait fait naître, les angoisses suscitées, les dettes contractées, les culpabilités aussi, tout était au rendez-vous de 1945, comme un trousseau de clés qui allait ouvrir le chapitre suivant, celui de la Guerre Froide.

Étrangement, la période actuelle appelle peu à témoigner celle qui la précédait. Et pourtant, ce que nous vivons aujourd'hui ne se comprend qu'à la lumière de la période inaugurée en 1945. Nous sommes pleinement redevables à la troisième et dernière des guerres mondiales du XXe siècle. La Guerre Froide a façonné le monde, ce fut une guerre totale, militaire, économique, culturelle, entre autres champs d'affrontement. Froide rarement, tiède parfois, chaude, voire brûlante dans de nombreuses batailles.

Est-ce la découverte de la photo numérique qui, en nous poussant à jeter nos appareils à pellicules, nous a fait oublier dans le même geste que le négatif servait, sert encore à révéler le positif ? Le monde actuel ne se comprend qu'à la lumière de ce que fut l'ancien qui le révèle, en creux… Il en est ainsi de la guerre de Quarante Ans, celle qui s'achève au milieu des années 1980 par la reddition de l'Union soviétique, l'accession au pouvoir de Gorbatchev, syndic de faillite. Son CDD avec l'Histoire s'achèvera en 1991, mais personne ne pouvait deviner la durée du contrat. Après de bons et loyaux services, une Armée Rouge repliée en bon ordre, imagine-t-on si la défaite de l'URSS en Europe avait été aussi mal gérée que sa déroute en Asie centrale? L'avenir lui rendra sa place, reconnaîtra notre dette à ce liquidateur qui sut éviter la révolte ou la fuite en avant.

AND THE WINNER IS…

Les États-Unis sont vainqueurs. Amère victoire, qui les laisse épuisés, leur principale consolation étant de connaître l'état des vaincus. En 1985 comme en 1918, comme en 1945, les vainqueurs ont un projet de Monde Nouveau à bâtir sur les décombres de l'ancien. C'est ce projet que nous tenterons d'exposer à la lumière : nous sommes bien dans ce qu'on appelait, au temps jadis, la révélation de l'argentique. Il est d'ailleurs étrange que nous ayons, aujourd'hui, si peu conscience de la silhouette de ce projet alors que nous avons clairement en mémoire ceux qui avaient été esquissés au lendemain des précédents conflits. Étrange et bien regrettable, car c'est à l'aune de cette vision qu'il convient d'analyser ce qui se met en place en ce moment, depuis presque deux décennies déjà.

Ne surtout pas croire que le projet ait été ciselé en détail, ou que les moyens pour y parvenir aient été prémédités. Les grands objectifs, tout au plus, avaient été dessinés. Ce sont eux que nous essaierons de faire apparaître : ce qui est de l'ordre du cap que le skipper s'assigne et qu'on ne verrait pas, absorbés que nous sommes à suivre les bords qu'il tire dans l'improvisation. Avant toute chose, s'interroger sur les raisons de notre myopie. Pourquoi le Projet pour le Monde à Venir nous échappe-t-il au milieu des années 1980, alors que le monde du Traité de Versailles ou celui de Yalta semblent si évidents ? Plusieurs hypothèses en vrac…

Une première réponse se trouve assurément dans la question elle-même. Le projet est d'autant moins visible qu'aucune conférence, aucun traité n'en a assuré la communication ! Aux lendemains de leurs victoires précédentes, les États-Unis ont eu à composer avec les autres vainqueurs des conflits. Les Conférences de 1919 et 1945 furent alors les lieu et temps des compromis visibles et proclamés où le projet de Wilson et celui de Roosevelt se métissaient, de manière ostensible sinon ostentatoire, aux projets des autres covainqueurs. Impossible dès lors de les ignorer. À l'inverse, aussitôt obtenue leur victoire dans la Guerre Froide, peut-être étonnés eux-mêmes de son apparente soudaineté, les États-Unis ont estimé n'avoir de compte à rendre à personne, persuadés eux-mêmes d'avoir gagné seuls la finale des guerres mondiales du XXe siècle.

On reviendra plus loin sur la pertinence ou l'impertinence de ce sentiment. Le monde nouveau leur appartient et n'appartient, du moins veulent-ils le croire, à aucun autre covainqueur avec lequel il aurait fallu composer. À vainqueur unique, projet exclusif. Si la conception ne fut pas immaculée, on peut dire que la gestation du monde de l'après-Guerre Froide s'est opérée sans publicité. Mais les grossesses clandestines ne le sont souvent que pour ceux qui ne veulent pas les voir.

LA MYOPIE, EN VF

Une seconde explication peut aussi être suggérée qui soulignerait alors une exception culturelle française. Que l'Histoire soit écrite par les vainqueurs est moins visible, moins acceptable encore pour des Hexagons que pour n'importe quel autre peuple. Marqués par leur passé récent et la vision qu'ils en ont, les Français descendants gaulliens des Gaulois, que d'ailleurs ils aient été gaullistes ou non, croient plutôt que l'Histoire est rédigée, régie par le Droit.

Il faut reconnaître, à notre décharge, que nous avons été mal éduqués. Notre vision mythifiée de la fin de la Seconde Guerre mondiale a donné de bien mauvaises habitudes à notre regard historique. Car la France a alors bénéficié d'une dispense historique exceptionnelle à la règle du jeu de l'Histoire-écrite-par-les-vainqueurs. Et ses concitoyens ont fini par prendre cette dispense pour la règle du jeu elle-même. Revenons un instant sur cette époque.

Comme il existe des «assimilés cadres» dont le statut dépend d'un bon vouloir et non pas seulement d'un mérite (ou d'un diplôme), la France, bien que battue, a été «assimilée aux vainqueurs» en 1945. Elle doit certes ce statut au courage héroïque d'une poignée de marginaux, les résistants de l'intérieur, ceux qui croyaient au ciel et ceux qui n'y croyaient pas, mais aussi aux combattants de l'extérieur, ceux qui venaient de France et ceux qui prenaient son parti. Mais son sort résulte également, sinon surtout, de la volonté des «vrais» vainqueurs de la considérer comme telle. Et notamment pour contrebalancer en Europe continentale l'éventuelle puissance d'une Allemagne résurgente. La France a ainsi été dotée au lendemain de la Seconde Guerre mondiale de tous les attributs des vainqueurs; citons, entre autres, un siège permanent au Conseil de Sécurité de l'ONU qui se met en place, le droit d'y exprimer un veto, plus tard l'accès au nucléaire, le droit d'occuper un morceau du Reich vaincu, le droit de célébrer la victoire...

La France a ainsi disposé de la panoplie complète des pays victorieux sans cependant en avoir fait partie. Cette dignité, obtenue lors d'une session de rattrapage, a également permis de jeter un voile mythique et pudique sur la réalité d'une défaite militaire consommée en 1940 et que les sacrifices ultérieurs des résistants n'ont pu effacer que moralement, ce qui n'est pas rien. Depuis 1945, la France est en quelque sorte prisonnière de son personnage, l'habit l'a faite moine. Oublieuse, peut-être honteuse, des conditions qui lui ont valu son statut, elle en arrive à croire au rôle qu'elle joue. Elle ne voit plus que le droit international n'est, historiquement, qu'un habillage respectable qui, après coup, légitime les rapports de force des champs de bataille. La mémoire héritée de 1945 occulte la compréhension du présent. Il n'est toujours pas concevable aujourd'hui de voir que les vainqueurs seuls écrivent la suite de l'Histoire puisque cette acceptation obligerait à revisiter le mythe consensuel d'une France victorieuse de la seconde Guerre Mondiale, ce mythe qui a permis de faire du blanchiment de mémoire piteuse.

Dans ces conditions, il devient impossible en France d'accepter aujourd'hui qu'un projet historique puisse être ébauché par les États-

Unis, et par eux seuls, puisqu'ils s'estiment vainqueurs uniques, n'ayant à rendre compte à personne. Ils croient même, dans le Yalta virtuel de l'après Guerre Froide, n'avoir à se réunir qu'avec eux-mêmes… Et pourtant il existe bien, lorsque la Guerre Froide se termine, une vision américaine du monde à venir. En prendre connaissance n'est pas l'approuver, ce peut même éventuellement être un prérequis pour la critiquer.

JE VOUS PARLE D'UN TEMPS QUE LES MOINS DE VINGT ANS…

Car elle fut chère payée, la victoire froide! Il n'est sans doute pas utile de revenir en détail sur le cortège des moyens successifs qui ont été mis en œuvre pour asphyxier l'Union soviétique. Un minimum cependant… Juste ce qu'il faut de retour sur le passé pour comprendre, on y viendra vite, notre présent.

Contentons-nous donc de résumer les chapitres précédents de notre Histoire, sans le souci de rigueur scientifique et d'exhaustivité que devrait avoir un historien, un vrai… Histoire de rappeler, histoire de commémorer le rôle déterminant d'une arme qui est apparue décisive lors du sprint final des années 1980 (lequel s'est révélé final après coup, car personne ne pouvait le soupçonner auparavant) : le dollar américain, à qui il n'est que temps de rendre sa place.

« *Notre monnaie, votre problème* » disait déjà, il y a trente ans, John Connally, secrétaire d'État au Trésor américain… « *Notre monnaie, notre solution* » aurait pu paraphraser Ronald Reagan. Car le dollar va être mobilisé au service de la Guerre Froide. Ce qui avait failli être perdu sur le terrain, au Vietnam, va être obtenu grâce à du papier. On peut perdre une bataille et finir par gagner une guerre! Se souvient-on que la valeur du dollar américain a été multipliée par 2, voire 2,5, entre 1980 et 1985? Par rapport au franc français, il est passé de moins de 4 francs pendant l'été 1980 à plus de 10,60 francs au début de 1985. Cette ascension a été comme la montée au front – il faut maintenant l'expliquer – d'un dollar de combat…

Pour financer, au début du premier mandat de Reagan, la relance de la course aux armements qui épuisera l'Union soviétique dans un pot-latch moderne, les États-Unis ont dépensé sans compter… Il en est résulté un déficit budgétaire qu'il a fallu financer : le choix a été fait de recourir à des emprunts, de véritables «emprunts de guerre froide».

Cette demande d'emprunts a provoqué une montée des taux d'intérêts américains, attirant les capitaux venus d'ailleurs. Lesquels, pour souscrire les bons du Trésor américain, c'est-à-dire pour financer la guerre – mais le savaient-ils ? –, devaient disposer de dollars. Les détenteurs des monnaies du monde les ont alors vendues pour acheter du billet vert, qui s'est donc mécaniquement envolé. La hausse du dollar est ainsi apparue comme symptôme d'une guerre menée à crédit. Incapable de lancer des emprunts symétriques, les détenteurs d'emprunts russes ayant de la mémoire, l'Union soviétique jettera l'éponge.

Mais ce n'est là qu'une partie des faits d'armes du dollar. Il faut pousser plus loin et le citer encore à l'ordre de la nation américaine pour d'autres exploits. Sa hausse a simultanément provoqué des modifications de flux commerciaux. On excusera le rappel d'une évidence : quand le dollar prend de la valeur par rapport aux autres monnaies, les produits européens et japonais, notamment, ne cessent dans le même temps de devenir moins chers sur le marché américain. Plus le dollar s'apprécie, plus leurs prix, exprimés en dollars, les rendent compétitifs. Ainsi, tandis que le dollar monte au créneau de la Guerre Froide, le marché domestique des États-Unis est envahi de produits eurasiatiques. Voitures et articles électroniques japonais ou coréens, biens d'équipement et de consommation allemands, produits alimentaires français s'engouffrent aux États-Unis. Les alliés occidentaux et asiatiques des États-Unis bénéficient d'une prospérité tirée par leurs exportations, elles-mêmes aspirées par un dollar au service de la Guerre Froide…

Cette bouffée d'oxygène n'a pas peu contribué à la stabilité relative qui régnait alors en Europe occidentale et au Japon. D'autant plus prospères et d'autant plus paisibles, les alliés sont ainsi rendus fiables par le développement, les exportations, la croissance, la hausse du dollar, dans la première moitié des années 1980 : cela se révèle ainsi une sorte de deuxième plan Marshall indirect au bénéfice des alliés des États-Unis dans la Guerre Froide. Lesquels alliés disposent même d'une capacité d'épargne… qui va aussitôt se placer en bons du Trésor américain. La fin de la Guerre Froide nous a offert une extraordinaire réactivation de la vieille dialectique qui unit les marchands et les guerriers : les États-Unis ont créé de la monnaie – vraie ou fausse, on peut en discuter – pour financer la prospérité de leurs alliés, puis ils ont emprunté la même monnaie pour asphyxier leur adversaire.

Tranchons au passage le débat sur la nature de la monnaie américaine : vraie ou fausse ? Nous répondons qu'elle était «fausse» car le pouvoir d'achat émis à tour de planches à billets ne correspondait à aucun pouvoir de dépense aux États-Unis. Les détenteurs de dollars auraient-ils voulu acheter des biens ou des services américains, ils auraient découvert le pot-aux-roses. Quelle chance, finalement, qu'ils aient fait le choix de «recycler» leurs capitaux en bons du Trésor américains! Une fausse monnaie pour une vraie victoire. Bagatelles financières pour éviter un massacre. Il n'est guère étonnant que, dans ce contexte, la première moitié des années 1980 ait vu monter *crescendo*, parmi les Américains, le sentiment que les Européens et les Japonais avaient fait des affaires tandis qu'eux-mêmes faisaient la guerre. Et rien de ce qui se joue aujourd'hui ne peut être compris si l'on omet cette perception. S'agit-il seulement du passé?

Toute ressemblance avec une situation existante est sans conteste délibérée… Voici que se présente la première opportunité de réaliser l'intention revendiquée au début de ce chapitre : une lecture du passé au secours d'une compréhension du présent.

SAME PLAYER SHOOTS AGAIN…

Copions, collons.

La situation actuelle présente bien des analogies avec celle du milieu des années 1980… Qu'on veuille remplacer les pays exportateurs d'alors par la Chine d'aujourd'hui, et la même relation d'interdépendance peut être mise en évidence. L'émergence de la Chine, tirée par des exportations, elles-mêmes dopées par un yuan déprécié, permet à une partie des Chinois de décoller, à la République populaire d'accumuler des dollars… qui, placés en bons du Trésor américains, servent à financer les expéditions en Afghanistan ou en Irak, un projet de bouclier antimissiles… Plus la Chine exporte des biens de consommation aux États-Unis, plus les Américains peuvent faire la guerre…

Que signifient, dans ces conditions, les distances que fait semblant de prendre la Chine avec une politique étrangère américaine… qu'elle finance? Emmanuel Todd a bien raison quand il montre, démontre, combien les États-Unis sont dans ces conditions dépendants de leur bailleur de fonds. On s'éloignera cependant de son analyse lorsqu'elle aboutit à la conclusion qu'il s'agirait là d'un talon d'Achille de l'Empire américain.

À dépendance américaine, dépendance et demie chinoise… Si le niveau de vie des citoyens des États-Unis, leur capacité à faire la guerre, dépendent de financements chinois, l'ascension sociale des villes côtières de l'Empire du Milieu dépend symétriquement des ventes aux États-Unis. Un Empire tient l'autre et réciproquement. Nous sommes en présence d'une relation d'interdépendance – je te tiens, tu me tiens – qui est susceptible d'être stable. Le premier Empire qui trébucherait ferait déraper l'autre... Rien ne permet d'exclure le scénario du château de cartes mais le masochisme des acteurs n'est pas une fatalité. Nous y reviendrons.

RESSEMBLANCES ET DISSEMBLANCES

La situation d'interdépendance qui prévalait au milieu des années 1980 était des plus stables. L'épargne des exportateurs pacifistes japonais finançait les dépenses des guerriers yankees. Stable mais non exempte de dangers, car au travers de leurs importations, les États-Unis achetaient des produits autrement plus stratégiques que ceux qu'ils importent aujourd'hui de Chine. Les biens de consommation japonais étaient gorgés de haute technologie, domaine dans lequel les États-Unis perdaient leur leadership. L'électronique miniaturisée des walkmans et autres caméras vidéo est aussi celle qui est embarquée sur les F-15 de l'US Air Force. Bien malin qui distingue un microprocesseur de console avec laquelle on «joue» à la guerre, et celui qui équipe le tableau de bord d'un avion avec lequel on la fait véritablement.

Les importations américaines de la fin de la Guerre Froide ont provoqué de véritables Pearl Harbor technologiques aux États-Unis... On pourrait même dire que, pour la première fois dans l'histoire des guerres mondiales auxquelles ils participent, les États-Unis ont été conduits à subir des destructions sur leur propre territoire. Les destructions connues en septembre 2001 ont certes été traumatisantes, mais celles que le Japon a provoquées dans les années 1980 – par les parts de marché gagnées en Californie en «détruisant» celles des industriels américains – l'ont été également... Ne l'oublions pas, un *Japan bashing*, une agressivité antijaponaise, a sévi avant qu'Al-Qaida ne devienne l'unique objet des ressentiments...

À la guerre comme à la guerre... tant que durait la guerre... Car à peine celle-ci s'achève-t-elle, au milieu des années 1980, que les États-Unis jugent le prix payé exorbitant... et désormais illégitime. Et commence alors le premier acte de l'après-Guerre Froide, une réactivité technologique, une tentative pour rattraper le retard accumulé face à l'Europe occidentale et au Japon, retard porteur d'une dépendance inacceptable pour qui sait la portée fondatrice de la Déclaration d'In-dépendance, dans la mémoire collective des Américains… Il s'agit là de la priorité parmi les priorités. Le premier axe stratégique qui va guider la vision du monde américaine est dessiné.

Dans ces conditions et du point de vue des États-Unis, il apparaît urgentissime d'arrêter l'hémorragie technologique qui résulte d'importations eurasiatiques, involontairement dopées par le dollar guerrier de la première moitié des années 1980. La tentative de reconquête du marché domestique américain apparaît alors comme nouvelle frontière intérieure. Pour y parvenir, les États-Unis souhaitent dès lors tenter de limiter leurs importations. Condition nécessaire mais non suffisante : une relance des exportations américaines doit également accompagner la première démarche. Celles-ci permettront de gagner des parts de marchés extérieurs, et ainsi de financer davantage de recherche et développement, donc de rattrapage technologique, et, simultanément, double bénéfice, de priver le Japon et l'Europe occidentale d'une partie de leurs marchés domestiques. Double bonus qui permet en quelque sorte de gagner au grattage et au tirage.

Mais est-il alors vraiment nécessaire de rappeler quel fut le premier moyen mobilisé au service de cette ambition? Il s'agit de la décision, prise début 1985, le 26 février pour être précis, et confirmée aux accords du Plaza en septembre de la même année, de faire chuter le dollar – rechuter, à vrai dire – des sommets où l'avait conduit sa mobilisation au service de la Guerre Froide. Ceux qui tout au long des dernières années, en 2005 encore, ont constaté la baisse du dollar par rapport à l'euro, pour s'en étonner, s'en plaindre… et laisser faire, peuvent avoir l'impression que l'histoire se répète… Il n'en est rien. Elle se poursuit et notre présent était en point de mire du passé.

On doit cette décision monétaire américaine à Paul Volcker, gouverneur du Federal Reserve Board, le conseil des gouverneurs du Système fédéral de réserve, et à James Baker, secrétaire d'État au Trésor : ce sont eux qui étaient aux manettes et surtout aux micros. Leurs mots, qui représentaient le moyen premier de transformer le projet en réalité, et qui par leur crédibilité illustrent la fermeté de leur volonté, comportent une double signification.

CÔTÉ PILE, RENDRE AU DOLLAR CE QUI APPARTIENT…

La décision, en 1985, de diviser par deux la valeur du dollar s'apparente d'abord à un communiqué de victoire dans la Guerre Froide : «Au dollar fort, les vainqueurs, en haillons, reconnaissants.» Brave dollar qui était monté au créneau comme un GI monétaire pour solidifier, dans une prospérité factice, car reposant sur du papier vert, la coalition victorieuse! Et qui a également permis d'asphyxier la coalition adverse. Peut-être conviendrait-il d'ériger un monument à ce mythe monétaire qui a permis que la Guerre Froide se termine sans vitrification généralisée.

Certes des milliards de dollars jonchent le sol aujourd'hui, on les estime à huit mille. Ce sont, répétons-le, des pouvoirs d'achats sans potentiels de dépenses correspondants. Car s'ils devaient être convertis en biens ou services américains, ils provoqueraient une envolée des prix, c'est-à-dire un effondrement de la valeur du dollar lui-même. Alors, ne pouvant se vendre ni s'échanger, ces dollars détenus hors des États-Unis retardent l'échéance, renvoient à plus tard un problème qu'ils ne peuvent résoudre le jour même; ils se placent… Mais comme ils rapportent des intérêts, ils aggravent le problème, qu'ils repoussent plus qu'ils ne le résolvent…

L'histoire de ces placements successifs s'est déroulée sous nos yeux. Certains se sont d'abord précipités sur les marchés boursiers, le krach de 1987 dégrisant les fêtards. D'autres, ensuite, les sushi dollars, se sont dirigés vers l'immobilier japonais jusqu'à ce que crève la baudruche de leur spéculation. D'autres encore ont cheminé vers des pays en l'émergence instantanée desquels ils croyaient, jusqu'à ce que le soufflé de leurs illusions retombe à partir de 1997. Une autre masse de dollars, enfin, a été retrouvée placée dans une économie qu'on voulait croire nouvelle jusqu'à ce que la ruée vers l'or du Net se fracasse en mars 2000. Et la liste n'est certainement toujours pas close des processus de «recyclage» de la vraie-fausse monnaie américaine.

Ce qui doit être souligné est l'emballement des processus spéculatifs qui poussent, jusqu'à l'absurde et l'irréel, des anticipations autoréalisatrices, lesquelles provoquent tantôt ce qu'elles souhaitent, tantôt ce qu'elles redoutent. La spéculation renvoie ici évidemment à son étymologie, le miroir, puisque nous sommes en présence de spectateurs qui sont tellement fascinés par leurs opinions, comme d'autres par leur image, qu'ils la «réalisent». Il est important de constater que ces bulles financières qui éclatent depuis que la Guerre Froide est terminée, et qui éclateront encore, ne sont – on pardonnera l'image – que des flatulences financières qui accompagnent les difficultés de digestion de l'immense masse de fausse monnaie avec laquelle les États-Unis ont remporté une vraie victoire dans la Guerre Froide. Se plaindre peut-être, mais ne pas s'étonner! Et dans nos lamentations, ne jamais oublier qu'après d'autres conflits, ce qui jonche le sol n'est pas du papier. Se rappeler matin, midi et soir, combien heureux nous avons été d'être conviés à une page d'Histoire dont les dernières lignes ont été confiées à des financiers… Au dollar, sans rancune aucune…!

CÔTÉ FACE CACHÉE, LA CHUTE DU DOLLAR

Le choix monétaire qui a consisté à provoquer la chute du dollar au milieu des années 1980 ne se résume pas à la célébration d'une victoire. Il s'agit également de l'équivalent d'un débarquement américain dans une nouvelle guerre : la guerre pour la maîtrise des quelques filières technologiques clés dont les États-Unis considèrent que ceux qui les maîtriseront auront les moyens d'exercer l'hégémonie dans le monde. Une guerre qui repose sur la capacité à financer de la recherche, donc qui se joue à coups de parts de marchés. Une guerre qui avait commencé pendant la Guerre Froide, dans laquelle l'Europe occidentale et surtout le Japon avaient pris des longueurs d'avance, tandis que les États-Unis se battaient sur le front de la guerre contre l'URSS. Certes celle-ci faisait appel à des technologies pour lesquelles des retombées civiles pouvaient être escomptées, mais l'inverse n'était, n'est pas moins vrai… Qui parvient à miniaturiser de l'électronique civile accède à un savoir-faire dont les avions militaires ont besoin, on l'a vu…

« America is back », tel est le cri technologique lancé au travers de la chute du dollar. Devenu plongeur de combat, la monnaie américaine est plus que jamais notre problème, comme aurait pu le rappeler John Connally. Les États-Unis se lancent ainsi, se relancent en fait, dans ce que l'on pourrait appeler la « guerre de l'innovation ».

2

LA GUERRE DE L'INNOVATION, SES OBJECTIFS ET SES MOYENS

DU SIGNE AU SIGNAL

En son temps, trop peu d'importance fut accordée à la décision monétaire que nous évoquions à la fin du premier chapitre. Car, à dire vrai, elle était tout sauf monétaire… Elle témoignait du fait que la Guerre Froide était, du point de vue des États-Unis, enfin terminée, modifiant l'ordre de leurs priorités. Terminée l'époque où ils ouvraient leur marché domestique aux produits de leurs alliés, pour les fiabiliser en les faisant prospérer. On pourrait dire que, dès lors, le vieil ordre mondial avait vécu, dans ses dimensions monétaire, économique, financière et commerciale, toutes dimensions subordonnées à un projet géopolitique désormais accompli : gagner la Guerre Froide. Un vieux monde est mort, faut-il crier «Vive le nouveau!»? Nous y réfléchirons plus loin.

Quel dommage, en tout état de cause, que nous n'ayons pas entendu le message… Comme il est regrettable qu'il ait fallu attendre que des gravats jonchent le sol à Berlin, quatre ans plus tard, pour que les Européens prennent acte du fait que la Guerre Froide venait de se terminer, et qu'ils croient alors que l'essentiel de ses conséquences ait été la disparition d'un Mur ou d'un Rideau! On ne se consolera pas en observant que la plupart des Nord-Américains eux-mêmes n'ont pris la mesure de ce que signifiait la fin de la Guerre Froide, que lorsque, seize ans plus tard, des gravats ont jonché Manhattan et Washington. Quel dommage, d'une manière plus générale, qu'il faille attendre que les Bastille tombent pour qu'on prenne conscience des révolutions! Cela s'entend, il ne faut pas sous-estimer l'importance des symboles dans l'histoire des prises de conscience, une histoire qui contribue à l'écriture de l'Histoire. Mais il serait cependant bien utile de se rappeler que les ruptures peuvent se produire avant qu'on en prenne conscience, de même qu'une maladie ne commence pas le jour où un médecin rend un diagnostic.

Un double aveuglement peut ici être souligné, celui des autres ne consolant pas les uns : si l'Europe a été lucide quant aux enjeux politiques, du moins à partir de 1989, elle n'estimera la dimension technologique que bien plus tardivement. Les États-Unis, pour leur part, ont été conscients dès 1985 de la fin de l'ancien conflit mais ont cru qu'il déboucherait principalement sur la bataille de l'innovation. Ils n'ont pris toute la mesure des enjeux géopolitiques qu'au début du XXIe siècle, lorsqu'il est apparu qu'un cutter pouvait se révéler une arme de destruction massive – bien qu'il ne ressorte vraiment pas de ce qu'on appelle traditionnellement le *high-tech*, l'enjeu identifié en 1985...

VINGT ANS APRÈS...

L'exercice proposé ici s'apparente à une sorte d'exercice de futurologie avec effet rétroactif... Il s'agit de mettre en évidence les grands axes géopolitiques américains du milieu des années 1980 et de profiter, une fois n'est pas coutume, du temps si vite passé, pour regarder où en sont ces projets. Les deux décennies écoulées permettent-elles de constater que le cap est suivi, le but toujours poursuivi, sinon atteint? Comme si, depuis bientôt vingt ans, était en gestation un monde nouveau dont les États-Unis ne savaient certes pas, au lendemain de la Guerre Froide, combien de temps il faudrait pour qu'il voie le jour. Pas plus que la durée de la gestation, les modalités de son déroulement n'avaient été prévues; seul l'objectif était lisible. De même qu'au lendemain de la Seconde Guerre mondiale, les États-Unis savaient uniquement qu'ils voulaient gagner la Guerre Froide qui commençait, en tout cas ne pas la perdre, mais ignoraient évidemment combien de temps elle durerait. Ils ne pouvaient d'ailleurs être certains de parvenir à leurs fins... et étaient bien davantage encore dans l'ignorance de la succession des moyens qu'il faudrait improviser pour parvenir au but. Toutefois, il s'agit là d'un processus d'une grande banalité systématique : en 1941, après Pearl Harbor, l'objectif était clair mais, pour l'atteindre, combien de temps, quels moyens, quelles douleurs? Qui aurait prétendu le savoir? Qui aurait été crédible en l'affirmant?

Pourquoi ne pas créditer notre présent de la même banalité : les États-Unis auraient eu un objectif simple, à savoir gagner la guerre de l'innovation, et se seraient contentés d'improviser la succession des moyens tactiques au service du but stratégique? Voilà qui permettrait alors de placer les péripéties de l'actualité en perspective, de filtrer la quotidienneté envahissante avec un tamis historique. Voilà qui évitera aussi un double écueil : celui de l'irrationalité qui conduit certains à croire que les événements sont improvisés, dans un jour le jour sans autre fil directeur que les intérêts ou préoccupations du moment ; celui aussi qui en conduit d'autres vers ce qu'Umberto Eco appelle la « dietrologie » – que l'on pourrait rendre par « complotologie » –, selon laquelle des chefs d'orchestre clandestins dérouleraient méticuleusement un script secret écrit à l'avance. N'en déplaise à ceux qui abdiquent, dans des démarches finalement symétriques, toute volonté de comprendre.

Nous ne nous trouvons pas dans un mouvement brownien qui serait inintelligible. Pas davantage dans la République de Venise, dont les « sages », à fausse barbe et tapis dans l'ombre, accompliraient le Protocole, assurément machiavélique, pour rester dans le Nord de l'Italie, région chère à l'auteur du *Nom de la Rose* qui, sémiologue avant d'être romancier, s'avère donc un guide opportun pour notre recherche du sens. Avec le recul de deux décennies, on peut, à ce jour, distinguer trois grandes périodes dans la mise en œuvre de la réactivité technologico-géopolitique américaine – comme trois variantes tactiques tendues vers le même objectif.

LE CHANGEMENT DANS LA CONTINUITÉ

La première période, inaugurée en 1985, a mobilisé le dollar, et lui seul, au service de l'objectif historique. Voilà qui était en phase avec l'idéologie qui prévalait alors à Washington. Rappelons que Ronald Reagan commençait son second mandat, que George Bush senior allait lui succéder ; des présidents républicains dont on sait qu'ils privilégiaient, du moins en apparence et par comparaison avec les Démocrates, une approche non interventionniste – la régulation par les marchés. Que les marchés monétaires corrigent les dysfonctionnements des marchés commerciaux… qu'ils ont contribué à provoquer ! Que le dollar raccommode ce qu'il avait lui-même déchiré – le tissu industriel des États-Unis ! Voilà quel fut le premier mot d'ordre.

Et le fait est que la chute du dollar a apporté sa contribution. Une chute provoquée par les marchés eux-mêmes dans un premier temps (on connaît le rôle des prophéties autoréalisatrices lorsque des discours crédibles – ceux de Paul Volcker et de James Baker – conduisent les opérateurs, qui redoutent la baisse annoncée, à provoquer ce qu'ils craignent…); organisée par le G7 dans un second temps, de septembre 1985 (les accords du Plaza) à février 1987 (les accords du Louvre).

Mais si les importations en provenance du Japon et d'Europe occidentale ont été réduites, ce ne fut pas suffisamment. Si les exportations américaines ont été relancées, ce ne fut pas autant que souhaité. La tactique monétaire a vite montré ses limites. Il est apparu qu'il ne suffisait pas de «laisser faire». Est alors venu le temps de réfléchir à une nouvelle tactique… Peut-être ne suffisait-il pas de jouer sur le *tuning* monétaire en se drapant dans les apparences du non-interventionnisme! Il est apparu nécessaire que les interventions soient plus déterminées, que l'État prenne l'affaire en mains. Pour réduire les importations, c'est alors de protectionnisme dont il s'agissait… et de subventions pour accroître les exportations… Mais cela supposait qu'à Washington se trouvent aux commandes des acteurs qui ne répugneraient pas, idéologiquement, aux interventions étatiques, c'est-à-dire des Démocrates.

Faut-il rappeler que c'est précisément ce à quoi nous avons assisté à compter de 1993, avec l'arrivée à la Maison Blanche du président Clinton? Le même objectif a été poursuivi, mais avec des outils différents complétant le recours à l'ancien moyen : le dollar faible, certes encore, mais moins qu'avant. On a même assisté à une légère remontée du billet vert, très relative, la baisse par rapport aux cours de 1985 demeurant considérable. Mais ce fut en outre le temps de l'interventionnisme affirmé : quotas à l'importation, recours à des dispositions réglementaires, comme l'article Super 301 du Trade Act. Que personne n'imagine que cette deuxième variante tactique avait été programmée dès le milieu des années 1980! Tout un chacun, en revanche, aurait pu et dû être bien conscient du but poursuivi dès cette époque…

Bien entendu, les électeurs américains n'ont pas été sollicités en ces termes! En réalité, la campagne électorale dont Clinton est sorti vainqueur tournait autour du reproche fait au président sortant, et bientôt sorti, qu'il s'occupait trop de politique étrangère – Bush le père s'en allait déjà en guerre d'Irak. «*The economy, stupid*» s'écriait le challenger, qui pointait par là même ce que devraient être les priorités, ce qu'elles allaient être avec son élection : le marché domestique américain. Les discours du candidat démocrate ne parlaient pas non plus d'enjeux technologiques, ils soulignaient plutôt les emplois que la réactivité économique allait créer.

Nous avons ici une illustration de la manière dont des objectifs géopolitiques peuvent être traduits en «langage grand public», électoralement consommables. Ne dites pas «Je veux gagner la guerre de l'innovation», vous seriez sanctionné dans les sondages; dites plutôt «Je veux créer des emplois». En présentant une «re-technologisation» comme une «re-jobisation», vous vous donnez les moyens électoraux de vos ambitions géopolitiques.

Mais il advint que cette deuxième tactique a, elle aussi, fini par marquer ses limites d'efficacité. La meilleure tactique du monde comme la plus belle fille du monde… Au bout de deux mandats de quatre ans, Clinton ayant été reconduit en 1997, l'économie américaine a enregistré les bienfaits de la potion interventionniste. Importations en baisse, exportations relancées, créations d'emplois… Souvenons-nous de la jubilante Amérique de la fin de la présidence démocrate, tellement florissante qu'elle pouvait, luxe des insouciants, se préoccuper de pantalonnades de boudoirs. Plus dure allait être la chute des Towers.

Et la campagne présidentielle de l'année 2000 – Al Gore *vs* George W. Bush – allait se jouer à qui perd gagne, tel père, tel junior. Un nouveau président, certes, à partir de janvier 2001. Mais sur la thématique qui nous concerne en ce moment, la guerre de l'innovation, s'est-il vraiment agi d'une rupture? Ou plutôt, là encore, d'un changement (tactique) dans la continuité (stratégique)? Se souvient-on des déclarations du candidat républicain? N'en retenons qu'une… «*Une part trop importante des importations américaines provient de l'étranger*», n'a-t-il pas craint de déclarer. Au-delà du bushisme authentique, ne pas trop rire, ou pas trop longtemps, car la pérennité du projet allait vite percer sous les oripeaux d'un infléchissement dans son expression.

Le projet annonçait un troisième temps dans le cortège des réactions tactiques : une volonté affirmée d'isolationnisme commercial s'exprimait, résurgence d'une des tendances vers laquelle l'Amérique s'oriente quand son interventionnisme se heurte à un trop grand nombre de difficultés : fermer la porte et jeter la clé. Ce ne sont pas les exportateurs d'acier européens qui ont pu en douter lorsque, rapidement, dès mars 2001, les portes du marché nord-américain se sont fermées. De même, lorsqu'ils ont vu le renard américain se détourner de Millau, les producteurs de Roquefort ont dû considérer que cette leçon valait bien un fromage.

Comment a-t-on pu être surpris dans ces conditions lorsque, à partir de 2003, le dollar s'est de nouveau orienté à la baisse? Comme si le fils de son père retrouvait la tactique réactive inaugurée par le prédécesseur de son père – la tradition républicaine. Le dollar perdant 25 % de sa valeur en un an, l'histoire monétaire n'est pas un éternel recommencement. Elle est continuité. Lorsque, jour après jour, les quotidiens titrent sur les nouveaux records de l'euro, je m'imagine des journaux qui annonceraient en mars, avril ou mai que les jours rallongent, sans se référer au cycle des saisons.

Lorsque nous regardons les États-Unis, nous confondons sans doute les changements de styles et les changements de politiques. C'est là une propension erronée dont il faut se garder. Car dans le cas précis, et ce ne sera pas le seul, quelles que soient les alternances d'Administrations qui se produisent à Washington, elles portent sur les moyens à mettre en œuvre et non sur le but à poursuivre. J'ignore, tout le monde ignore, quels autres moyens les États-Unis ressortiront du magasin des accessoires, inventeront si nécessaire, pour poursuivre dans le futur la quête de l'objectif historique. Il est cependant possible d'affirmer sans coup férir qu'ils s'inscriront comme de simples déclinaisons de variantes tactiques, un changement de ton pour une même mélodie. Nous avons le droit de nous insurger contre tel ou tel moyen, nous avons sans doute le devoir de réagir, peut-être même de protester, mais nous ne pouvons pas nous étonner de leur mise en œuvre : l'objectif est aussi consensuel que l'était celui de gagner les guerres précédentes.

Peut-être sommes-nous mal placés pour disposer de cette lucidité, nous qui en France assistons, au travers des alternatives alternantes, à des querelles sur des tactiques sans que les objectifs stratégiques soient finalement évoqués. On remarquera ici que les règles électorales américaines sont ainsi faites qu'il y a quasiment obligation de changer de tactique tous les huit ans, au maximum. Impossible de persister dans une erreur plus longtemps, en additionnant les septennats et les quinquennats. Les États-Unis apparaissent sur ce point comme une machine à inventer sans cesse de nouvelles erreurs, et à les jeter ensuite sans retour. Lorsque le kleenex républicain a servi, on passe au scottex démocrate. Et ainsi de suite…

Nous avons eu à l'automne 2004 une nouvelle occasion de valider la part de continuité (stratégique) et de changements (tactiques) dans les alternances américaines : John F. Kerry proposait une quatrième variante des méthodes réactives : fiscaliser les entreprises américaines hors des États-Unis pour baisser les impôts de celles qui créeraient emplois et richesses sur le territoire américain. Cette tactique n'a pas eu l'heur de plaire à l'électorat. Mais que tous ceux qui, en dehors des États-Unis, auraient voté pour le nouveau JFK et ont été déçus de sa non-élection se consolent : ce qui était en jeu n'était qu'un changement de style – ce n'est certes pas rien –, mais aucunement un changement de politique… En 2008 peut-être…

UN MOUCHOIR POUR PLEURER?

Faudrait-il alors se résigner à subir non seulement le projet géopolitique américain, mais également la litanie des moyens tactiques qui sont mis en œuvre pour le réaliser? Dont nous ne pourrions prendre conscience… qu'après qu'ils sont passés dans les faits?

La réaction d'abattement devant l'apparent «déterminisme» qui vient d'être décrit est des plus naturelles. Le monde aurait son maître et ses choix seraient à prendre… ou à prendre, la seule alternative étant entre soumission et révolte… Réaction compréhensive et qui rappelle à quiconque fut adolescent l'accablement dont on est frappé lorsqu'on découvre que ni l'avenir ni la réalité ne nous appartiennent, ne peuvent être soumis à nos seuls désirs! Certains ne se remettent jamais de la confrontation au principe de réalité et abdiquent de toute ambition, confirmant alors qu'on a l'âge de ses renoncements.

En réalité la voie est étroite mais, de même que, selon le principe de Venturi, lorsque le vent s'engouffre dans des anfractuosités, il accélère, alors qu'il ne serait qu'un petit zéphyr dans de grands espaces, il existe des marges de liberté résiduelle.

La première consiste à se laisser porter par le vent, ce qui laisse cependant des possibilités de choix : on peut être chêne ou roseau, fétu ou paravent, alternatives que nous illustrerons à plusieurs reprises. Il ne s'agit cependant pas de nier que ces attitudes peuvent rappeler celles des girouettes chères à Edgar Faure, qui font valoir, lorsqu'on les accuse d'opportunisme, qu'elles ne sont pas versatiles puisque c'est le vent lui-même qui tourne! Il n'est pas niable non plus qu'elles rappellent des attitudes de soumission au rapport de forces, de «collaboration» avec le plus fort, le vainqueur du moment, ce qui ne renvoie pas à de glorieuses pages… Il n'est évidemment pas question de plaider la nécessité de la soumission systématique. Et puis comparaison n'est pas toujours raisonnable; le filtre, sinon de la morale, du moins des convictions, doit permettre de trier entre les différentes circonstances.

Un autre trou de souris peut être exploité pour échapper à la fatalité du destin subi : nous sommes davantage condamnés à réagir qu'à agir? Concédons-le. Mais, dans ce contexte, certains réagiront rapidement et d'autres tardivement, c'est-à-dire souvent trop tard, pour ne rien dire de ceux qui ne réagiront pas du tout. Or le temps de mise en œuvre de la réponse est au moins aussi important que la réponse elle-même. Combien de fois ne met-on pas en œuvre des choix dont le principe est pertinent, mais dans un contretemps qui les condamne? C'est pourquoi nous aimerions souligner l'importance de la rapidité de traitement de l'information, gage de la pertinence des réponses qui seront apportées. De même que lorsque nous avons passé notre permis de conduire : on ne nous a bien entendu pas enseigné la configuration des routes que nous allions emprunter, indiqué les conditions de circulation ou les panneaux que nous rencontrerions. Nous avons en revanche appris à capter les informations sans délai pour réagir au plus vite. La métaphore a sa pertinence s'agissant de la route sinueuse qu'empruntent les États-Unis… On peut mettre au défi tous les prétendus experts qui croient pouvoir prévoir les virages par lesquels elle passera, leur fonds de commerce étant sans doute la crédulité de ceux qui sont tellement inquiets de l'incertitude qu'ils leur accordent confiance : personne ne peut savoir, prévoir ni décrire quelle sera la prochaine tactique inaugurée par le prochain président américain – déjà, bien malin celui qui en connaît le nom !

Il est en revanche possible d'élaborer des scénarios en sachant que les décisions qui valideront l'un infirmeront l'autre car, n'étant pas encore prises, elles ne sont pas prévisibles mais plutôt, osons le néologisme, «anticipables» dans une virtualité. Dès que la décision sera prise, il deviendra possible de donner le coup de volant opportun, qui s'apparentera alors à un bon réflexe. Et pour ce faire, l'école de pilotage qui permet de s'aguerrir est la simple connaissance du passé. Non que celui-ci se reproduise, mais il enseigne, renseigne.

Un exemple peut être donné par une inquiétude, lancinante question qui revient et m'est régulièrement posée : pensez-vous que le dollar va monter ou au contraire qu'il va poursuivre le mouvement de glissade qui l'a vu perdre près 50 % de sa valeur depuis 2003? Reconnaissons que la question est légitime puisque dire que ce paramètre obligera les acteurs, économiques notamment, à réagir, est même une banalité… Mais qu'il soit bien clair que tous ceux qui affirment pouvoir répondre à cette question vivent aux dépens de ceux qui les écoutent – il n'y a pas de sot métier. Aucun expert ne sait, ne peut savoir ce qui résultera d'une combinatoire d'événements et de décisions eux-mêmes imprévisibles. En revanche, chacun doit pouvoir dès aujourd'hui envisager les scénarios froidement pour s'y adapter à chaud. J'ignore le temps qu'il fera samedi de la semaine prochaine mais je sais comment je m'habillerai dès que j'aurai entendu, le jour même, le bulletin météo de 7 heures du matin. Je vis dans l'incertitude, sans inquiétude particulière, je subis le climat, sans me révolter pour autant, mais je réagis sans délai.

Tentons l'exercice avec les fluctuations du billet vert… Il est indéniable que les États-Unis, au début d'un siècle qui a commencé pour eux un 11 septembre, ont fait le choix de relancer leurs dépenses militaires. Il est non moins flagrant que le premier président du XXIe siècle a opté pour une baisse simultanée des impôts. La première décision est peu susceptible d'être remise en cause par une élection, tant elle renvoie au temps long de l'Histoire et non pas à celui, plus bref, des campagnes électorales. Chacun constate qu'il en résulte en ce moment même une explosion du déficit budgétaire des États-Unis. Ce n'est pas sans rappeler des circonstances que nous avons bien connues, et même décrites plus haut, lorsque Ronald Reagan a mis en œuvre son programme au début des années 1980. Des décisions de même nature ont débouché sur les mêmes résultats chiffrés. Et le dollar s'est alors affolé, comme on l'a déjà rappelé, aspiré dans une ascension sur cinq années.

La tentation est alors grande de poursuivre l'analogie et d'en déduire que les mêmes causes… *Bis repetita non placent!* En effet, en ce temps-là, si la hausse fut symptôme, il a aussi fallu que se combine, à la donne de départ, un mélange de hasards et de nécessités, de circonstances voulues et d'autres subies, dont rien n'indique qu'elles seront une seconde fois au rendez-vous. Car si, jadis, le dollar a monté, c'est en raison du choix, idéologico-politique autant qu'économique, de financer, par le recours à des emprunts, le déficit apparu. On a vu que les taux d'intérêt avaient alors flambé, rendant le dollar séduisant, l'aspirant vers le haut.

Mais aujourd'hui rien ne permet de préjuger que le même choix sera opéré. Il est tout à fait possible, par exemple, que les décideurs américains optent pour une autre solution : la création monétaire, solution rejetée au début des années 1980 car porteuse d'inflation – le niveau d'inflation, à deux chiffres, était alors jugé à peine supportable! Mais dans un contexte bien différent aujourd'hui, l'inflation est plus que contenue; la création monétaire, naguère exclue, pourrait être sollicitée. Dans ces conditions, le dollar baisserait car la baisse de son pouvoir d'achat intérieur, l'inflation, se traduirait tôt ou tard par une baisse de son pouvoir d'achat extérieur, sa dépréciation. Sans compter que c'est la perte du pari engagé au début des années 1980 qui a provoqué la hausse du dollar… mais rien n'indique qu'il ne pourrait être gagné actuellement. Le pari était que la baisse des impôts relancerait la consommation, ce qui aurait permis à l'État fédéral de récupérer d'une main indirecte ce qu'il abandonnait de l'autre, les recettes fiscales liées à la croissance. Il n'y aurait alors pas eu de déficit abyssal et la machine à faire monter le dollar ne se serait pas mise en route. Mauvaise pioche en 1980… de relance il n'y eut point. Mais qui pourrait affirmer qu'elle ne sera pas au rendez-vous de 2006 et des années suivantes? On peut en douter, certes, un attentat est si vite arrivé! Mais on ne peut l'exclure, puisque la confiance et la défiance s'en vont et s'en viennent sans crier gare ni obéir aux injonctions des théoriciens. Si ce devait être le cas, le déficit budgétaire américain ne se creuserait alors point trop et le dollar demeurerait sous contrôle.

Peut-on parler de moralité à propos d'un sujet aussi trivial? Prenons le risque : personne ne sait donc, et ne peut savoir, quelle sera l'évolution du dollar! Ce qui n'interdit évidemment à personne d'affirmer de manière péremptoire une prévision en prétendant qu'elle est rationalisée, en argumentant, même… Cela peut même permettre à tout un chacun d'avancer son opinion – Pierre Dac ne disait-il pas qu'on en sait toujours autant que ceux qui n'en savent pas plus que nous? Mais dans un café du Commerce bondé, il convient de rappeler que ces prétendues prévisions ne sont que des opinions, dont certaines sont crédibles, d'autres pas, dont certaines se vérifieront, d'autres non, ce qui ne transformera pas, même *a posteriori*, les avis en prévisions.

Faire notre deuil de la prétention à rationaliser le futur : l'avenir est imprévisible, et imprévu, mais sera explicable! À défaut de prévoir, chacun peut cependant savoir quels sont les décisions, arbitrages, événements non encore connus qui, le moment venu, l'orienteront dans un sens ou dans l'autre, et se mettre alors à l'affût, prêts à réagir à l'information qui signalera qu'un scénario amorcera son déroulement. Puisqu'il est inutile de tenter d'apprendre les cartes routières par cœur, contentons-nous de décrypter, au plus vite, les panneaux de signalisation et les circonstances rencontrées.

À PROPOS DE LA GUERRE DE L'INNOVATION

Guerre, vous avez dit guerre?

N'est-ce pas galvauder le terme que l'employer pour désigner ce qui ne serait finalement qu'affrontements commerciaux et querelles de compétitivités? L'inflation journalistique est coutumière de ce genre de dérive. Mais il ne semble pas qu'il en soit ainsi en l'occurrence… Disposer d'une maîtrise dans des filières technologiques clés : tel était, écrivions-nous, l'enjeu. Regardons de plus près et prononçons-nous. Les filières en question sont en réalité peu nombreuses. Plus le temps passe, nous livre de l'information, plus la réflexion avance – en dépit des limites d'une culture scientifique qui fait ici défaut –, et moins nombreuses demeurent les filières en lice.

Aujourd'hui, je crois n'en voir plus que deux, tellement vitales qu'il faut utiliser des verbes, renvoyant eux-mêmes à des fonctions vitales, pour les désigner. En premier lieu vient ce qui correspond à la fonction que recouvre le verbe « transporter » – qu'importe la variante pourvu qu'on ait le verbe : transporter les objets, les gens, les informations, l'argent, l'énergie… Chacun constate aujourd'hui que les frontières sont perméables entre ces variantes qu'on croyait jadis étanches et qui sont si poreuses actuellement. Nous assistons même à la fusion, l'interpénétration, la substitution de ce qui correspondait naguère à des « métiers » spécifiques, puisqu'il est de moins en moins nécessaire de déplacer le détenteur de l'information avec l'information elle-même.

Les frontières entre transporteurs disparaissent par exemple lorsque France Telecom, l'opérateur historique du transport de la voix (par le fil), découvre que sa principale concurrence résulte d'une alliance entre un monopole du transport des personnes et des gens (par le rail) et d'un spécialiste du transport de l'eau (par des tuyaux). Nous évoquons ici l'accord par lequel la SNCF a mis à disposition de Cegetel, filiale de ce qui fut la Générale des Eaux, son réseau de fibres optiques qui court le long des voies pour des raisons de service interne, afin que SFR se lance dans la compétition avec Orange. Aujourd'hui, ce qui intéresse peut-être le plus dans le chemin de fer est le chemin de fibre qui le double.

Fusion encore lorsque le coût humain, financier aussi bien sûr, des transports de fonds devient trop lourd et qu'on tente de lui substituer un transport d'informations en payant par carte plutôt qu'en espèces sonnantes et « dérobables ». Plus on tape son code, plus on épargne la vie des convoyeurs. Fusion, confusion des genres enfin lorsque des entreprises de transport d'énergie, confrontées à des difficultés pour accomplir leur mission, atténuent ou aggravent leurs problèmes en maîtrisant ou échouant à maîtriser le transport de l'information – nous traitons de la communication. Des exemples ? Un bon point pour EDF au lendemain de la tempête de 1999, tandis qu'au même moment Total enregistrait un double désastre, l'Erika et la communication de crise, échouage et échec.

Transporter, voilà le premier maître mot. Encore l'avons-nous présenté de manière présentable. Car faut-il rappeler l'envers du décor ? L'inverse de transporter, n'est-ce pas immobiliser, paralyser, rendre sourd, aveugle, désinformer? Les enjeux stratégiques apparaissent dès lors vitaux, ce qui n'est d'ailleurs pas totalement nouveau pour qui se souvient des premières pages de *L'Espoir*, dans lesquelles Malraux raconte les débuts de la guerre d'Espagne, les gares loyales et celles qui basculaient.

Tragique réminiscence que ces téléphones portables activés qui, en mars 2004, déclenchent des bombes cachées dans des trains de banlieue madrilènes. Pour ne rien dire de ces mobiles qui continuent à sonner, résonner de l'inquiétude de parents à la recherche de proches soudain immensément éloignés, disparus, victimes d'un accident, d'un attentat ou d'un tsunami. S'il ne semble guère possible, on l'a vu à Londres en juillet 2005, de prévenir un attentat suicide dans un réseau de transport souterrain urbain, il est du moins possible de tenter d'en retrouver l'auteur dans les films enregistrés par les caméras de surveillance. Nous l'avions cependant quelque peu oublié lorsque le ministère des Postes, Télégraphes et Téléphones est sorti de l'appareil d'État, lorsque le ministre de l'Information est devenu simple porte-parole du Gouvernement… Nous avions oublié ce qui nous revient aujourd'hui comme évidence lorsque le transport se révèle ligne de front principale. Surtout lorsque le spectacle de la guerre est la guerre elle-même.

Quand CNN et Al-Jazira s'affrontent, on est plus près de la guerre que de la rivalité commerciale qui a opposé Pujadas ou ses successeurs et Poivre d'Arvor. De même quand l'impact du 11-Septembre a résulté du double détournement simultané d'avions Boeing et de caméras, ainsi que de carences béantes dans la circulation de l'information aux États-Unis. Ou quand le GPS permet de se positionner dans la guerre et la paix. Ou encore quand une photo transmise par le téléphone portable d'un amateur peut avoir plus d'impact que le reportage d'un journaliste professionnel. Les enjeux géopolitiques sont bien là. Une guerre, nous disions bien !

Le second «champ de bataille» de ladite guerre de l'innovation ne fera qu'illustrer, renforcer le propos précédent. Et à son sujet également, il convient de choisir un verbe renvoyant à une fonction «vitale» pour le décrire et en souligner les enjeux géopolitiques. Suggérons donc le verbe «nourrir», sachant que l'on pourrait également employer le verbe «soigner», tant les frontières s'estompent entre les deux fonctions. Il ne s'agit certes pas d'une nouveauté mais de l'accélération d'un mouvement, de l'emballement, même, d'un processus ancien, voire archaïque. Ce n'est pas hier, en effet, que le soin de nourrir ceux pour qui nous avons les plus grandes inquiétudes, les bébés, a été confié à des pharmaciens. Ce qui est sans doute plus récent est qu'il faille habiller comme des pharmaciens les bouchers de la grande distribution, en espérant que l'habit rassurant fera le moine sécurisant. Ne lui confierait-on pas nos appréhensions, à ce boucher d'Auchan qui, dans les publicités projetées au cinéma, délaissait ses couteaux sanguinolents pour voler au secours d'un enfant en pleurs et de son poisson rouge en manque de bocal ?

Le développement des réponses hybrides à la fonction nourrir et/ou soigner n'est pas une nouveauté absolue. S'il y a déjà un certain temps que l'on croit prévenir le cancer du colon en ingurgitant des yoghourts au bifidus actif ou des fibres, jamais le développement des «alicaments» n'a pris pareille ampleur. Jamais la formule «À ta santé !», au moment de trinquer et de passer à table, n'a été plus légitime. Peut-être d'ailleurs vaudrait-il mieux s'écrier «Bonne chance !» si le menu comporte, bien dissimulés sous des mots appétissants, légionellose, farines animales, dioxine et tant d'autres bonnes choses. Le mois de décembre 2005 a même vu une étape supplémentaire être franchie lorsqu'une mutuelle a proposé de rembourser ses assurés d'une partie du prix de certains produits laitiers d'Unilever qu'ils consommeraient (une autre assurance a annoncé le même type de partenariat avec Danone), au motif qu'ils agiraient sur le taux de cholestérol… Un ticket de caisse de yoghourt permet ainsi de diminuer le prix de son assurance ! Il est flagrant que sont devenues obsédantes, voire obsessionnelles, les inquiétudes liées à la manière dont nous nourrissons ce dont nous nous nourrirons… Moutons tremblants, vaches cinglées, poulets fiévreux, l'hystérie de la Listeria, on voit des armes de destruction massive dans toutes les assiettes.

Et de nouveau, il y aurait lieu de souligner que Docteur Jekyll, qui soigne et nourrit, dissimule un Monsieur H, caché, inavoué aux enjeux géostratégiques premiers. Ce que les poilus d'Ypres avaient découvert, jusqu'à en mourir gazés, le retour de l'anthrax ou du botulisme va le remettre à nos consciences. Car l'inverse de nourrir/soigner, n'est-ce pas laisser mourir ? Maîtriser la filière conduit donc bien à disposer d'une arme : on l'appelait «arme verte» il y a longtemps déjà, mais elle ne peut plus être réduite au contrôle de la production alimentaire, même si cela est encore une priorité – je ne crains pas d'être démenti par Monsanto.

Chacun sait que le contrôle de ce qui nourrit ou soigne est un attribut du pouvoir aussi important que l'est encore le privilège de battre monnaie, ou l'était jadis le contrôle de territoires, de lieux de passage ou de matières premières, enjeux de moindre importance actuellement, ce qui ne veut pas dire négligeables. Comme la radioactivité peut traiter les tumeurs et les provoquer, comme des souches peuvent à la fois produire des vaccins et générer des épidémies, gageons que, dans les années à venir, le caractère dual ne sera que plus spectaculaire. Pour le meilleur comme pour le pire… rien de nouveau sous le soleil, lequel s'y met aussi, le plaisir d'être bronzé étant actuellement mitigé d'angoisse du mélanome.

Si, justement, une nouveauté apparaît! On a sans doute noté que la manière par laquelle il est aujourd'hui répondu aux inquiétudes qui naissent dans la seconde filière, alicamenteuse, est de plus en plus souvent ce que l'on appelle la traçabilité. Il s'agit de la possibilité d'identifier, de retrouver et d'éliminer une canette de Coca contaminée, un lot de sang à ne pas transfuser, des fromages présumés coupables. Or, il n'échappe à personne que ladite traçabilité n'est qu'une variante de la maîtrise de la circulation des informations…

Tout donne à penser que ce que je présentais comme deux champs de bataille de la guerre de l'innovation n'en forme plus qu'un aujourd'hui : le contrôle de l'information et de ses circuits. Les avions ne sont plus seuls à avoir des boîtes noires; d'innombrables autres codes, code-barres notamment, codes optiques des passeports, sont dorénavant des réceptacles de la mémoire de chacun d'entre nous.

N'est-elle pas symptomatique, cette évolution des formules d'entrée en relation téléphonique? Lorsque, au temps jadis, on recevait un coup de fil, la première question était généralement «Comment vas-tu?». Tandis que celui qui reçoit aujourd'hui un coup de sans-fil démarre généralement la conversation par «Où es-tu?», si du moins l'interlocuteur ne répond pas spontanément à la question avant qu'elle ne soit posée – «Je suis dans le TGV». (On peut d'ailleurs penser que la possibilité de confirmer la réponse par l'envoi d'une photographie témoin va prochainement renouveler les vaudevilles…)

Il n'est plus une maman qui puisse accepter d'être privée de contact avec son enfant afin de disposer du droit rassurant de vérifier, à tout moment, si le transport école-domicile s'est accompli sans harcèlement et si l'origine et la provenance du steak haché de la cantine étaient bien indiquées. Il en est de même lorsque la grippe aviaire réactive les inquiétudes d'une grippe espagnole plus létale encore que les cinq années de boucherie qui l'avaient précédée. Mais comment baguer des troupeaux d'oiseaux migrateurs qui ne respectent aucune frontière naturelle? La traçabilité se rabat alors sur les oiseaux sédentaires des élevages, ce qui n'empêche pas la consommation de poulets de chuter lorsque l'information circule plus vite encore qu'un vol de moineaux. Autre illustration de la fusion des deux territoires, l'importation dans le langage informatique des mots et concepts de la médecine : virus, contamination…

Il semblerait même que si les remaniements ministériels devaient avoir un sens, dans l'acception sémantique du terme, il y aurait lieu de créer prochainement un super-ministère des Transports auquel seraient rattachés quelques secrétariats d'État chargés respectivement des différentes variantes : transport des personnes, des objets, des informations. Le secrétariat d'État à la Jeunesse et aux Sports ne serait pas épargné, tant il est vrai que de nos jours, la traçabilité des hormones et autres produits stupéfiants… de sophistication est au cœur de ses préoccupations. Ce serait là une manière de «communiquer» sur les nouveaux enjeux, comme lorsque le ministère de la Guerre est devenu ministère de la Défense.

Une occasion de nous sensibiliser aux enjeux de la période en cours car le contrôle du monde va se jouer autour de la maîtrise de quelques gènes, de quelques bactéries, de molécules, de fibres ou de céramiques, pour ne donner que quelques exemples… Du moins le croyait-on jusqu'à ce que des cutters obligent à penser différemment – nous y reviendrons. Leur usage a souligné de manière paroxystique combien la traçabilité dans le transport est stratégique : détecteurs, caméras de surveillance, portiques, documents d'identité gorgés d'informations, tout voyageur aérien l'éprouve qui se verra bientôt interdire, aux États-Unis dans un premier temps, de monter à bord avec un briquet.

Les États-Unis précisément sont absolument décidés à ne laisser à personne d'autre qu'eux la possibilité de disposer de la maîtrise technologique, instrument de l'exercice du leadership. Il ne s'agit pas principalement d'une «volonté de puissance», mais plutôt de la crainte que quelqu'un d'autre ne l'exerce. Gendarmes du monde? Je préférerais dire que le vainqueur des guerres mondiales du XXe siècle prend le pouvoir de peur que quelqu'un d'autre ne s'en empare. Et c'est ainsi que la guerre de l'innovation fait rage; l'emporteront ceux qui sauront attirer les chercheurs. À ce titre, les États-Unis donnent bien du souci à l'Europe, notamment à la France… Cette guerre se joue aussi autour de la capacité à financer de la recherche et du développement, et dépend donc des parts de marché dont disposera chacun des belligérants, ainsi que de leur capacité à élargir les territoires qui permettront de mieux diluer les coûts. Les territoires sont d'abord géographiques, et c'est alors le domaine de l'internationalisation qui, si elle est poussée à son extrême, devient la mondialisation. Mais une simple européanisation est un bon début… tandis que le dollar est, pour les États-Unis, comme le fer de lance d'une guerre de conquête des parts de marché. Mais les territoires peuvent être d'un autre ordre : il peut s'agir d'amortir de la R&D à la fois sur le terrain civil et sur le militaire.

Un processus est en train de se généraliser dont chacun a connu de nombreuses prémices : Internet, comme rejeton d'Arpanet qui, à l'origine, permettait aux bases militaires américaines de communiquer; Oracle, l'un des leaders mondiaux en matière de logiciels, dont le nom provient d'un contrat qui lui fut confié par le Pentagone; le rôle clé de la France dans le programme Airbus, comme héritage de son avance technologique acquise dans l'aéronautique militaire… et l'inverse – saute aux yeux de quiconque aujourd'hui. On citera pareillement la maîtrise des trains à grande vitesse – leur limite est, paraît-il, la maîtrise des vibrations (donc de la possibilité de capter l'électricité *via* les caténaires) : les vibrations sont aussi source de bruit, et la signature sonore permet par exemple de repérer un sous-marin nucléaire. En rendant *le Redoutable* moins bruyant, on a ainsi rendu possible un raccourcissement des délais de transports entre Marseille et Lille. Plus que jamais, il y a lieu de se trouver simultanément sur plusieurs territoires pour pouvoir innover, c'est-à-dire sans doute survivre. Il peut également s'agir de faire travailler ensemble les chercheurs «fondamentaux» et les chercheurs «appliqués»; ceux qui travaillent dans le public, par exemple à l'Université, et ceux qui œuvrent dans le privé. Par ailleurs, les entreprises qui peuvent se considérer concurrentes (elles le sont parfois), et qui cherchent ensemble dans certaines filières, doivent s'allier.

Le cap stratégique est clair, et les moyens pour l'atteindre seront improvisés. Certains sont d'ores et déjà lisibles, ont apporté leur contribution, marqué leurs limites, et ont donc été récusés, remplacés. De nouveaux seront imaginés, parmi lesquels il en est qui avanceront dans le bon sens, tandis que d'autres échoueront. Il est invraisemblable que les États-Unis renoncent à l'objectif stratégique. Ils subiront des défaites, mais ne renonceront pas à gagner la guerre de l'innovation… Avoir perdu une bataille au Vietnam n'a pas entamé leur détermination à gagner la Guerre Froide. À peine la phase de deuil accomplie, une nouvelle tactique a été imaginée : renoncer à l'emporter sur le terrain militaire pour précisément entraîner l'adversaire sur le registre de la course aux armements, de la surenchère technologique, qui exigeait une meilleure capacité à manager l'innovation et à la financer.

Notons incidemment et au passage que les États-Unis se fixent comme premier objectif stratégique, pour le monde de l'après-Guerre Froide, d'assurer leur leadership… sur le registre qui leur avait permis d'emporter ladite guerre elle-même… Il faudra s'interroger sur la pertinence de cette projection dans l'avenir d'une stratégie victorieuse dans le passé. N'en avons-nous pas rencontré, de ces stratèges qui pensent le futur avec des essuie-glaces sur le pare-brise arrière?

Le moment n'est pas encore venu de s'interroger sur ce qui semble s'inscrire dans la grande tradition des Écoles de guerre françaises, où l'on a consciencieusement appris aux officiers, entre 1919 et 1939, à gagner la guerre de 1914. Pour le moment, prendre acte des choix américains, fondés ou anachroniques, plaisants ou exaspérants. Ils existent. Et ils changent le paysage du monde!

Les États-Unis avaient accepté un destin de saint Sébastien pendant la Guerre Froide, accepté de recevoir des flèches en provenance du Japon et de l'Europe occidentale. La hausse du dollar leur avait fait subir un véritable martyre industriel et technologique. S'ils se veulent désormais Guillaume Tell ou Robin des Bois, lanceurs de flèches, enduites de ce venin que constitue le dollar faible, leurs exportations vont évidemment changer le destin de leurs anciens alliés privilégiés de l'ancienne époque. Ceux-ci vont devoir renoncer à leur débouché, déversoir, celui-là même qui avait assuré des décennies de prospérité et de paix, de sérénité sociale et politique – relative, mais c'est déjà quelque chose… Pourquoi n'y voir pas là une des clés pour la compréhension de la crise que traverse le Japon? Et pourquoi y voir une exception japonaise alors que nos destins ont été si parallèles?

Chacun peut deviner la portée immense de la réactivité géopolitique américaine inaugurée au milieu des années 1980. Quand on sait que près du tiers (de 25 à 40 % selon les pays) du PNB du Japon ou de l'Europe occidentale était lié à l'export… Ce n'est pas seulement le destin de ceux qui exportaient qui s'en trouve remis en cause. C'est l'ensemble de la société qui va être déstabilisé dans ses fondements, jusques et y compris ceux dont l'activité n'était qu'indirectement liée à l'exportation… Un boulanger dont la clientèle, il l'ignorait sans doute, travaillait directement ou indirectement pour exporter… Ceux qui habillaient, logeaient, nourrissaient, formaient les acteurs de la machine exportatrice dont le destin est finalement… déstabilisé par la fin de la Guerre Froide…

Mesure-t-on aussi l'impact que peuvent avoir sur nos vies les choix qui sont faits aux États-Unis? Peut-être bien plus encore que ceux pour lesquels nous disposons d'un droit de vote; le droit, finalement, de choisir si l'on souhaite rouler sur la file de droite ou de gauche – ce n'est certes pas indifférent – d'une autoroute que nous ne choisissons pas!

Au cœur de la réflexion que nous allons conduire va se trouver posée la question de notre liberté d'arbitrage. La première étape du voyage au centre du projet géopolitique conduit à mesurer que notre liberté ne s'écrit pas avec un L, comme si le monde nous appartenait, ou appartenait à ceux qui en notre nom, hommes politiques, décideurs et stratèges, sont supposés choisir. Notre liberté n'est ici que résiduelle : il s'agit de lire le projet géopolitique américain, tenter de le comprendre, saisir les errements de sa mise en œuvre qui s'élabore dans les tâtonnements, s'insurger si l'on veut, le critiquer même, souhaiter qu'il échoue, et pourquoi pas faire en sorte qu'il n'aboutisse pas… Mais le prendre en considération et, en attendant, en mesurer toutes les conséquences… Ce que nous appelons alors nos stratégies, notre marge de manœuvre dans un champ de contraintes, se retrouve ainsi sérieusement limité, façonné par l'environnement géopolitique…

Nous pouvons aussi accepter que des tournesols, pompeux d'auto-centrisme, aient le sentiment de choisir leur «orientation» et qu'ils qualifient de choix stratégique leur simple héliotropisme… Mais, après tout, si nous ne pouvons échapper à la gravitation universelle, celle-ci nous laisse quelques libertés – tomber ou voler, pleurer pendant la chute ou rire en rebondissant… La liberté n'est que cette marge de manœuvre, mais elle est toute cette marge.

Une autre piste d'interrogation sera également sollicitée : au-delà du constat, voire de l'opinion, comment expliquer l'apparent statut privilégié des États-Unis, le fait qu'ils semblent les seuls à avoir, sinon un projet pour le monde, du moins les moyens de leurs ambitions… Nous explorerons cela plus tard.

3

UN CONTINENT,
DEUX EUROPES
ET COMBIEN DE DIVISIONS ?

« Pour comprendre l'Europe, il faut être ou génial ou français. » Qu'une fille d'immigrés tchèques devenue secrétaire d'État américaine, Madeleine Albright, lance pareil aphorisme, excluant incidemment que les deux qualificatifs puissent être redondants, pique et stimule, nous ouvre la voie d'une seconde exploration. Nous avons consacré la première étape du voyage dans le Monde Nouveau à visiter le Nouveau Monde vainqueur, mais en haillons. À tout vainqueur, tout honneur et toute priorité. Et nous avons mis l'accent sur les dégâts industriels et les gravats technologiques qu'il avait subis, ainsi que sur ses tentatives de reconstruction…

Mais un autre champ de ruines est laissé par la Guerre Froide, à l'est de l'Europe évidemment ! Il va correspondre au deuxième volet du projet géopolitique ébauché par les États-Unis… Il est vrai que tout avait été fait pour que l'URSS et son propre monde, son bloc disait-on, soit ruiné afin d'être vaincu. Il est également vrai que l'Est avait également fait ses propres choix, qui l'avaient affaibli. Il s'est finalement agi de le faire tomber du côté ou il penchait spontanément…

Parmi les moyens mis en œuvre, il y eut une volonté délibérée d'exclure cette zone autant que faire se pouvait du monde du commerce international… ce que le bloc de l'Est a simultanément revendiqué au travers de ses affirmations autarciques : moins l'Est importerait de technologies susceptibles d'être détournées à des fins militaires, plus faible – espérait-on – serait l'adversaire… De même, moins il achèterait de biens de consommation, plus faible s'en trouverait le niveau de vie, moindre la satisfaction des populations locales, plus fragile aussi la coalition que l'URSS constituait. Là encore, les choix opérés par l'Union soviétique (les canons plutôt que le beurre) relayaient ceux qui lui étaient imposés de l'extérieur… Il fallait également éviter que l'Est n'exporte trop, ce qui lui aurait procuré des devises, et à quelles fins auraient-elles été utilisées ? En outre, ces exportations auraient permis de financer de la recherche, du développement, d'améliorer la qualité des produits locaux. Car il faut le garder en mémoire, si la grande médiocrité des biens de consommation de l'Est les rendait invendables, ils étaient d'autant plus médiocres qu'ils étaient invendus! Bref, et sans revenir sur l'enchevêtrement des explications et responsabilités – celles qui sont idéologiques et les autres –, entre ceux qui poussaient dans le mauvais sens et ceux qui tiraient à l'envers, la marginalisation de l'Est dans le jeu du commerce international n'a pas peu contribué, contribué seulement, à sa défaite.

Toutefois, il y avait de belles raisons, peut-être, et bonnes, sans doute, à cette exclusion du champ du commerce international… la plus belle et la meilleure étant certainement son efficacité finale puisqu'à partir de 1985, l'Est jette l'éponge, l'arrivée au pouvoir de Gorbatchev déclenchant le processus qui conduira d'une défaite reconnue à une implosion constatée. Or, désormais… c'est-à-dire maintenant que la guerre a été perdue à l'Est, au milieu des années 1980, et que la défaite va devoir être cogérée avec les vainqueurs, les raisons de marginaliser cette zone, jadis pertinentes, vont cesser de l'être et même devenir impertinentes.

Ne pas laisser faire, ne pas laisser passer

Car si les populations à l'Est n'ont pas, désormais, le niveau de vie auxquelles elles aspirent, ni le niveau d'espoir – il paraît qu'il fait vivre – ou le niveau d'illusions aussi, sans doute, sur quelle instabilité cela peut-il déboucher? Si les populations ne sont pas satisfaites de leur sort, si elles expriment leur insatisfaction, elles la manifestent, voire si elles en viennent aux mains, il n'existe plus personne qui dispose des moyens de maintenir l'ordre! L'Armée rouge s'est repliée pour le meilleur et pour le vide. Et si d'aventure, les insatisfaits de l'Est devaient même tenter leur chance à l'Ouest, où les conditions de vie sont tout de même meilleures, quoi que semblent en penser les vainqueurs, il n'y a plus de mur à Berlin ou de rideau métallique pour les en empêcher. Dès lors, un risque majeur apparaît, celui de voir l'agitation de l'Est devenir maladie transmissible, contagieuse à l'ensemble du vieux Continent, partant de ce qu'on ne savait pas devoir appeler plus tard la Nouvelle Europe, pour contaminer l'Ancienne. Pour conjurer ce danger majeur de l'après-Guerre Froide, le commerce international peut de nouveau être sollicité…

Les raisons qui poussaient à exclure les pays de l'Est au temps de la Guerre Froide risquant de revenir en boomerang, il conviendrait dès à présent d'inclure ces pays! Car, c'est là une évidence, si les populations menacées d'agitation exportent davantage, elles n'en seront que plus stables. Plus actives et avec un niveau amélioré, elles ne peuvent qu'être plus sédentaires. Si elles importent davantage, elles ne pourront qu'en être plus satisfaites. En «fixant au sol» les vaincus, le commerce international peut contribuer à la stabilisation continentale.

Voici donc une zone que tout poussait à exclure et qu'il conviendrait dorénavant d'inclure! Il conviendrait que l'est de l'Europe retrouve, dans le jeu du commerce international, une place dont il avait été privé, durant la Guerre Froide, uniquement pour avoir été «satanique»! Tel est le deuxième axe stratégique que nous souhaitions faire apparaître dans la vision du monde des États-Unis. Deux mots la résument : stabilisation et inclusion, stabilisation par inclusion. Bonheur aux vaincus? Rien n'est moins certain. Leur stabilisation, ou à défaut la non-généralisation/contagion de leur instabilité, voilà l'objectif. Il n'a échappé à personne que nous ne sommes plus au milieu des années 1980, quand fut ébauché ce schéma. Une petite génération plus tard, nous disposons désormais de quelques cailloux qui jalonnent le parcours accompli, permettent de mesurer le chemin parcouru, et celui qui reste à accomplir.

GOOD BYE LENIN

Les exemples d'inclusion abondent… On peut citer l'entrée de plusieurs anciens pays de l'Est dans l'OCDE. Mais le plus spectaculaire d'entre eux, et chronologiquement le premier, a été l'inclusion de dix-sept millions de citoyens de la RDA dans la République fédérale.

Il est sans doute préférable de parler ici d'inclusion plutôt que d'unification car, sans prétention à être spécialiste des réalités outre-rhénanes, force est de constater que jamais les Allemands n'ont été plus désunis que depuis que l'Allemagne est soi-disant réunifiée… Un mur culturel, l'Ostalgie – la nostalgie des anciens de l'Est, un dépit des anciens de l'Ouest également –, a remplacé le mur qui était bâti dans le sol. Vingt-huit ans ont été nécessaires pour que le premier chute, combien d'années seront requises pour que le second s'estompe?

LE RETOUR DE L'EUROPE CONFISQUÉE

La formule est de l'écrivain tchèque Milan Kundera. La réalité a connu de nombreuses facettes. Le plus spectaculaire des processus est certainement celui que nous avons coutume d'appeler «élargissement», dont le temps fort, le 1ᵉʳ mai 2004, a vu l'Union européenne incorporer sept pays anciennement de l'Est, ou même les trois pays baltes, membres d'une autre Union, soviétique celle-là, dont l'unité nominale et nominative n'est plus. Peut-être devrait-on d'ailleurs méditer, à Bruxelles également, sur la vanité incantatoire du mot Union, proclamé comme pour tenter d'exorciser les risques d'une désunion qu'on saurait sous-jacente, d'autant plus brandi que le risque serait plus grand…

Un élargissement de l'Europe qui s'inscrirait dans un projet géopolitique américain? Crime de lèse-euromajesté pour lequel on plaidera coupable en cherchant des circonstances sinon atténuantes, du moins convaincantes. Évidemment, il ne saurait être contesté que l'Europe a pris l'initiative, lors de ses sommets successifs, de proposer l'«élargissement», a mis en place les dispositions transitoires qui conduisent à sa réalisation. Au point de pouvoir croire, vouloir croire être la grande ordonnancière du processus. Mais après tout, la limaille de fer dans un champ de force peut également être frappée du syndrome du tournesol et croire, elle aussi, choisir son orientation…

L'inclusion des anciens pays de l'Est de l'Europe présente pour les États-Unis deux grands avantages. Seul l'un des deux, le premier dont il va être question, rejoint ce que l'Ouest attend du processus… Tous les protagonistes y voient un moyen, certainement pas le seul, pour tenter d'éviter le péril que l'Europe, les deux Europes – que la Guerre Froide avait certes divisées… mais aussi stabilisées –, soient de nouveau confrontées à une instabilité chronique, puisqu'on peut même dire que son Histoire n'est que la chronique de ses instabilités récurrentes. Il y a unanimité sur ce premier point, même si personne ne peut garantir que le résultat sera au rendez-vous des espoirs. Mais pour les États-Unis, et pour eux seuls, il y a un deuxième bénéfice à escompter, à ne surtout pas confondre avec un bénéfice secondaire : il appartiendra en effet à l'Europe occidentale de payer les factures du processus!

Or, faut-il le rappeler, les États-Unis ont considéré que l'Europe occidentale (tout comme le Japon) a «fait des affaires» tandis qu'eux faisaient la Guerre Froide. Le schéma est dorénavant totalement différent : ils sont soucieux de faire du business – nous faisons allusion à la guerre de l'innovation précédemment évoquée… –, et attendent que l'Europe prenne en charge le coût de l'après-guerre. Il faudra cependant s'appesantir sur une différence notable : pour payer les «douloureuses», il manque aux Européens le genre de billets verts dont se sont abondamment servis et continuent à se servir les États-Unis, lorsqu'il s'agissait, s'agit encore, d'écrire l'Histoire à crédit. Chacun a deviné que nous mettons ici en scène l'arrivée de l'euro, une monnaie dont on ne peut pas comprendre les enjeux sauf à les inscrire dans la période géopolitique qui l'a fait naître et rendu historiquement nécessaire.

L'EURO,
UNE MONNAIE POUR (TENTER D') ÉCRIRE L'HISTOIRE

Peut-on être prétentieux au point de vouloir parler de l'euro sans tomber dans le piège des redites, tant le sujet a été battu, rebattu? Tant de choses ont été dites, écrites au sujet de cette ambition monétaire, d'apparence monétaire! Tiens, justement, et si l'apparence, les apparences étaient trompeuses?

Il est non moins apparent que depuis le 1er janvier 2004, la monnaie unique existe. Nos poches en témoignent. Et la mise en place s'est finalement effectuée sans trop de difficultés, sans certaines de celles qu'on redoutait mais avec quelques-unes qu'on n'avait pas vu venir car, comme souvent, les dangers ne se trouvent pas où sont nos craintes. Tout bien pesé, on pourrait avoir l'impression que le processus de création d'une nouvelle monnaie est derrière nous, on pourrait même s'autoriser à en parler au passé et se contenter, tout au plus, de débattre de la valeur de l'euro par rapport au dollar, ainsi que du sens des responsabilités respectives de la Banque centrale européenne et de la Federal Reserve Bank américaine.

Faisons le pari qu'il est possible de proposer deux autres hypothèses : l'euro n'est pas une monnaie, du moins pas essentiellement! Le passage à l'euro n'est pas effectué, en tout cas pas encore! Non pour le plaisir – on en verrait vite les limites – de manier le paradoxe mais pour celui, susceptible d'être plus fécond, d'explorer d'autres chemins que ceux qui ont été trop parcourus.

LA RÉPONSE EST, A ÉTÉ L'EURO, MAIS QUELLE ÉTAIT LA QUESTION?

Revenons à l'Histoire, puisque ce livre persiste dans l'ambition de convoquer le passé, la mémoire à la barre des témoins : non pour aider à un jugement mais pour contribuer à éclairer, comprendre. Lorsque la décision fut prise de «passer à l'euro», une double question m'est immédiatement venue à l'esprit : quels étaient les motifs de cette volonté, d'une part, et, d'autre part, les raisons qui poussaient à faire ce choix à ce moment précis, ni avant ni après?

On peut bien entendu se contenter de répondre à la première question qu'il convenait de faire franchir aux Européens, à ceux qui allaient décider de jouer le jeu de la monnaie unique, une nouvelle étape dans un processus de construction-intégration, initié déjà plusieurs décennies auparavant. Renforcer leur sentiment d'appartenance commune, qui naissait petit à petit, trop lentement peut-être. Continuum, donc, et accélération. On pouvait aussi s'accommoder de l'idée qu'il était nécessaire, pour ce faire, d'attendre que les esprits soient mûrs, que des décideurs politiques saisissent l'air du temps, en expriment la volonté. Certains ajouteront que le poids du dollar était devenu tellement «pesant» qu'un contrepoids européen devenait urgent.

Évidentes banalités, et incontestables de surcroît; on pourrait s'en tenir là. Toutefois, ce serait oublier qu'il existait déjà une organisation monétaire européenne avant même que l'euro ne soit une lueur de désir dans le regard de ses futurs géniteurs. Cette organisation était le SME, sigle qui a désigné successivement un Serpent puis un Système (Monétaire Européen, dans ses deux avatars). Ce serait oublier aussi que les SME, notamment le Système qui était alors en place, fonctionnaient de façon relativement correcte. Dans les deux cas, les pays membres s'engageaient à ne pas laisser leurs monnaies nationales fluctuer de manière erratique, ce qui aurait risqué de déstabiliser les courants d'affaires commerciaux. Plus précisément, dans le cadre du vieux Serpent, la fluctuation ne devait pas excéder 2,25 % (en plus ou en moins) par rapport à chacune des autres monnaies. Dans le cadre du Système qui lui a succédé, la fluctuation était établie par rapport à une valeur moyenne de toutes les monnaies, j'ai nommé l'écu. (On comprend que le deuxième engagement ait été plus facile à respecter que le premier : il est plus facile de rouler à plus ou moins dix kilomètres heure par rapport à la vitesse moyenne de toutes les voitures qui circulent sur une autoroute que d'être à plus ou moins dix kilomètres heure de chacune d'entre elles, surtout si l'écart de vitesse entre la plus rapide et la plus lente dépasse vingt kilomètres heure…)

Certes, on avait bien accordé quelques dérogations, pour l'Italie notamment, mais dans le pourcentage de fluctuations à respecter, non pas dans le principe du respect. De temps en temps, certaines monnaies se mettaient en congé, mais revenaient dans le club après une période sabbatique; le franc français a largement usé de cette liberté. Et dans ce cadre-là, les fluctuations étaient bien tempérées. Entre 1991 et 1997, l'amplitude des variations entre franc et deutschmark, par exemple, est demeurée contenue autour de moins de 5 %. Il n'y avait pas là de quoi fouetter un SME. Des variations de pouvoirs d'achat monétaire de cet ordre de grandeur, sur cette durée, ne remettaient pas en cause les flux d'échanges. Et puis chacun sait qu'il est même parfaitement loisible de vivre avec des variations beaucoup plus importantes sans qu'il y ait péril en la demeure monétaire. Un exemple? Faites aujourd'hui même l'expérience d'acheter une bouteille d'eau minérale dans une grande surface ou à l'épicerie du coin. Vous constaterez que le pouvoir d'achat de l'euro varie de 30 % en deux cents mètres et cinq minutes de déplacement. Sans drame, chacun vit sa vie, plus ou moins bien, assurément, mais tout de même.

Pourquoi donc a-t-on jugé ce Système obsolète? Quelle était sa tare cachée, si grande qu'il faille le remettre en cause? Si, par ailleurs, on regarde les politiques monétaires que suivaient les différentes banques centrales des pays membres du SME, elles témoignaient d'une vraie concertation. Que l'une modifie ses taux d'intérêt – c'était en général la Bundesbank qui lançait le mouvement –, et toutes suivaient l'impulsion sans trop de délai. Un peu comme lorsqu'une banque française modifie son taux de base, toutes les autres prennent, spontanément bien entendu, la même décision dans les jours qui suivent. Formidable organisation souple qui permettait une coordination sans que personne ait le sentiment d'y perdre son identité… et les apparences de son indépendance. La Banque de France se contentait quasiment de traduire en français les décisions de la Bundesbank, à son rythme, en laissant croire à son «indépendance», en y croyant peut-être elle-même un peu. En quoi cette souplesse posait-elle problème au point qu'il ait été jugé nécessaire de la remettre en cause? Et pourquoi à ce moment précis d'une histoire finalement assez harmonieuse? Les questions demeurent et nous allons devoir tenter d'y répondre.

Quant à la relation avec le dollar, le SME n'était en réalité pas plus ni moins efficace que ne l'est l'euro, comme l'a bien montré la suite de l'histoire. Si les États-Unis souhaitent faire monter ou baisser leur monnaie, ni la vieille structure ni la nouvelle ne peuvent, n'ont pu et, parions-le, ne pourront vraiment s'y opposer. En revanche, le SME protégeait relativement bien toute monnaie d'une attaque spéculative. Il s'est même agi de l'un de ses principaux titres de gloire : qui voulait spéculer à la hausse ou la baisse sur l'une des monnaies devait également faire monter ou baisser toutes les autres puisqu'elles étaient en quelque sorte encordées avec des nœuds de 2,25 %. Aucune monnaie n'était plus livrée à elle-même dans un face-à-face inégal avec la spéculation. Une sorte d'Europe Assistance monétaire conduisait les banques centrales à jouer «toutes pour une, une pour toutes», ce qui ne dissuadait pas forcément la spéculation mais obligeait celle-ci à mobiliser, pour faire bouger le tout, bien plus de moyens qu'il n'en aurait fallu si chacune était restée monnaie isolée. Là encore, les services rendus par le SME ont été suffisamment bons et loyaux – la France en a profité à plusieurs reprises – pour que rien ne semble justifier qu'on le licencie pour faute lourde.

Pourquoi donc cette volonté de renoncer à une organisation qui remplissait sa fonction convenablement, et surtout en laissant à chaque pays le sentiment de conserver sa personnalité, les attributs de son pouvoir? Car finalement, la monnaie unique existait déjà! Il s'agissait en réalité du deutschmark, mais les apparences de l'indépendance monétaire étaient sauves; les décideurs conservaient les apparences du pouvoir; les opinions publiques, on admettra qu'elles existent, s'inscrivaient dans un sentiment d'appartenance spécifique, que le passage à l'euro risquait de diluer, au risque même de provoquer inquiétudes, difficultés, voire rejet par la coalition des souverainistes et de ceux que rebutait l'obligation de diviser par 6,55957. Imagine-t-on que Bruxelles impose d'appeler *Kartoffel*, partout en Europe, la garniture de base dont tous les ressortissants de l'Union entourent leurs grillades? Qu'il s'agisse partout du même produit, personne ne le nie, mais que chacun du moins puisse continuer à parler de *potatoes*, pommes de terre, *patatine fritte* pour s'en tenir à quelques-unes des langues vernaculaires des Européens.

Gageons qu'il devait y avoir des motifs de première importance pour ouvrir un tel chantier, une vraie *perestroïka* avec son coût et ses risques! Quels espoirs, ou appréhensions motivantes, se trouvaient donc sur l'autre plateau de la balance? On ne sera pas étonné de lire la suggestion qu'il s'agissait d'un rendez-vous avec la géopolitique, une citation à comparaître devant l'Histoire et la Géographie. Il s'agissait, de nouveau, du défi lancé par la fin de la Guerre Froide…

PREMIERS NIMBUS…

On sait que les Européens découvrirent l'achèvement de la Guerre Froide en 1989, lorsqu'elle se termina en Europe. Il y avait déjà quelque temps, quatre ans pour être précis, que l'URSS avait conscience de sa défaite et que les États-Unis commençaient à réorganiser le monde, on l'a vu en première partie…

Mais les Européens sont coutumiers de ce travers qui les amène à ne prendre conscience des événements que lorsqu'ils ont des conséquences pour eux. Ce travers ne leur est d'ailleurs pas spécifique. Il s'agit tout au plus d'une variante, l'euro-nombrilisme, d'un travers universel, l'auto-centrisme. C'est ainsi que les Européens ont appelé «découverte de l'Amérique» la prise en compte d'un continent qui n'avait pas attendu Christophe Colomb pour exister. Même punition, même motif pour la découverte de l'imprimerie, que les Chinois connaissaient bien avant que les Européens ne l'introduisent chez eux. Le même aveuglement les conduit à appeler «guerres mondiales» les conflits qui se déroulent en Europe et «paix» les moments où les guerres se produisent uniquement en dehors du Vieux Continent. Et si la Guerre Froide fut ainsi qualifiée, n'était-ce pas au motif qu'elle était chaude ailleurs qu'en Europe?

Toujours est-il qu'à Berlin, en novembre, avec le Mur qui tombe, il n'est plus possible de ne pas se rendre à l'évidence. Les signes avant-coureurs avaient été négligés. Certains étaient apparus dès le début des années 1980, avec Solidarnosc, le renouveau syndical de la Pologne. D'autres étaient apparus au cours même de l'année 1989 : la Hongrie rétablit le trait d'union avec l'Autriche en mai, et le rideau de fer est cisaillé une première fois; une révolution de velours à Prague à l'automne, et la messe, si l'on peut ainsi s'exprimer, sera dite à Bucarest en décembre. Quelques mois qui vont tout changer : l'Allemagne, le monde aussi, l'Est de l'Europe évidemment… mais l'Europe occiden-tale tout autant, car ses formes organisationnelles, notamment moné-taires, seront dans la tourmente.

En effet, la déroute de l'ennemi de quarante ans fait alors disparaître un élément structurant essentiel : il convient de rappeler que si les Européens de l'Ouest ont connu une période de paix d'une durée dont je doute qu'il existe beaucoup de précédents, c'est notamment parce qu'ils partageaient une crainte commune, le même adversaire, le com-munisme. Ne jamais oublier que dans le Panthéon des grands Euro-péens, j'entends ceux qui ont contribué à sa construction, il faut bien sûr citer Monnet, Schumann, Gasperi, Spaak, Adenauer et tant d'autres figures, comme Jacques Delors, mais il y aurait lieu de faire également une place à Staline et à ses successeurs. Car ils n'ont pas peu contribué à faire taire les propensions centrifuges et destructrices traditionnelles des Européens. On pourrait dire qu'à côté de la Guerre Froide existait une «paix froide» à l'ouest du continent, comme un reflet de la première.

Que, dans ces conditions, un seul adversaire vous manque – mais quel adversaire –, et tout est déstabilisé. Innombrables sont les exemples de ces vieilles oppositions qui s'estompent face à un danger jugé commun… pour risquer de reprendre de plus belle lorsqu'on croit le danger éloigné. On reconnaîtra un processus classique et invariant, que pourrait notamment illustrer le second tour des élections présidentielles françaises de 2002… En 1990, donc, les Européens de l'Ouest se retrouvent, en quelque sorte, orphelins de leur adversaire. L'alerte passée, les voisins qui se disputaient, avant de se réfugier ensemble, risquent fort de reprendre leurs querelles là où ils les avaient laissées. On a d'ailleurs vu l'Allemagne, jusqu'alors nain politique et géant économique, s'ébrouer, tester sa liberté de manœuvre retrouvée et, affirmation très adolescente, reconnaître sans délai ni réflexion l'indépendance de la Croatie, avec les conséquences que l'on sait. Pour la première fois depuis deux générations, l'une des explications de la situation de paix que connaissait l'Europe occidentale venait de disparaître. Attention danger! Et ce n'était pas là le seul péril en l'euro-demeure!

COUPS DE TONNERRE
DANS UN CIEL DÉJÀ MOINS SEREIN…

L'Allemagne se retrouve aussitôt confrontée à la plus immédiate et mitoyenne des conséquences de la fin de la Troisième Guerre mondiale : son «unification» – on a déjà indiqué pourquoi l'usage des guillemets s'impose. Certains se sont demandé, se demandent même encore, s'il aurait été possible, et souhaitable, de l'éviter. Le président français, qui s'était rendu en RDA deux mois avant l'implosion, était de ceux-là.

Personne ne doute qu'il aurait peut-être été possible de retarder cette unification, mais certainement pas de l'empêcher dès lors que Gorbatchev ne s'y opposait pas, la voulait même (il a échangé la RDA contre une aide à l'URSS, qui était alors en unité de soins palliatifs). D'autant que les États-Unis n'y voyaient pas d'objection! Et les Allemands auraient alors obtenu leur unification après l'avoir revendiquée, réclamée, d'autant plus qu'elle leur aurait été longtemps refusée. Et l'unification se serait accompagnée d'une résurgence du nationalisme allemand! Tandis que le processus qui s'est mis en place à partir de 1990 a été tellement inopiné – sans même que le nationalisme ait eu le temps de se manifester… – que devraient être bien satisfaits ceux qui, dans la tradition de François Mauriac, s'écrient «J'aime tellement l'Allemagne que je suis ravi qu'il y en ait deux!». L'Allemagne est toujours duale, aujourd'hui comme avant.

Le Chancelier Kohl a su saisir la fenêtre historique qui s'ouvrait pour lancer le processus, mais il s'est retrouvé face aux coûts qu'il impliquait, coûts que les États-Unis, on l'a vu, n'avaient pas la moindre intention de financer! Allons jusqu'à gager que s'ils avaient pu, au même moment, envoyer au Japon la facture d'une unification de la Corée, ils l'auraient fait. Mais les temps n'étaient pas mûrs… Le Chancelier savait, on peut l'imaginer, que l'unification coûterait plus cher qu'il ne le disait. On peut également admettre qu'il ignorait cependant de combien elle serait plus onéreuse, car il n'était pas facile de deviner que la vitrine du bloc de l'Est, la RDA, était peinte en trompe-l'œil, et que du passé il allait falloir faire table rase. Immensité des coûts. On peut d'ailleurs se demander comment l'Allemagne a pu s'atteler à cette tâche d'intégrer dix-sept millions de personnes, quand la France a tant de mal à intégrer ses propres *Länder* intérieurs, qu'elle appelle «cités»…

Passons en revue les solutions envisageables, et envisagées, au début de la décennie 1990, pour faire face à cette première «ardoise» de la Guerre Froide.

La première solution aurait assurément pu consister en une augmentation de la pression fiscale sur les contribuables allemands. Mais quand bien même les Allemands auraient-ils cassé leur tirelire, elle était pourtant bien dodue à cette époque, les sommes ainsi mobilisées n'auraient aucunement été à la hauteur des besoins. Sans négliger le fait qu'une telle option n'aurait guère été populaire, et se serait même sans doute apparentée à un suicide politique, invraisemblable de la part d'un Chancelier dont rien – certainement pas la morphologie – ne peut donner à penser qu'il ait été dépressif. Il y eut certes une augmentation de la fiscalité, des impôts-unification, comme nous avons connu des impôts-sécheresse, mais le compte n'y était pas.

Une seconde solution aurait pu être envisagée : recourir à la création monétaire. C'est certainement la solution à laquelle aurait spontanément recouru la France, tant il est vrai que la plupart des grands chantiers du pays ont jadis été financés ainsi. On connaît aussi le cortège d'infamies monétaires qui accompagne cette solution : la monnaie ainsi créée, à tours de planches à billets, perd de son pouvoir d'achat. La perte concerne le pouvoir d'achat extérieur – c'est une dépréciation ou une dévaluation –, mais également le pouvoir d'achat intérieur – il s'agit de l'inflation… Et c'est là que le bât allemand blesse. Car la mémoire collective des Allemands, et ce n'est pas la dernière fois que nous la rencontrerons, garde ici des cicatrices mal refermées. Les Allemands se souviennent! Et c'est très bien ainsi. Que tout le monde fasse de même. Ils se souviennent qu'il est déjà arrivé à l'Allemagne de devoir régler les factures d'un autre après-(Grande) Guerre, perdue celle-là, et que, pour ce faire, elle a recouru à la création monétaire. Cela a rapidement ruiné les classes moyennes allemandes et n'a pas été pour rien dans la putréfaction du tissu social de la République de Weimar, sur lequel a faisandé le nazisme.

L'inflation est, chez nos cousins germains, un absolu traumatisme; son évocation renvoie à des bruits de bottes. La plupart des écoliers français ont eux-mêmes en mémoire l'image de ces Allemands utilisant une brouette de reichsmarks pour aller acheter une miche de pain. Le recours à l'inflation comme solution est dès lors hors de question, même si, sous couvert d'un «beau geste politique d'apparence généreuse», Helmut Kohl a tenté d'en insuffler une dose en imposant la parité d'échange, un vieux mark de l'Est se transmutant en un deutschmark. Mais la Bundesbank, gardienne du tabou, veillait et on n'alla pas au-delà. Passe encore qu'on ressorte des archives, à la fin de la Guerre Froide, le vieux slogan de 1919 «L'Allemagne paiera». Mais en tout état de cause, que ce ne soit pas avec les mêmes moyens : une fuite en avant, d'abord monétaire, puis… Il y eut cependant une petite contribution de l'inflation à l'unification mais, là non plus, ce ne fut pas à la hauteur des sommes requises.

GROS CUMULUS ACCUMULÉS

Il n'existe paraît-il que quatre manières de financer une guerre : le pillage, l'impôt, l'inflation et l'emprunt. Il en est sans doute de même pour les après-guerres. Poursuivons donc notre recensement des solutions envisageables.

Une pincée de fiscalité, un nuage d'inflation, le compte n'était pas bon. Le pillage n'était évidemment pas d'actualité. Il ne restait donc que le recours à l'emprunt. Et ce sera l'essentiel de la combinatoire des modes de financement que l'Allemagne des années 1990 mettra en place. Des emprunts d'après-guerre, pourrait-on dire. Financer l'écriture de l'Histoire à crédit, les précédents sont nombreux… Qu'il suffise d'évoquer les États-Unis de Reagan – on a déjà feuilleté cette page –, lorsqu'ils ont mis à genoux l'Union soviétique par de considérables émissions de bons du Trésor qui ont permis de financer ne serait-ce que la guerre des étoiles.

La «demande d'emprunts» par l'Allemagne se met ainsi brutalement à augmenter. Sans être un économiste diplômé, il suffit de se souvenir du dollar entre 1980 et 1985 : on devine que le «prix des emprunts», c'est-à-dire les taux d'intérêt allemands vont se mettre à monter. Ainsi fut-il. Et cette rémunération élevée que servent les placements en deutschmarks attire les investisseurs… ce qui est précisément le but recherché. Qui possède des francs, des livres sterling, des lires est alors soucieux de s'en débarrasser pour acheter la monnaie allemande, et souscrire aux emprunts d'après-guerre de l'Allemagne en voie de réunification. Or les monnaies dont on se débarrasse ainsi perdent de leur valeur tandis que le mark s'élève… jusqu'à ne plus pouvoir respecter les règles du Système Monétaire Européen au risque que se produise un nouvel accroc dans la paisible et pacifiante organisation monétaire de l'Europe… Les partenaires de l'Allemagne au sein du SME se retrouvent alors brutalement devant une alternative…

LE CHOIX DE L'EMBARRAS…

Tout *Dictionnaire des Idées reçues* confirmera que les dilemmes sont toujours cruels. Il n'y avait guère que deux solutions : laisser monter le mark ou accompagner son ascension. Peut-on examiner chaque terme de l'alternative?

La première approche est une variante de la thématique «l'Allemagne paiera», précédemment rencontrée et pas uniquement dans ce récit… L'Allemagne a un problème et c'est son problème, aurait-on pu dire également. L'attitude aurait consisté à laisser éclater le pacte monétaire européen, qui n'aurait ainsi duré que ce qu'avaient duré les circonstances qui l'avaient fait naître. Mais il se serait alors agi de bien plus encore! L'Allemagne aurait brutalement perdu toute compétitivité chez ses voisins occidentaux, notamment en France, voisins qui auraient cessé de pouvoir être ses principaux clients… Lesquels, devenus hyper-compétitifs grâce à la faiblesse de leur monnaie, auraient pu se mettre à envahir le marché allemand. L'Allemagne n'aurait alors eu d'autre solution que de se protéger, tenter de reconquérir – mais comment? –, ses parts de marché perdues. Une guérilla, commerciale au minimum, un simple prélude à bien pire, peut-être…

Le coup de canif dans l'organisation monétaire aurait finalement immanquablement atteint l'organisation commerciale patiemment tricotée depuis 1945 et surtout 1957, lorsque l'Allemagne et quelques-uns de ses voisins avaient fait le choix de devenir mutuellement, respectivement et réciproquement premiers clients et premiers fournisseurs. «Commercez sans entrave», tel était le slogan. Dans quel but? Mais il n'est que de temps de le rappeler! Afin que se crée une relation d'interdépendance tellement étroite qu'aucun de ces pays n'ait plus jamais intérêt à ce qu'un autre, un complice commercial indispensable, aille mal! Soyons même plus explicite : il s'agissait de créer une relation de ce type, et si possible indestructible, entre l'Allemagne et ses voisins occidentaux chez qui elle avait une propension rituelle à tenter de gagner des parts de marché, voire un espace vital, de manière musclée, sinon blindée.

A-t-on si peur de réveiller un passé à peine assoupi qu'on n'évoque qu'à mots couverts les principes fondateurs du Marché commun, de la Communauté puis de l'Union européenne? Comment expliquer que lors de l'immense débat médiatico-politique auquel l'Europe a donné lieu, dans les mois qui ont précédé le 29 mai 2005, ces enjeux de la construction européenne aient été à peine effleurés, l'attention se focalisant davantage sur le contenu de la Constitution proposée au vote que sur sa vocation? À défaut de pouvoir répondre à cette question, nous la reformulerons différemment plus loin, ce qui contribuera peut-être à y réfléchir.

Entre l'Allemagne et ses voisins craintifs, tisser des liens n'est pas très éloigné d'aliéner. Les mots sont souvent prudes mais la réalité est là : comme les «économiquement faibles» dissimulent mal qu'ils sont simplement des pauvres, les «mal comprenant» du sabir politiquement correct ne sont finalement que de simples imbéciles, et l'organisation européenne n'a été qu'une douce camisole de force dans laquelle a été enfermée une Allemagne d'ailleurs très consentante. «Je te tiens, tu me tiens et on se fiche la paix», tel pourrait être l'article premier de la Constitution européenne… qui reste, à ce jour, à réécrire. Mais gageons qu'il s'agira toujours d'un préambule qui demeurera implicite.

C'est précisément la raison pour laquelle, devant les menaces que faisaient planer les fluctuations des devises européennes sur le tissage commercial mis en place, le choix avait été fait de renforcer celui-ci d'une deuxième couche, monétaire celle-là. Le SME n'a jamais été autre chose que la doublure, en tissu élastique, de l'habillage commercial dans lequel l'Europe occidentale se protégeait contre elle-même.

Expulser l'Allemagne de la camisole garde-fou aurait été synonyme de saut dans l'inconnu, ou plus vraisemblablement vers le trop connu. Et il s'agit bien là de la raison pour laquelle certains pays ont fait le choix de sauver ce qui pouvait, devait être sauvé : ils ont décidé d'accompagner la hausse du deutschmark, puisqu'à l'évidence le premier scénario était d'apocalypse. On n'imagine pas que la deuxième branche de l'alternative puisse réserver pire surprise...

TOUCHE PAS À MON SME

Un certain nombre de pays, dont la France, font alors, au début des années 1990, le choix de sauver ce que l'on présente comme la « construction européenne » et n'est en définitive qu'une protection des Européens contre eux-mêmes. Puisqu'il fallait sauver la paix froide, il fallait sauver l'organisation monétaire qui en est partie constitutive essentielle et dont le démantèlement pourrait entraîner le détricotage de tout le dispositif. Il est jugé indispensable d'accompagner la hausse de la monnaie allemande, pour raison d'État non explicitée.

Pourquoi cela fut-il présenté sous le nom de « politique de franc fort », en laissant croire qu'il s'agissait d'un choix d'orthodoxie monétaire, que des raisons essentiellement économiques justifiaient? Cela demeure difficilement compréhensible. À moins d'intégrer qu'à l'époque, tout discours politique qui aurait fait état d'un risque de tensions en Europe susceptibles de remettre le feu aux cendres, aurait été inaudible. Nous étions, au début des années 1990, tellement convaincus de la fin de l'Histoire, convaincus de la paix! Le premier coup de canif dans la vie rêvée des Occidentaux est survenu durant l'été 1990, lors de l'invasion du Koweït. Et encore s'agissait-il d'un démenti venu d'ailleurs, d'un danger extérieur qui permettait toujours d'esquiver les risques intestins. Quel candidat à l'élection dans des démocraties heureuses aurait pu prendre le risque de rompre le charme? Ses ambitions seraient alors restées au stade de la candidature... Et tout donne à penser que le même processus s'est répété au premier semestre 2005. Je reconnais qu'on n'a jamais réussi à vendre des voitures en montrant des photos d'accidents de la route. Mais quelle idée de tenter de les commercialiser en commentant la notice d'entretien puisque, finalement, c'est à cela que s'est apparentée, pour l'essentiel, la campagne du référendum sur le traité constitutionnel !

Mais la carence – sans doute inévitable – du discours politique laisse le champ libre aux réactions de rejet devant les incompréhensibles, parce qu'injustifiées, conséquences de l'engrenage : un brouillon de 2005 a été proposé quinze ans auparavant. « Il faut donc accompagner la hausse du mark », choix incontournable mais inexpliqué, celui-ci étant aspiré vers le haut par le différentiel de taux d'intérêt qu'il offrait. Il convenait donc de le réduire, en augmentant par exemple les taux français de manière volontariste. L'ennui étant que, s'il y avait de belles et bonnes raisons économiques et monétaires – la demande d'emprunts – pour que les taux montent en République fédérale, il n'y en avait aucune en France. Toutes les raisons géopolitiques y poussaient sans doute, mais aucune qui soit du registre économique. Alors survint ce qui se produit lorsqu'on enclenche un starter avec un moteur chaud : l'étouffement au bout de la manœuvre. Une récession a été en quelque sorte introduite en France. Chacun aura en mémoire ses conséquences en termes d'emplois. Chacun se souviendra aussi des pénalités payées par l'État, sous forme de baisse des recettes fiscales, et de celles acquittées par les régimes de protection sociale, au travers de la diminution des rentrées de cotisations.

Et voici la France, ainsi que les pays qui adoptent la même voie solidaire et inquiète qu'elle, confrontés à la montée des déficits.

ENGRENAGE, QUAND TU NOUS TIENS…

Les déficits ne pouvant bien entendu être financés, en période récessive, par une augmentation des prélèvements, le recours aux emprunts devient, une fois encore, l'échappatoire. Ainsi donc, au même moment, l'Allemagne s'endette pour financer son unification, et certains de ses voisins recourent également aux emprunts pour financer le sauvetage de l'Europe.

Le début de l'après guerre froide en Europe est financé à crédit. Et sans explications. Certains Européens, les plus nantis, disposant d'une capacité d'épargne, deviennent prêteurs. D'autres deviennent chômeurs et/ou protestataires. Bien rares ceux qui ont eu conscience de vivre les conséquences de la défaite de l'URSS. Toutes les leçons du management du changement montrent pourtant qu'une situation est d'autant moins facile à vivre qu'elle est moins compréhensible, c'est-à-dire moins expliquée.

LIGNE DE PARTAGE

Un clivage est apparu au début des années 1990 au sein des pays qui constituaient le Système Monétaire Européen. Certains pays l'ont remis en cause, apparemment sans trop d'états d'âme. La Grande-Bretagne, l'Espagne, le Portugal et l'Italie ont quitté le SME, non traumatisés par les risques du scénario précédemment décrit… D'autres au contraire, on vient de le voir, ont préféré payer le prix, prendre le risque de renouveler le pacte plutôt que celui de le déstabiliser… Inconscience des uns? Extralucidité des autres?

On peut aussi hasarder une autre explication… En laissant de côté le cas de l'Italie, qui aurait très certainement préféré opter pour la deuxième branche de l'alternative mais qui n'avait pas les moyens de cette ambition. Car, déjà à l'époque, l'État italien était tellement endetté qu'il ne disposait plus d'une véritable capacité d'emprunt supplémentaire. On a beau avoir inventé jadis les banques, le principe de réalité ne s'impose pas moins au présent…

IN MEMORIA VERITAS

Restent trois pays dont les choix peuvent apparaître irresponsables et, partant, incompréhensibles… Cela est d'autant plus troublant que ce sont, à l'époque, trois des derniers pays à avoir rejoint les organisations européennes. Absents lors des actes fondateurs à Rome en 1957, ils n'ont pris le train en marche que dans les années 1970. Or ce sont les premiers qui n'hésitent pas à descendre à la première station post-guerre froide! *Last in, first out,* en quelque sorte. Auraient-ils donc en commun certains traits de caractère, pour se révéler ainsi comme des rats quittant l'euro-navire dès qu'il est confronté au gros temps?

De caractère, certes non! En revanche, on n'aura pas manqué de remarquer que ces trois États présentent une caractéristique historique commune, qui les différencie de tous les autres : aucun des trois n'a été directement confronté, au XXe siècle, aux invasions et occupations allemandes, notamment à la dernière d'entre elles. Pour des raisons sur lesquelles il n'est pas utile de revenir, l'une, la Grande-Bretagne, a été protégée par sa résistance, son insularité et une alliance avec les États-Unis; les deux autres, l'Espagne et le Portugal, ont été protégés par leur propre national-fascisme. Trois pays qui n'ont donc pas la même mémoire des menaces allemandes… Qui, n'ayant pas le même souvenir historique des craintes passées, n'ont pas la même appréhension des dangers futurs. Ce qui conduit à confirmer que le Traité de Rome fut d'abord un dispositif de protection contre les risques que l'Allemagne représentait, un Club de ceux à qui l'Allemagne fait peur… au premier rang desquels il convient de ranger, qu'il n'y ait aucune équivoque sur ce point, les Allemands eux-mêmes! Ce fut également une tentative de structuration et de stabilisation des relations entre les pays d'Europe continentale tombés dans le camp occidental et qui avaient perdu la Seconde Guerre mondiale. Or, ni la Grande-Bretagne ni les pays de la péninsule ibérique ne se rangent dans cette catégorie!

Le Royaume-Uni est un vrai vainqueur du second conflit. Non seulement il n'a pas perdu la bataille d'Europe, mais il a véritablement contribué, comme pays et non pas seulement avec des héros dissidents et résistants, à la victoire de 1945. L'Espagne et le Portugal, pour leur part, ne peuvent être considérés comme perdants d'une guerre à laquelle ils se sont bien gardés de participer… ce qui a permis à leur fascisme national de perdurer, de trouver même une légitimité dans le contexte des formes organisationnelles à mettre en place après 1945 pour protéger l'Europe occidentale du communisme. De même qu'aux États-Unis certains savants issus du Reich ont été recyclés, de même en Europe ont été réembauchées, en 1945, certaines dictatures qui avaient su garder un minimum de distances avec le nazisme… Il apparaît ainsi qu'au début des années 1990, le couvercle qui refoulait les mémoires européennes des années 1930 et 1940 saute de la marmite.

À PROPOS DE LA MÉMOIRE FRANÇAISE ET D'ALBION…

Profitons de l'opportunité pour revenir sur une antienne qui ne cesse d'être chantée lorsque, Français, nous comparons la fermeté de notre engagement européen et les ambiguïtés britanniques, un pied dedans, un autre dehors, quelques pas en avant, quelques autres en arrière… Tout se déroule comme si cette comparaison faisait l'impasse sur l'Histoire différente des deux pays, impasse qui occulte des réalités totalement différenciées. La France, rappelons-le encore, a perdu la Seconde Guerre mondiale, tandis que la Grande-Bretagne l'a gagnée. Quand la France présentait le risque d'une guerre froide intérieure – le PC y fut longtemps très puissant –, la Grande-Bretagne n'a jamais véritablement redouté d'importer ce conflit sur ses îles. Bien sûr, la Grande-Bretagne a, comme la France, peur de l'Allemagne – d'une manière certes différente, puisqu'elle n'a jamais été envahie… Mais n'oublions pas qu'elle garde tout de même dans sa mémoire ce souvenir : la dernière fois que, pour se protéger de l'Allemagne, elle a conclu une alliance avec la France, ce fut pour se retrouver à Dunkerque, en 1940… Ajoutons que l'Entente cordiale franco-britannique fut encore ressortie ultérieurement de la naphtaline historique : pour répondre ensemble à la nationalisation du Canal de Suez, les deux pays envoyèrent contre Nasser un corps expéditionnaire. Qui dut se replier. Cet épisode prit place à l'automne 1956, six mois avant la signature du traité de Rome… Ces rappels historiques ne procèdent pas d'une volonté d'autoflagellation mais de la nécessité de «donner du sens» aux comportements présents. Des batailles perdues ensemble ne donnent pas envie de renouveler les alliances…

Une triple leçon de l'Histoire peut ici être mise en réserve, elle servira plus tard. La fin de la Guerre Froide voit brutalement ressurgir les mémoires qui, lorsqu'elle débuta, furent enfouies parce que son «bon» déroulement exigeait sans doute un refoulement. Chaque pays européen retrouve alors en quelques années une posture que son Histoire explique, et le risque des conflits entre postures et mémoires réapparaît brutalement.

La France, n'ayant sans doute pas fait de véritable travail sur sa propre mémoire, a particulièrement du mal à comprendre la mémoire des autres. Elle a même des difficultés à imaginer que d'autres puissent avoir une mémoire qui expliquerait leurs positions. Il faudrait peut-être se demander si tous les Français sont imprégnés, c'est-à-dire à la fois bénéficiaires et victimes, par ce que j'appelais, en début d'ouvrage, un processus de blanchiment de mémoire. N'oublions pas qu'il a été doublé d'un second lavage, quasi symétrique : celui auquel a procédé la mémoire communiste de la Résistance, dont les compromissions des débuts de la guerre, à savoir le pacte germano-soviétique – rares ont été les militants-résistants qui s'en sont démarqués –, se sont effacées en ne laissant subsister que les auréoles de l'héroïsme des Francs-Tireurs et Partisans.

JAMAIS DEUX NUAGES SANS…

Début de décennie de tous les dangers, donc, celui qui accompagne la fin de la Guerre Froide en Europe. Non seulement le ciment extérieur – la conscience d'un adversaire commun – disparaît, mais, en outre, le liant interne – les constructions élaborées depuis quarante-cinq ans – est en train de se dissoudre dans la résurgence des identités centrifuges adossées aux mémoires diversifiées.

N'y aurait-il eu que ces deux phénomènes… Mais l'irruption simultanée d'une troisième réalité menaçante a contribué à faire bon poids, la simultanéité relayant en outre le fait que la même cause peut produire trois effets. Les pays d'Europe occidentale ont en effet été simultanément confrontés à une remise en cause du modèle économique, social et politique qui avait accompagné la Guerre Froide et avait lui aussi apporté sa contribution à la paix froide : un modèle reposant sur la croissance, tirée par une locomotive alimentée par l'industrialisation, elle-même catalysée par des exportations… Le Japon a connu le même phénomène et pour les mêmes raisons. Nous organiserons d'ailleurs dans quelques pages un voyage initiatique dans l'Archipel pour prendre toute la mesure des analogies de destinées.

Ce modèle a tiré la croissance de l'Europe pendant plusieurs décennies. Même s'il a connu quelques hoquets lors des chocs pétroliers des années 1970, par exemple, il permet de dire, surtout avec le recul, que nous avons vécu non pas trente, mais quarante années sinon glorieuses, du moins paisibles. La croissance qui a suivi la reconstruction, puis l'industrialisation et enfin les exportations, a été, chacun s'en souviendra, créatrice d'emplois, génératrice de paix sociale. Ainsi, lorsqu'on se souvient qu'un tiers du Produit National Brut français a été, bon an mal an, exporté à partir des années 1970, on mesure l'ordre de grandeur de la contribution qui en est résulté en termes d'emplois directs et indirects. Autant dire que les exportations ont participé à la pacification sociale en France, à l'apparition et au développement des classes moyennes, à leur espoir d'ascension sociale, autant de remparts contre les soubresauts sociaux politiquement détournables.

Et comble de malheur… la locomotive industrielo-exportatrice se met à tanguer, voire à dérailler dans les années 1980… Sans revenir sur les causes, contentons-nous de prendre acte de la litanie des faits. À partir de 1982, la quasi-totalité des pays du Sud – on parlait alors de tiers-monde car il y en avait deux autres – sont devenus insolvables. La «crise des paiements internationaux», pour reprendre la terminologie académique, a privé les pays exportateurs de leurs débouchés traditionnels à l'export. (On sait même que ce sont précisément ces courants d'affaires qui ont provoqué le processus d'«endettement», ou plutôt contribué à le provoquer, car il y eut évidemment d'autres raisons.) Passe encore… mais au milieu des années 1980 – nous avons analysé les causes du processus au début de l'ouvrage –, la chute du dollar américain a contribué à fermer le marché des États-Unis qui s'était fort opportunément, courtoisement devrait-on dire, ouvert jusqu'à la béance lorsque ceux des pays du Sud s'étaient fermés… Privées de leurs déversoirs, les exportations se sont ainsi retrouvées fort démunies. Et avec elles la croissance, lubrifiant de la paix sociale… On a pu croire un temps que la fin de la Guerre Froide allait ouvrir des débouchés de substitution dans les pays de l'ex-bloc. Las, les lendemains ont déchanté! Il est rapidement apparu que la probabilité que la zone devienne cliente était beaucoup moins vraisemblable que celle qu'elle devienne concurrente. Et la suite de l'histoire n'a fait que confirmer ce que les intuitions laissaient deviner…

On ne sera pas étonné de trouver ici une explication, parmi d'autres qui ont convergé, à la montée du chômage et du sentiment d'inquiétude… Or, et c'est l'aspect qui nous concerne prioritairement ici, si la quiétude fut à l'origine de quarante années paisibles, il n'est pas besoin d'être grand clerc pour voir poindre les risques de soubresauts avec la disparition de ce merveilleux Prozac collectif qu'a constitué l'injection permanente de croissance… Plus longue fut l'accoutumance, plus rude sera le sevrage…

Et les classes moyennes françaises de découvrir ce dont elles avaient été protégées pendant la parenthèse enchantée : l'incertitude, la précarité, la crainte que leur avenir soit moins radieux que leur présent, que le destin de leurs enfants soit moins satisfaisant que le leur. Pour la première fois depuis quatre décennies, le risque de paupérisation se présente chez ceux qui avaient été embarqués dans l'ascenseur social. On sait que cette paupérisation des classes moyennes, réalité ou crainte, n'a pas peu contribué, dans le passé – celui de la République de Weimar pour ne prendre qu'un exemple –, à jeter les citoyens inquiets et anxieux dans les bras des populismes, de la xénophobie, voire plus si affinités haineuses. Classique réalité, banal constat : lorsqu'il y a progrès généralisé, même inégalitaire, on ne regarde pas trop dans l'assiette du voisin. Lorsque la régression guette, la montée des jalousies veille.

Un véritable cocktail explosif se met en place dans l'Europe occidentale de l'après-Guerre Froide. Celle-ci n'en a d'ailleurs pas réellement conscience, jubilante de la chute du Mur, de la fin de l'équilibre de la terreur… qui, on avait fini par l'oublier, était à la fois terreur et équilibre. Pour la première fois depuis quarante-cinq années, les conditions de cet équilibre étant rompues, se présente le risque d'une montée des tensions dégénérescentes ou, pour parler plus clairement, le risque de guerre en Europe. Il est plus inquiétant encore qu'affligeant de constater que ce risque n'a pas été davantage souligné aux électeurs français et néerlandais du printemps 2005, qu'on a laissés se défouler sur les dispositions d'un traité constitutionnel. Comme des passagers du Titanic qui auraient entrepris une grève de la faim parce qu'ils auraient trouvé que les menus n'étaient pas assez variés. Certes, il ne s'agissait que d'un risque de guerre…

SCÉNARIO DE FICTION?

Chacun est évidemment libre de considérer que la description qui vient d'être proposée s'inscrit dans la tradition de ceux qui prennent leurs craintes pour des réalités! Élucubrations pessimistes en quelque sorte. Le fait est que le scénario d'apocalypse ne s'est pas réalisé! Voilà qui devrait valoir les meilleurs démentis, n'est-ce pas? Commençons par espérer que le démenti lui-même ne sera jamais démenti…

Dans le cas précis, avoir tort procure de grandes satisfactions, avoir raison n'en apporterait aucune. Barbara chantait et incantait : «*Faites que jamais ne revienne le temps du sang et de la haine.*» Chantons donc et incantons aussi! Mais… Se souvient-on que nous avons eu sous les yeux un modèle réduit de la réalisation du scénario en question? Court-métrage racontant la même histoire que celle du film catastrophe évoqué plus haut. Un autre regroupement de peuples qui longtemps s'étaient entre-déchirés… Qui avaient fait taire leurs différences au lendemain de la Seconde Guerre mondiale… Au point qu'on avait fini par croire que le passé était passé et qu'ils formaient un ensemble stable et, enfin, pacifié… Dont les composants avaient créé des relations d'interdépendance, et pas uniquement commerciales et monétaires, mais également de métissages familiaux… Ayant bénéficié d'une prospérité toute relative – mais justement, il s'agit là d'affaire de comparaison… Et qui n'a pas survécu à la fin de la Guerre Froide!

On aura reconnu la Yougoslavie dans le portrait-robot. Les peuples qui la composaient n'avaient, en effet, principalement fait taire leurs affrontements que parce qu'ils partageaient la même crainte, celle de l'Armée rouge. La poigne de fer de Tito et l'affirmation d'un communisme national ont fait le reste. Un peu comme le Caudillo et son fascisme spécifique avaient protégé l'Espagne du totalitarisme nazi. Mais comparaison n'est pas raison… Les peuples composant ce que nous pensions être un État, la Yougoslavie, ont survécu ensemble pendant dix ans à la mort de Tito. Ils n'ont pas survécu un an à la disparition de leur adversaire commun.

«À deux heures d'avion d'ici», disait-on alors pour bien montrer combien nous nous sentions proches… Le vernis de quatre décennies a été décapé, mettant de nouveau en lumière les vieilles blessures qui n'avaient été que conjoncturellement badigeonnées. Et la Yougoslavie était une Europe en miniature. On y retrouvait la plupart des clivages qui ont mis l'Europe à feu et à sang dans les siècles des siècles. À telle enseigne que, lors de l'éclatement de 1991, chacun des peuples composant le futur ex-État a vu venir vers lui son club de supporters. Reconnaissant la Croatie, l'Allemagne et le Vatican qui, par là même, ont sorti le diable de la bouteille. Les clubs de hooligans se sont spontanément précipités : derrière la Serbie, la Russie et la France. Au secours du Kosovo et de la population musulmane bosniaque, la Turquie et l'Albanie. Où l'on voit rejaillir des volcans qu'on croyait éteints avec les clivages archaïques, et notamment les clivages religieux qu'on croyait dépassés. Ce n'est évidemment pas en Europe occidentale que ces lignes de fracture pourraient réapparaître !

Si la guerre yougoslave, qu'on pensait civile à ses débuts, a tant choqué l'Europe occidentale, je ne doute pas qu'il faille en chercher une explication partielle dans une solidarité généreuse… Mais on peut imaginer aussi qu'il y eut une part d'identification. La Yougoslavie apparaissait comme un véritable Eurassic Park où se retrouvaient intacts les gènes des destructions européennes. Il fallait sans doute une grande dose d'aveuglement, celle qu'administrent les périodes de douceur, pour visiter ce pays et ne pas voir que les différences demeuraient vivaces sous les apparences de l'uniformité. Lorsqu'à Rijeka le café était *ristretto*, qu'à Split il semblait sorti d'une thermos bavaroise, et qu'à Skopje, le café turc vous était servi sous le nom de *macedonian coffee*, il aurait fallu faire confiance aux papilles pour découvrir que l'Histoire et la Géographie n'étaient que volcans apparemment éteints. Voilà l'exemple même d'un voyage dégustatif qui aurait dû stimuler d'autres sens.

Comme lors de ces dîners avec des amis qu'on croyait yougoslaves, qui se croyaient yougoslaves eux-mêmes. Et que je ne peux plus désormais inviter ensemble depuis qu'ils se sont découverts, re-découverts serbes ou croates, bien que pour certains issus de familles métissées. Une puce aurait pourtant dû piquer l'oreille… Ces amis ne riaient jamais tant que lorsqu'ils racontaient des histoires qui étaient copies conformes de nos histoires belges. Il s'agissait alors d'histoires dites bosniaques. Un micro-signal qu'on n'a pas su traiter… Qu'il soit donc aujourd'hui permis d'avoir une certaine prévention pour lesdites histoires belges, dont tout donne à penser qu'elles ne sont finalement que blagues xénophobes pour des époques de xénophobie taboue. La forme d'ironie la moins suspecte devient alors l'autodérision, incomparablement moins dangereuse que la xéno-dérision.

Le scénario qui menaçait l'Europe occidentale au début des années 1990, qui la menace à nouveau alors qu'un risque de détricotage ressurgit en 2005, est donc le scénario yougoslave. Puisque les voyages aident à la connaissance du monde et surtout de nous-mêmes, proposons-en quelques autres qui contribueront eux aussi à mieux comprendre l'Europe au sortir de la paix froide.

4

LOST IN TRANSLATION

POUR COMPRENDRE L'EUROPE, VISITEZ LE JAPON…

Certes on peut visiter le Japon en ne voyant que les différences culturelles. Qui n'a été dérouté, perdu lors d'un séjour à Tokyo? Sofia Coppola, Amélie Nothomb, tant d'autres nous ont rendu compte des prises à contre-pied auxquelles on est constamment soumis.

Mais on peut également proposer un autre voyage. Non pas chez des exotiques qui sembleraient tellement différents qu'on se croirait au spectacle. Mais en nous-mêmes, au travers d'*alter ego* si ressemblants. Car si des millénaires d'histoires différenciatrices ont formé les spécificités, quatre décennies de Guerre Froide ont ajouté une couche commune. Et c'est alors Roland Barthes qu'il faudrait solliciter pour déchiffrer un empire des signes qui donnerait du sens à nos propres réalités.

Durant cette période de Guerre Froide, le Japon a disposé d'un statut géopolitique qui n'est pas sans rappeler celui de l'Europe occidentale : c'est un pays dont il était inconcevable pour les États-Unis qu'il puisse basculer, un allié indispensable dont il fallait gager la stabilité coûte que coûte. Il n'a pas simplement fallu, dans ce but, que le vainqueur de 1945 écrive la Constitution japonaise. Il a fallu également mettre en place dans l'Archipel les conditions économiques requises par la paix sociale, donc la fiabilité politique : ce modèle de développement à base d'industrialisation et d'exportation que nous avons bien connu en Europe et que l'achèvement de la Guerre Froide déstabilise.

N'importe quel touriste occidental aurait pu découvrir en quelques minutes l'évidence nippone flagrante d'une réalité française quasi imperceptible car sans doute trop proche. Il aurait suffi qu'il s'enquière, naïf fasciné par l'électronique japonaise miniaturisée, qu'il demande donc à son traducteur de l'emmener acheter un appareil photo nippon à Tokyo. Son interlocuteur, ayant lui-même voyagé et nécessairement honnête, lui aurait alors fait observer que l'emplette était bien inutile puisqu'on trouvait le même appareil dans n'importe quelle Fnac hexagonale… et moins cher. Stupeurs et tremblements? Non pas! Bout de fil qui dépasse et qu'il convient de tirer car toute une pelote va se dérouler.

Pendant plusieurs décennies, les Japonais ont accepté de surpayer leurs produits nationaux pour permettre à leurs entreprises de sous-facturer à l'exportation, de gagner ainsi des parts de marché qui ont garanti des emplois au Japon. À parts de marché croissantes, sécurité de l'emploi accrue. Le sur-prix apparaissait alors comme une assurance chômage souscrite par les consommateurs japonais au bénéfice des salariés nippons, c'est-à-dire d'eux-mêmes. Et, on l'a vu, les États-Unis se sont proposé d'acheter eux-mêmes les produits exportés par le Japon, en faisant monter le dollar, c'est-à-dire en les subventionnant indirectement. C'était là le prix à payer, mais en dollar, donc en monnaie imprimée *at home*, pour disposer de Japonais paisibles donc d'un allié fiable durant la Guerre Froide.

Étranges étrangers? Il s'agit pourtant d'un exotisme apparent. Car nous avons développé le même modèle en Europe occidentale, à la même période et pour les mêmes raisons, en France tout particulièrement. Chacun sait, pour prendre un premier exemple, que les exportations françaises bénéficient d'une exonération de TVA. Ne s'agit-il pas du même processus par lequel des étrangers peuvent payer 20 % moins cher que les nationaux les produits qui leur sont exportés? Il s'agit bien là d'une illustration du processus de soutien à l'emploi, donc à la paix sociale, par le biais d'exportations. Il ne saurait être question de citer les innombrables autres subventions et bonifications dont l'exportation a pu bénéficier, distribuées notamment par la Coface (Compagnie française d'assurances pour le commerce extérieur) et la BFCE (Banque française du commerce extérieur), qui disposaient alors d'un statut d'entreprises publiques mobilisées pour une grande cause nationale.

On peut en revanche proposer, pour son exemplarité, une autre japonaiserie en vogue ici même. Faire ses courses dans les supermarchés du monde est riche d'enseignements. Le bœuf de Kobe doit valoir environ mille euros le kilo à Tokyo. On comprendra donc aisément le goût du Japon pour le poisson et on attendra volontiers le retour en France pour l'entrecôte grillée… Mais a-t-on remarqué que le *T-Bone* américain, la côte de bœuf argentine ou australienne valent environ le tiers de ce qu'elle coûte au sein de la vieille Europe? Là encore, la géopolitique est lisible à l'étalage… Les étiquettes qui dansent, ici la valse, ailleurs le tango, donnent à voir l'Histoire.

Les Européens, comme les Japonais, ont fait le choix, au lendemain de la Seconde Guerre mondiale, de surpayer à leurs éleveurs et agriculteurs le prix de leurs productions. Deux à trois fois le prix mondial, bien davantage s'agissant du Japon. Une bonne manière qui avait pour double but de les maintenir à la terre et de se donner les moyens de l'autosuffisance alimentaire. Si l'Europe occidentale, et surtout la France, avait les moyens de cette ambition, le Japon ne pouvait à vrai dire y prétendre – on n'échappe pas à l'exiguïté territoriale… Assurément, il aurait été possible d'importer notre alimentation du vaste monde. À moindre prix. Mais en réalité le prix à payer aurait été une dépendance alimentaire vis-à-vis de l'étranger, c'est-à-dire une inquiétude plongeant ses racines dans l'Histoire profonde… et surtout celle, récente, des pénuries de l'Occupation. Comme dans le cas de l'appareil photo japonais, nous achetons davantage notre sérénité qu'un produit. Et le prix payé comporte certes des coûts mais également une prime d'assurance. Si le consommateur européen n'a été que peu conscient du processus, le contribuable qui sommeille en lui aurait dû y prêter attention. Car le sur-prix payé à la caisse était d'abord un sur-prix payé au producteur, une sorte de revenu minimum garanti… par Bruxelles, qui s'engageait à acheter, *via* des processus communautaires, certains produits agricoles au prix garanti si les prix du marché devaient descendre en dessous dudit niveau.

Ce qui est décrit ici n'est autre que la fameuse Politique agricole commune dont les principes et mécanismes fondateurs ont d'abord été géopolitiques : il s'agissait de sécuriser les Européens de l'Ouest dans le contexte de la Guerre Froide, où leurs angoisses alimentaires auraient pu menacer le camp occidental. La machinerie s'est alors mise en marche à l'insu des Européens, qui ne se sont pas plus posé de questions que des Japonais acceptant leur destin prospère. Qui dit prix garanti au producteur veut aussitôt dire déconnexion de l'offre et de la demande. Si Bruxelles s'engage à acheter, qu'importe, par conséquent, la quantité (et parfois la qualité…), pourvu qu'on ait le débouché – les frigos de la Communauté européenne.

Et c'est ainsi que le noble objectif d'atteindre l'autosuffisance alimentaire a été mis en œuvre au travers d'un processus qui a fait plus qu'atteindre son but : il a conduit aux excédents permanents et pléthoriques. Ne nous appesantissons pas sur le fait qu'il ait fallu financer des stocks de sécurité, imaginons seulement qu'il faille parfois les écouler. Des produits achetés trois ou quatre fois le prix mondial? Si l'on veut les exporter, il faut alors les subventionner considérablement… Le contribuable paiera pour la tranquillité du consommateur, citoyen rassasié et paisible. La sécurité, vous en rêviez? Sony et Minolta l'ont fait. L'Europe agricole aussi.

Qu'il n'y ait aucun malentendu dans l'analyse proposée! Il ne s'agit pas de critiquer mais de décrypter. Que des dysfonctionnements soient apparus, c'est évident, mais la logique qui sous-tendait les processus avait sa légitimité : à la guerre comme à la guerre. Il s'agit bien davantage encore de s'étonner. Comment avons-nous pu être aveugles et sourds au point de ne pas avoir conscience des mécanismes géopolitiques qui aspiraient nos vies quotidiennes, la vie des entreprises également? Cette absence de lucidité contribue à l'incompréhension face à la déstabilisation actuelle de la Politique agricole commune! Celle-ci apparaît pourtant comme un signe des temps : la remise en question d'une des formes organisationnelles du monde de la Guerre Froide.

LE PAYS DU MATIN ET DES ANNÉES CALMES…

Pourquoi faut-il continuer à visiter le monde pour nous découvrir? Pour prendre la mesure du fait que nous avons, en réalité, bénéficié de ce que l'on pourrait appeler un «syndrome coréen», c'est-à-dire une prospérité conjoncturelle reposant sur une conjoncture géopolitique, et que le changement de conjoncture va totalement déstabiliser.

Explicitons ledit syndrome – autre voyage, autres mœurs, même temps, même réalité. La Corée a sans nul doute plus souffert encore que l'Europe de la guerre qui n'y fut pas si froide. Comme l'Europe, la Corée en a été divisée. La partie méridionale s'est retrouvée «occidentale», si l'on peut ainsi s'exprimer, et détruite. Dès lors que les États-Unis ont maintenu trente-sept mille soldats au sud de la soi-disant zone démilitarisée, ce ne pouvait être pour prendre le risque que la Corée soit instable. Il a donc fallu commencer par la reconstruire, l'aider à se reconstruire. Voilà des prémices qui ne sont pas sans rappeler une histoire européenne que nous avons bien connue… Il a même fallu contribuer à la développer car son industrialisation ne pouvait que participer à l'apparition de classes moyennes dont l'espoir d'ascension sociale, souvent réalisé en ce temps-là, stabilise la société. (Pour plus de sécurité encore, les régimes politiques seront adaptés, gant de fer militaire au début, main de velours démocratique ensuite lorsqu'il apparaîtra que, tout compte fait, le «cause toujours» des élections est plus satisfaisant pour les aspirations des classes moyennes que le «boucle-la!» dictatorial.) Reconstruction, industrialisation… il semble bien, en effet, que la musique nous soit familière.

Il va de soi, en outre, que si l'industrialisation de la Corée du Sud n'a pas pour seul débouché le petit marché domestique du Sud de la péninsule, les fruits de la croissance qui en résulteront et pourront être distribués n'en seront que plus sucrés. La stabilité sociale et politique ne pourra qu'en bénéficier et, *in fine*, si la Corée du Sud ne trouve pas de débouchés extérieurs, les États-Unis s'ouvriront à ses produits. Plus le dollar prend de la valeur par rapport au won coréen, plus Samsung et Hyundai sont «compétitifs» en Amérique du Nord. Il serait intéressant de calculer combien il faut importer de voitures Daewoo en Californie pour être dispensé d'envoyer un GI supplémentaire en Corée…

Le modèle industrielo-exportateur, celui-là même que nous avions rencontré au Japon et en Europe occidentale, apparaît ici dans toute sa simplicité nue. Une subordination de l'économie et du commerce international à des impératifs géopolitiques. Mais il ne peut alors faire de doute que si les impératifs géopolitiques changent, les besoins d'alliances ne seront plus les mêmes, les modèles économiques et commerciaux seront remis en cause… et tout le système politique et social risquera de se détricoter. Pour qui va sonner le glas de la fin de la Guerre Froide?

DOLCE VITA, *DOLCE STUPIDITA*

Une interrogation traverse l'esprit. Comment peut-on expliquer que les euro-bénéficiaires de l'ordre ancien, notamment en France, n'aient pas eu conscience de cette dépendance par rapport aux réalités géopolitiques de l'époque? Nous apportons ici quelques contributions à la réflexion, sans prétention à la faire aboutir.

Une première intuition conduit à suggérer que les périodes de prospérité n'étant pas propices aux grandes intelligences, nous ne nous sommes pas trop posé de questions dans un contexte qui, finalement, nous était bien doux. Peut-on hasarder que nous fûmes même des sortes d'imbéciles heureux?

Une deuxième piste devrait être explorée : les Européens se croyant, comme tout un chacun d'ailleurs, au centre du monde – leurs cartes l'attestent –, ils se croient aussi au centre de l'Histoire, de leur histoire. Ils se croient maîtres de leur destin et ne voient pas, refusent de voir le jeu d'influences dont ils sont l'aboutissement. Nous avons sincèrement cru avoir choisi notre mode de développement. Les gens heureux peuvent être des imbéciles sincères.

Quel euro-nombrilisme fâcheux! qui a empêché de sentir que la fin de la Guerre Froide signifiait la remise en cause complète d'un ordre ancien dans toutes ses composantes. Toutes les formes organisationnelles qui avaient contribué à l'organisation du camp occidental vont s'effondrer dans un fracas de sigles brisés : PAC, SME, CEE, on en passe, chaque morceau du Mur aurait dû être nommé d'un acronyme qui aurait rappelé l'organisation sophistiquée de l'Occident qui s'écroule en même temps que sa caricature défaite.

Un peu de recul pour mieux avancer

Ce qui va sans dire va certainement encore mieux en l'explicitant… La grille de lecture proposée est à présent suffisamment ébauchée pour que l'on puisse souligner quelques commentaires méthodologiques.

On ne doit désormais plus douter – mais qui doutait à dire vrai d'une pareille banalité? – que la compréhension du passé est une des clés de la compréhension du présent. Elle en est même la condition *sine qua non*. Plus nous visitons, ici ou ailleurs, ce qui fut un passé simple, plus nous ébauchons des clés pour comprendre le présent compliqué, pourquoi pas l'avenir en gestation – faudrait-il inventer un nouveau temps, le plus-qu'imparfait? Si la géopolitique est utile, c'est bien parce qu'elle est une combinatoire de ces deux disciplines qu'un trait d'union rapproche dans notre mémoire de lycéen, l'Histoire et la Géographie. Si le recours à la géopolitique est fécond, c'est en montrant que l'on est ce que l'on a été, que l'on est également où l'on est, conditionné par le passé et l'emplacement d'où l'on agit. L'Histoire et la Géographie ne servent pas uniquement à passer des examens, elles font partie de la valise, la boîte à outils plutôt, qui devrait accompagner chacun de nos mouvements.

Par ailleurs, il doit faire peu de doute que certaines frontières au travers desquelles nous avons l'habitude de voir le monde n'ont plus guère de pertinence, ces frontières qui découpaient des territoires simples, ici ou ailleurs, économiques ou politiques, microéconomiques ou macroéconomiques… Tous ces clivages volent en éclats au fil du raisonnement. Et nous souhaitons insister sur le dernier de ceux que nous venons d'évoquer, la fausse distinction entre ce qui serait du ressort de la macro et ce qui appartiendrait au champ de la microéconomie. Car si la matrice de traitement de l'information présentée possède sa pertinence, c'est aussi qu'elle propose d'être passeport, viatique pour passer de la géopolitique aux choix des décideurs, qu'ils soient citoyens, parents ou acteurs économiques – notamment ceux qui ont en charge d'élaborer ou de mettre en œuvre les stratégies des entreprises.

Si nous devions revenir plein d'usages et d'au moins une raison de nos voyages aux États-Unis – la première étape –, puis en Europe occidentale, au Japon et en Corée, ce serait en étant capables de méditer combien ce que nous avons cru être des choix stratégiques n'a été que de la discipline librement consentie. En décidant, par exemple, de se lancer à l'exportation, les capitaines d'entreprise pouvaient penser prendre des décisions stratégiques : ils ne faisaient que répondre à l'appel de la géopolitique. Envoûtante géopolitique, Lorelei historico-géographique, sous le charme de qui on ne pouvait que tomber. Chacun croyait pousser un cri, qu'il croyait sien, et se contentait en fait de renvoyer un écho. Les stratégies des entreprises n'étaient que la traduction en langage économique des impératifs géopolitiques de l'époque et du lieu où elles étaient élaborées.

La France avait mis en place son propre dispositif «charmant» et «charmeur» pour faire succomber les acteurs économiques aux exigences géopolitiques. Il s'agissait des procédures de subventions et bonifications en tous genres qui ont constitué quelques traits caractéristiques de son paysage. Dis-moi quelles elles étaient, je te dirai où se trouvaient les grands enjeux ! Il en est de nombreuses, mais nous en citerons trois :

- l'emploi *via* l'exportation ;
- la sérénité des classes moyennes au travers de l'accession à la propriété ;
- la sécurité alimentaire par l'autosuffisance.

La trousse de maquillage de la Lorelei française comprenait donc la Coface, la BFCE, le Crédit agricole et le Crédit foncier. Il n'est en rien surprenant que tous ces organismes jadis publics aient perdu leur statut et parfois plus, depuis que la Guerre Froide est finie.

Mais pourquoi avoir seulement employé le passé au cours du paragraphe précédent ? Si le commerce international a été subordonné à des motivations géopolitiques, organisé par elles, peut-être en est-il toujours de même aujourd'hui ? Voilà qui devrait légitimer le fait que nous poursuivions nos voyages. Nous ne visitons pas le monde géopolitique pour briller dans les salons, mais pour briller en société, c'est-à-dire décider, en entreprise notamment.

RETOUR DE VACANCES

Fractures sociales, frictions économiques, frottements de tous les dangers… La Belle Époque est révolue. Délaissons encore un instant l'Europe occidentale aux prises avec ses démons réveillés – on les croyait classés monuments historiques, ils n'étaient qu'assoupis –, et observons à nouveau nos homologues nippons pour mieux nous reconnaître.

La fin de l'emploi à vie, l'un des piliers de la sérénité japonaise, est au bout du compte. Et l'on voit apparaître dans l'Archipel un peu de chômage. Mais va-t-on se préoccuper de 3 % ou 4 % d'une population active ainsi confrontée à la précarité? Que la France ou un autre pays d'Europe occidentale affiche de tels chiffres et le sourire reviendrait sur toutes les lèvres! En quoi cela nous concernerait-il? Nous méconnaîtrions alors l'impact que cette irruption d'un (tout petit) peu de chômage peut avoir sur une société qui croyait s'en être abritée! Chacun a pu le constater, c'est moins le niveau du chômage que l'évolution de ce niveau qui crée le problème social. La valeur absolue provoque l'inquiétude chez ceux qui, ayant perdu un emploi, craignent de n'en pas retrouver. L'évolution de la valeur, la dérivée seconde, diraient les mathématiciens, crée l'angoisse chez ceux qui, ayant encore un job… craignent de le perdre. Et ils sont de loin plus nombreux.

Même faible, le niveau de sans-emploi nippons transforme l'archipel tout entier en un pays du chômage levant, où tous les acteurs sont percutés par une inquiétude dont ils pensaient être protégés. Et on a pu constater que 4 % d'inactifs et 96 % d'actifs se transforment aisément en 100 % d'inquiets. Les symptômes de l'irruption de l'inquiétude ont été innombrables : apparition des premiers sans-domicile fixe dans les villes japonaises, des premiers acteurs de l'économie informelle dans leurs rues, pour ne rien dire – en se gardant bien de tout ce qui pourrait conduire à des amalgames malsains – des comportements adolescents déviants, voire d'une petite délinquance, quand il ne s'est pas agi de suicides. Il n'est à l'évidence pas question de proposer une assimilation entre les différents signes sociaux qui viennent d'être cités, mais de faire observer qu'il s'agit là de symptômes, ô combien différents, d'une même cause : les «vacances» de quarante ans que le Japon a connues sont terminées.

Ne voit-on pas, dans le tableau extrême-orientaliste ici dessiné, comme une esquisse du tableau hyper-réaliste qui se peint en France? Car l'Hexagone a bien connu ces comportements à l'ancienne mode japonaise, celle de l'époque quiète. Il a vu de ces salariés français qui, comme leurs homologues japonais, se sont investis, surinvestis parfois, dans leur activité professionnelle, au titre d'un statut qui leur procurait par ailleurs une assurance chômage. On aura reconnu que ces Mesdames et Messieurs Butterfly sont les «cadres» qui, tout au long de la Guerre Froide, ont vécu un pacte tacite avec leur entreprise : les premiers ne comptaient pas trop leur temps tandis que la seconde ne comptait pas trop son argent, le statut de cadre garantissant une sorte d'emploi à vie… la sécurité au sein de la société, pour ne pas dire la sécurité sociale.

Au début des années 1990, l'apparition d'un peu de chômage chez les cadres français, à un niveau japonais à vrai dire, a eu exactement le même effet ravageur que celui qui a été observé chez les autres nous-mêmes de l'Archipel nippon. L'ensemble des cadres s'est mis à entrer «en craintes», comme on entre dans les Ordres. Un seul était privé d'occupation, et tous étaient contaminés par la préoccupation. Si l'on ajoute que les cadres ont constitué un modèle d'identification pour les non-cadres, on imagine que la contagion n'en est pas restée aux seuls interlocuteurs de l'Apec. Car les «non-cadres» ont traduit en leur langage la rupture du pacte tacite entre les cadres et les entreprises, rupture dont ils étaient les témoins : si même les cadres… En effet, jusqu'au début des années 1990, le chômage concernait principalement les jeunes, les femmes et les personnes les moins bien formées – on pouvait d'ailleurs être du ressort des trois catégories. Mais dorénavant, même ceux dont tout le monde s'accordait, avec envie, voire jalousie, à considérer qu'ils étaient immunisés, sont confrontés à un sort qui devient le lot commun. Le rempart contre l'inquiétude vient de rompre.

On voudra bien ne pas s'offusquer d'une comparaison. L'apparition du chômage des cadres a eu le même effet ravageur, en termes psychologiques uniquement s'entend, que l'apparition des premiers cas de Sida chez les hétérosexuels. Tant que la maladie ne concernait que les populations «à risque», comme disaient les belles âmes qui croyaient n'en être pas, l'inquiétude était bien tempérée, sous contrôle. On pouvait raisonnablement ne pas se sentir personnellement trop concerné. Lorsque sont apparus les premiers cas de séropositivité chez les hétérosexuels, s'est opéré un éclaboussement généralisé de l'inquiétude. L'époque où l'on croyait avoir vaincu les épidémies, une simple petite fenêtre historique, comme on parle de fenêtre pour le lancement d'un satellite, cette époque sécurisée venait de s'achever.

Lorsque, de surcroît, certaines contaminations sanguines se révèlent pathogènes alors que les transfusions ont été effectuées dans le cadre de protocoles qui avaient une vocation thérapeutique, c'est un autre mythe sécuritaire qui se fracasse : la croyance en la science, la confiance en la médecine. Comme lorsque les Japonais ont découvert, après le tremblement de terre de Kobe, en 1995, que leurs ingénieurs ne justifiaient pas complètement la confiance aveugle qu'on avait mise dans la fiabilité supposée de leurs calculs respectueux des normes antisismiques. Puisqu'il ne faut pas craindre d'en rajouter, on devrait également rappeler qu'un autre mythe sécurisant de l'époque heureuse s'est fissuré au même moment : la croyance en la sécurité alimentaire! Oh, certes, la sécurité quantitative avait été garantie… mais au prix de l'irruption du sentiment de l'insécurité qualitative. Chassez les soucis, ils reviennent au triple galop, sous une forme inattendue; comme les microbes, ils s'adaptent.

Il serait certainement intéressant d'écrire un jour une Histoire des Inquiétudes. Dans ce qui pourrait alors être un mauvais livre de série noire, le chapitre que l'on consacrerait à l'après-Guerre Froide pourrait être titré «Les métastases de l'angoisse»!

AVIS AUX DÉCIDEURS…

Personne ne peut douter que l'ouvrage auquel on vient de songer comporterait une partie consacrée au management! Puisque l'histoire du management est décalquée sur l'histoire des espoirs et inquiétudes de ceux qui s'y adonnent, elle n'est en fait qu'une ombre portée par l'Histoire, la grande.

L'irruption de l'inquiétude, de nouvelles inquiétudes qui sont parfois retrouvailles avec de vieilles lunes qu'on avait remisées, conduit à repenser le management des hommes que les croyances habitent. Autant il était facile de manager la progression différenciée, et plus ou moins rapide, d'acteurs sécurisés dans leur vie professionnelle, sexuelle et alimentaire, autant la tâche est beaucoup plus délicate quand chacun des registres véhicule son cortège d'incertitudes. Il convient aujourd'hui de manager des femmes et des hommes qui n'ont plus confiance en leur statut de cadre, pas plus qu'en leur boucher, pas davantage en leur médecin, sûrement pas en… Arrêtons là la liste et ne parlons ni des intellectuels ni des responsables politiques.

Voilà qui n'est pas sans rappeler les difficultés que rencontrent ces enseignants qui avaient choisi leur métier en croyant qu'ils seraient liftiers dans l'ascenseur social et qui se découvrent gardiens de la paix lorsque le monte-charge tombe en panne. Non seulement ils n'ont pas été formés à cette fonction mais elle ne correspond pas à la vision mythique du métier et d'eux-mêmes qu'ils pouvaient avoir... au temps de la Guerre Froide. On peut concevoir qu'un étudiant en médecine qui se rêvait gynécologue accoucheur connaisse des états d'âme si son cursus le conduit vers un destin de médecin légiste. Nous avons tous été chassés d'un paradis au sein duquel nous n'avions pas conscience d'habiter.

Le risque est alors celui de la révolte des anges déchus... Risque que chacun peut observer quotidiennement dans ses prémices de réalisation protéiformes, certaines douces, d'autres plus véhémentes. Il peut s'agir de ces cadres qui se mettent maintenant à compter leurs trimestres (de retraite) et leurs jours (de RTT), tandis que les non-cadres comptent leurs heures. Il peut s'agir de ces soldats de l'armée rurale démoralisés par la remise en cause de la PAC. Ou encore de ces acteurs de l'armée industrielle exportatrice qui sont licenciés dans le cadre de ce qu'ils vivent, nous y reviendrons, comme une délocalisation par les coûts alléchée.

L'Histoire, encore elle, a connu cette situation. Un seul exemple : lorsque vient 1919, de nombreux poilus, passé le temps du soulagement d'avoir survécu au voyage au bout de la Nuit, se retrouvent démobilisés. Bientôt démoralisés. Il faudra peu d'années pour que, révoltés désormais, ils se jettent dans les bras du nationalisme. Nous parlons des Croix-de-Feu du Colonel de la Roque, lesquels renvoient à une version plus moderne qui ne se réfère plus à la démocratie : la fécondation in Vitrolles. On pourrait également oser un parallèle avec le sort des Harkis, mais ils sont à ce jour plus désespérés que révoltés, ainsi qu'avec les dérives souvent plus individuelles que collectives des vétérans du Vietnam.

Nous ne méconnaissons pas qu'une description des causes des ruptures n'est pas une bien grande contribution à leurs solutions. La radioscopie d'une fracture ne l'a jamais réduite. Mais, on en conviendra, il s'agit d'un indispensable préalable à toute intervention. Le management par l'explication n'est pas une thérapeutique, mais l'absence de compréhension conduit à l'amertume, au dépit révolté de ceux qui, se croyant menacés, mordent parce qu'ils prennent peur. Nombre de destins individuels qui sont remis en question sont d'abord simple déclinaison privée d'un destin collectif. Donner à voir cela n'est qu'un petit pas sur le chemin des éventuelles solutions… Notre péché originel est d'avoir appris à penser pendant la Guerre Froide, mais ce péché véniel devrait être vite pardonné. En attendant, il faut quitter le paradis…

5

NOUVEAU MONDE
ET VIEUX CONTINENT

Reprenons notre bâton de pèlerin et, au risque de nous donner le tournis, revenons quelques instants à la case départ, celle de l'Oncle Sam, par laquelle nous avions commencé notre odyssée géopolitique. J'ai déjà souligné que les États-Unis avaient un projet pour le monde qui comportait un volet européen, qu'ils souhaitaient l'inclusion de l'Est et rêvaient d'en laisser les factures à l'ex-Europe de l'Ouest. Mais la vision européenne des vainqueurs de la Guerre Froide n'est pas qu'un simple regard, elle va également être passage à l'acte. À suivre.

OTAN EN EMPORTE LE VENT...

S'il est une organisation symbole de la Guerre Froide... Homologue, symétrique et réponse au Pacte de Varsovie. L'un meurt et l'autre survivrait intact ? Il s'agit de surcroît d'une forme d'organisation européenne dont les États-Unis se sont toujours personnellement occupés ! Et de laquelle ils veillent jalousement à assurer le contrôle. Cela explique d'ailleurs pourquoi la France gaullienne s'était retirée, dans les années 1960, du commandement unifié de l'Otan. Querelle de leadership quant à la construction européenne, en quelque sorte. Si tous s'accordaient sur la nécessité de ladite construction, on s'affronta dès le début : qui en jouerait le rôle moteur ? La France souhaitait privilégier un copilotage avec la République fédérale allemande, les États-Unis préféraient évidemment s'en charger eux-mêmes, direction assistée par les Britanniques – on a dit pourquoi : cette inoubliable mémoire historique...

On ne sera pas surpris que la disparition, à l'Est, du contrepoids militaire, le Pacte, provoque la déstabilisation des poids militaires occidentaux. Et le rôle, les missions et organisations de l'Otan n'y échapperont pas... De nouveau, les États-Unis se prononcent pour l'inclusion de certains anciens adversaires. On reconnaîtra là un autre «élargissement», qui s'est déroulé en deux temps. Le 11 mars 1999, l'Organisation du traité de l'Atlantique Nord a été rejointe par trois pays qui n'ont pas vraiment de débouchés ni d'intérêts dans cet océan : la Hongrie, la Pologne et la République tchèque. Un deuxième élargissement, décidé le 22 novembre 2002 à Prague et accompli en mars 2004, concerne cette fois sept pays, dont trois, les baltes, faisaient encore partie de l'URSS quinze ans auparavant. Rejoignent aussi l'Otan quatre nouveaux transfuges du Pacte de Varsovie. Le prochain élargissement est programmé pour 2008, les candidats ne manquent pas : la Croatie, l'Albanie et la Macédoine piaffent d'impatience.

Que la Bulgarie, l'Estonie, la Lettonie, la Lituanie, la Roumanie, la Slovaquie et la Slovénie nous conduisent à nous interroger sur la signification du processus d'inclusion. On peut, on va le voir, lire dans cette démarche une illustration des priorités géopolitiques majeures des États-Unis pour le monde de l'après Guerre Froide, du moins l'illustration des deux priorités présentées jusqu'à maintenant : une volonté de gagner la guerre de l'innovation, d'une part, une volonté de tenter de stabiliser le Vieux Continent, d'autre part. S'agissant du premier registre, il s'exprime lorsque se pose la question de la modernisation des équipements et des infrastructures militaires, et de la formation des personnels des pays rejoignant l'Otan. La position américaine est en l'occurrence d'une simplicité angélico-biblique : que les pays d'Europe occidentale payent les factures, les entreprises américaines se chargeront de fournir le matériel et le savoir-faire !

On a pu constater un paroxysme de ce comportement à la fin de l'année 2002, lorsque la Pologne à peine revenue du sommet européen de Copenhague, où elle avait obtenu quelques gratifications financières, a aussitôt décidé d'acheter des F-16 américains supplémentaires. Il est vrai que l'essentiel de la commande venait déjà d'échapper à Dassault, qui se trouvait dans l'impossibilité de rivaliser avec Lockheed, son concurrent américain, lequel proposait de produire localement pour environ 6,3 milliards de dollars – certainement beaucoup plus que ce que l'Europe pourra déverser au-delà de l'ex-ligne Oder-Neisse au titre de ses aides à l'intégration.

Si la colère des Européens est sans aucun doute compréhensible, leur étonnement l'est moins tant la logique stratégique américaine est lisible depuis bien des années. D'un autre côté, il est étrange que la France et l'Allemagne n'aient pas compris que d'autres motifs, ni sonnants ni trébuchants ceux-là, guidaient la Pologne. Et nous parlerons encore de la résurgence des mémoires enfouies. Il n'est en effet guère surprenant que les Polonais préfèrent du matériel militaire américain, compatible avec celui de personnes qui semblent prêtes à mourir pour des causes, même mauvaises le cas échéant – mais nous traiterons de l'Irak plus tard… –, plutôt qu'avec celui que propose la France, un pays dont la population n'a pas voulu «mourir pour Dantzig», comme se nommait Gdansk en 1939. De même, les Polonais ont-ils le sentiment, à tort ou à raison, que s'ils ont été libérés du nazisme par l'Union soviétique, ils n'ont échappé à la tutelle de celle-ci que parce qu'elle a été vaincue… par les États-Unis. L'Europe n'obtient pas de nouvelles commandes? Disons qu'elle paye les factures de ses non-prestations antérieures. Et puis l'on sait, à Varsovie, que Chicago est probablement la seconde ville polonaise du monde. À moins que ce ne soit New York…

On en conviendra volontiers, il ne doit pas être facile de vendre du matériel militaire franco-britannique à des Tchèques qui, près de soixante-dix ans plus tard, n'ont pas oublié qu'ils ont été abandonnés, à Munich, par Daladier et Chamberlain. D'autant qu'ils ont payé ce déshonneur – préféré à l'époque à une guerre qu'on croyait pouvoir éviter – de six décennies de pénalités. Serions-nous à ce point devenus amnésiques que nous aurions oublié jusqu'à l'existence de la mémoire? Et oublié qu'elle puisse conditionner aujourd'hui encore, chez d'autres, dont la mémoire est toujours vive, avivée, les comportements du présent? Pour ce qui est de l'avenir…

La réaction de la Pologne a été de ce point de vue exemplaire à la fin du mois d'août 2005, lorsque les Polonais ont constaté la faiblesse de la représentation officielle française – un seul et ancien ministre –, lors du 25e anniversaire de Solidarnosc qui se déroulait à Gdansk, ville reconstruite sur les ruines de Dantzig. Un responsable polonais a fait observer que les Français n'avaient pas voulu mourir pour Dantzig six décennies plus tôt et qu'ils ne voulaient actuellement pas perdre de temps pour Gdansk. J'imagine qu'il voulait aussi confronter les Français à leur amnésie, eux qui venaient de stigmatiser le plombier polonais et qui, à l'époque de Solidarnosc, idolâtraient un plombier polonais, futur prix Nobel.

Qu'il soit sans ambiguïté que je ne suis aucunement en train de faire une apologie de la mémoire polonaise : celle-ci est en effet bien sélective, des pans entiers d'histoire sombre étant encore occultés… quand ce n'est pas revendiqués. Disons qu'il s'agit d'îlots de souvenirs dans un lac de mémoire censurée. Mais ces îlots sont invisibles à ceux qui naviguent dans un océan d'amnésie.

Fusil à deux coups

Faire entrer de nouveaux pays membres au cœur de l'ex-organisation occidentale présente, du point de vue américain, un deuxième avantage : éviter que ne ressortent les vieux conflits liés aux vieilles mémoires décongelées. Car, pour être membre du club Otan, il faut en accepter les règles! Parmi celles-ci figure la règle qu'un pays membre doit s'engager à n'avoir aucun conflit, aucune pomme de discorde avec l'un quelconque des autres pays membres. Rien, du moins, qu'il ne soit disposé à résoudre par des moyens pacifiques. C'est ainsi qu'il a été demandé à la Hongrie candidate de s'entendre avec la Roumanie, impétrante elle aussi, sur le sort du million et demi de citoyens roumains magyarophones, principalement en Transylvanie. (Il s'agit d'anciens citoyens hongrois, que l'Empire austro-hongrois a perdus lorsqu'il a perdu la Guerre de 1914-1918.) Une population tiraillée entre différentes appartenances. À laquelle un Premier Ministre hongrois jouant sur la fibre nationaliste avait proposé, en 2002, de délivrer un certificat de «hongritude» qui revêtait l'apparence formelle d'un passeport et ouvrait des droits dans l'ancienne patrie. Un référendum a même été organisé en Hongrie sur cette question en décembre 2004, au risque de raviver de vieilles blessures et un conflit archaïque en Europe centrale. Le plus extraordinaire est que cette condition d'adhésion à l'Otan a porté ses fruits, puisque le gouvernement hongrois a aboli la loi porteuse de tensions et que Roumanie et Hongrie ont signé en septembre 2003 un accord enterrant ce qui n'était encore qu'une hachette de guéguerre.

Tous les conflits d'Europe centrale avaient été congelés, cryogénés par la Guerre Froide, et nous les retrouvons à présent, comme conservés, comme cet *Hibernatus* relâché *in fine* par un glacier fondant. On extrait bien, du permafrost sibérien, des mammouths en quasi-état de marche; ne pas s'étonner dès lors que les mauvais démons européens aient survécu à une glaciation qui n'a duré que quarante ans. On parle beaucoup du réchauffement de la planète et point assez de celui de l'Europe, où la fin de la Guerre Froide, une ère glaciaire, a joué le rôle d'un trou de la couche d'ozone qui se serait formé au-dessus du Vieux Continent. Et les vieilles blessures de ressurgir telles qu'on les avait laissées dans les années 1930… C'est ainsi qu'on a vu la Hongrie, encore elle, comme l'Autriche, rallumer la flamme du contentieux des Sudètes en exigeant de la République tchèque qu'elle abolisse les décrets que Benes, le président de l'époque, avait pris pour expulser des Allemands de Bohème et Moravie, de même que des Hongrois de Slovaquie, accusés de collaboration avec le nazisme. Cette scène s'est déroulée en 2002 ! C'est ainsi également que l'on voit la Pologne redouter que des Allemands, jadis expulsés de Wroclaw, ne se contentent pas de venir visiter la ville et les cimetières de leurs ancêtres, mais, pourquoi pas, qu'ils se réapproprient des morceaux de territoire ancestral en achetant des terres. Et ce n'est pas là seulement une réalité des vaincus. Chez les vainqueurs aussi, l'anesthésie par le froid ne fait plus effet après quarante années de services… qu'il serait toutefois excessif de considérer comme bons et loyaux.

En deçà du Rideau, nous voulons dire en Europe occidentale, la résurrection des mauvaises habitudes donne à penser que «plus ça change et plus c'est pareil». Mais où sont passés les tabous d'antan ? Devrait-on fredonner et paraphraser Villon et Brassens en entendant les propos dé-congélateurs des tribuns populistes qui, de La Trinité-sur-Mer à la Carinthie, en passant par la Padanie, n'en finissent pas de souffler le chaud ? Il suffit de regarder les couvertures des journaux américains pour comprendre quelles sont les inquiétudes que les résultats du premier tour des élections présidentielles françaises de 2002 ont réactivées aux États-Unis. Au risque de prendre à contre-pied bien des idées reçues, on affirmera que les États-Unis appréhendent bien davantage la désunion de l'Europe que son unification !

Soyons plus précis et proposons l'exercice consistant à faire passer au travers de deux trieuses toutes les informations en provenance d'outre-Atlantique au sujet de la construction européenne. Sur la première trieuse figurerait l'idée couramment admise selon laquelle les États-Unis redouteraient la réussite de la construction européenne, de sa dimension monétaire notamment. Et reconnaissons qu'il arrive régulièrement que des informations soient lues par cet orgue de Barbarie, métaphore malencontreuse s'agissant de l'Europe. Mais sur la seconde machine serait traitée l'idée que les États-Unis ont peur de l'incapacité de l'Europe à s'unir, à surmonter ses divisions, et qu'ils redoutent beaucoup plus l'échec de l'euro que sa réussite. Les informations provenant de ceux qui participent à l'élaboration de la politique américaine se logeront bien plus nombreuses dans cette deuxième grille de traitement que dans la première. D'autant que, d'après le sentiment américain, le second scénario est plus vraisemblable que le premier. Il faut d'ailleurs bien reconnaître que les Européens de 2005 se sont acharnés à donner des arguments aux États-Unis. Ces derniers estiment aussi que les risques impliqués par l'Union seraient plus faciles à gérer que ceux qui résulteraient de la Désunion…

LA HAINE EN EUROPE, C'EST COMME LE VÉLO, ÇA NE S'OUBLIE PAS…

On aura certainement remarqué que les États-Unis ont laissé les Européens tenter de démontrer qu'ils avaient retenu ne serait-ce qu'une seule leçon du XXe siècle, celle concernant la coexistence des différences. Ils ont laissé en 1991 les Européens tenter de résoudre les implosions yougoslaves. Pendant sept ans au moins, ils ont constaté que l'Europe ne venait pas à bout de la résurgence des haines. Faute de moyens? Faute de volonté? La volonté n'étant que le premier des moyens, il faut probablement dire tout simplement : faute d'exister.

En 1998, les États-Unis ont mesuré le risque que le conflit échappe à tout contrôle et que des métastases apparaissent. Ils sont alors intervenus, en 1999, par l'intermédiaire de l'Otan et avec leurs méthodes, qui sont certainement critiquables. Mais il n'empêche que les critiquables méthodes américaines ont été mises en jeu… après que les méthodes européennes ont démontré, une fois encore, leur inefficacité! Insistons sur ce point : on entend souvent des Européens, et tout spécialement en France, s'insurger sur l'«interventionnisme américain», le leadership qu'exercent les États-Unis. Commençons par observer combien il est troublant que ce soient parfois les mêmes qui critiquent l'interventionnisme que ceux qui critiquaient l'isolationnisme des États-Unis, ou le critiqueront lorsqu'il sera à l'ordre du jour. Il est vrai que les inconvénients de la deuxième posture, une tradition récurrente, une alternance pourrait-on dire, sont aussi visibles que les dégâts de l'interventionnisme. Concédons qu'il ne s'agit pas des mêmes dommages collatéraux et contentons-nous de choisir entre deux inconvénients.

Par ailleurs, ce n'est pas s'accommoder du leadership des États-Unis, encore moins approuver ses manifestations, que de constater qu'au début du XXe siècle, l'Europe occupait la position centrale qui est aujourd'hui la leur. Il faut également rappeler que si la baguette de chef d'orchestre a changé de mains, c'est essentiellement parce que l'Europe est le seul continent qui se soit suicidé deux fois en cinquante ans. Et il serait prêt à envisager un troisième hara-kiri pourvu qu'il lui soit bien présenté, c'est-à-dire en soufflant sur les braises des affirmations identitaires. Ne pas oublier de se demander, au moment de jeter un caillou – verbal, s'entend – dans les fenêtres d'un consulat américain, s'il aurait été préférable que les États-Unis perdent l'une des guerres mondiales du siècle dernier. Leur pouvoir n'en serait pas le même, mais… La propension suicidaire des États désunis d'Europe est malheureusement plus flagrante encore que les tendances hégémoniques des États-Unis d'Amérique, dont la puissance est d'abord l'ombre portée par les faiblesses du Vieux Continent. Lorsqu'un rocher apparaît en mer, ce n'est pas nécessairement qu'il pousse. Il peut aussi s'agir de la mer qui se retire.

MAUVAIS SOUVENIRS ET BONNES CONSCIENCES

Le regard des Américains sur l'Europe, plus inquiets des forces centrifuges que des poussées centripètes, ne peut être compris si l'on oublie que ce pays a été historiquement, et dans un premier temps du moins, conquis par des personnes obligées de fuir les champs de ruines européens, les famines qui les accompagnaient. Et qui ont entrepris de construire là-bas, sous couvert de Nouveau Monde, ce qui fut d'abord une «anti-Europe» ou, pour dire les choses plus crûment, une «non-pétaudière», entre autres noms venant à l'esprit. Une assurance contre le suicide collectif. La Guerre de Sécession a de ce point de vue été vécue comme un terrible échec. Pour ce faire, l'immensité pouvait être d'une grande aide, rendant les coexistences pacifiques plus faciles que ne le permettait l'exiguïté des territoires européens d'origine. Pour plus d'immensité encore, on se souvient que table rase fut faite de la plupart des aborigènes; le *Wild Wild West* comme exécutoire de la *WW Europe* qu'il avait fallu fuir.

Cela explique aussi notamment de nombreux traits constitutifs de la «culture» américaine, comme un distillat, un précipité de sa mémoire collective. Ainsi de l'attitude qui consiste à ne pas faire confiance à l'État pour assurer la sécurité individuelle, les réfugiés ayant payé pour savoir à quoi s'en tenir. Un amendement de la Constitution autorisant le port d'armes en est une conséquence… qui d'ailleurs est à l'origine de bien des drames. On pourrait dire que les États-Unis ont préféré les risques des assassinats individuels à ceux des meurtres collectifs. On comprend la perplexité, pour le moins, d'un Michael Moore quand les premiers se réalisent à l'échelle des *serial killers*. Mais Landru ou l'Étrangleur du Yorkshire, pour n'en citer que deux pour lesquels la prescription s'applique, étaient de bons Européens.

C'est encore dans le passé qu'il faut rechercher le souhait de ménager la possibilité de la pluri-appartenance. On peut être italo-américain, c'est-à-dire afficher à sa fenêtre le drapeau vert-blanc-rouge et, au même balcon, la bannière étoilée, sans se sentir tiraillé jusqu'à la schizophrénie.

On peut être irlando-américain ou afro américain (en récusant ici le trait d'union), ou encore polono-américain : le fait est que coexistent aux États-Unis, non sans mal il est vrai, les descendants de populations qui, si elles étaient restées en Europe, par exemple, continueraient de vouloir en découdre. Personne n'est dupe : le *melting-pot* est d'abord un *boiling pot*, mais du moins le pot n'est-il pas régulièrement jeté à terre et brisé comme en Europe. Sans aucun doute, c'est dans ce passé qu'il faut également rechercher la culture du rebond, qui explique les alternances tactiques précédemment rencontrées, ces inventions permanentes de nouvelles erreurs : tous les Américains sont des descendants d'immigrants qui ont connu un échec et sont venus pour tenter de le surmonter. La propension à se jeter dans l'avenir, en considérant parfois le passé comme un rasoir jetable, participe de cette culture d'Européens ayant survécu à l'Europe. Brzezinski, ancien secrétaire d'État américain d'origine polonaise, le rappelait de manière lapidaire : les Américains sont désunis par le passé et unis par l'avenir.

Tout cela aide peut-être à comprendre que l'Europe soit si inquiétante pour les Américains – nous parlons de l'Europe qui meurt de l'envie de mourir. D'autant que les citoyens américains savent que chaque fois que les Européens se laissent aller à tomber du côté où ils penchent, des soldats américains sont obligés de venir séparer les survivants. La dette contractée auprès de La Fayette a, de ce point de vue, été remboursée plus d'une fois.

PSYCHOSES ?

Le risque que l'on prétend avoir ici identifié est bien celui de la réapparition des guerres en Europe. Risque lié à la disparition simultanée d'un couple stable : la Guerre Froide entre les blocs, qui était accompagnée, indissociablement, de paix froides au sein des blocs. Risque dont je prétends que les Nord-Américains l'auraient mieux perçu que la plupart des Européens eux-mêmes. On peut admettre que leur regard extérieur, fortement sensibilisé, soit plus aiguisé que le nôtre, trop intérieur, pollué de proximité. Il faut accepter également l'hypothèse que ce scénario puisse être de la paranoïa – mais on reconnaîtra aussi que le refus européen ne serait-ce que d'envisager ce scénario serait alors de la schizophrénie.

À ce titre, il est intéressant de citer un porte-parole de cette paranoïa. Les propos rapportés sont ceux de Richard Haass, à l'époque directeur du Policy Planning – instance chargée de l'élaboration de la politique étrangère – au sein du département d'État, sous George Bush junior. Il est également membre du Conseil national de sécurité, un cénacle présidé par Condoleeza Rice et dans lequel s'élabore la politique étrangère américaine. L'homme avait participé au même Conseil sous George Bush Senior. Certes, si rien dans ses états de service ne garantit la santé mentale, citons cependant : « *Une Europe faible et divisée, qui soit incapable ou réticente à agir comme un vrai partenaire des États-Unis, constitue un danger beaucoup plus grand... qu'une Europe résistant de temps en temps aux choix américains.* »

Voilà qui a au moins le mérite d'être clair ! Et de relativiser bien des prétentions à manifester des velléités d'indépendance. Les Européens peuvent être indisciplinés : c'est un moindre mal. Et les Français peuvent bien souhaiter faire entendre leur différence : si cela peut être exaspérant pour nombre de responsables américains, c'est finalement peu inquiétant, et puis, on ne cesse de le répéter, les traditions ne se perdent pas. Les États-Unis auraient sans conteste préféré que le Chancelier allemand et le Président français s'alignent sur leur position, notamment lors de la seconde guerre d'Irak. Mais ils préfèrent encore, à tout prendre, entendre Allemands et Français, dans leur rôle de poils à gratter, chanter « *peace and love* » à l'unisson plutôt que les retrouver avec les accents belliqueux de Siegfried et Maginot.

LA RUSSIE AU FOND DES YEUX...

C'est sans aucun doute dans le même esprit, avec les mêmes préoccupations de la part des États-Unis, qu'il faut relire l'évolution des relations entre l'Otan et la Russie. Quelques mois après son arrivée à la Maison Blanche, le président George W. Bush a effectué en juin 2001 un premier voyage en Europe. Il ne soupçonnait évidemment pas encore combien le champ de ses inquiétudes serait redessiné quelques semaines plus tard... Mais déjà, le choix des destinations et des interlocuteurs soulignait une vision de l'Europe, des Europes, la future « vieille », la pas encore « jeune ».

Une visite à Varsovie a été privilégiée. Une Europe « unie sous l'égide de l'Otan », de laquelle la Russie ne saurait être exclue, y a été préconisée. S'en est suivi une rencontre, en Slovénie, la première avec Vladimir Poutine, pour confirmer le projet. C'est au cours de cet entretien que les deux nouveaux leaders des anciens belligérants ont scellé leur réconciliation, laquelle pouvait ne pas apparaître évidente, notamment en raison de leurs entourages, héritiers de la culture «Guerre Froide». Pourtant, c'est à Ljubljana que Bush a déclaré avoir «découvert l'âme au fond des yeux» de son interlocuteur. De cette découverte a résulté une volonté d'«inclusion» de la Russie elle-même. Cela a revêtu la forme d'une approbation de la candidature de la Russie à l'Organisation mondiale du commerce et a surtout posé les bases d'une coopération militaire, qui débouchera à Rome au printemps 2002 sur un «partenariat Otan-Russie». Chacun des partenaires y apporte bien entendu ses propres motivations, notamment en terme de politique intérieure. Mais s'agissant des États-Unis, il y a également la conviction que la Russie peut contribuer à la stabilisation de l'Europe, ou bien, ce qui revient au même, à sa déstabilisation si elle devait se sentir exclue, voire menacée, comme ce fut le cas en Yougoslavie.

On ne dissimulera pas les difficultés qu'il y eut à expliquer le rapprochement de la Russie et de l'Otan… à des Polonais. Ceux-ci avaient précisément fait le choix de rejoindre ladite Organisation par crainte de la Russie. Et voici l'ours qui serait invité sinon dans la bergerie, du moins sur son seuil? Il a fallu recourir aux subtilités de la dialectique pour faire admettre que c'était précisément la meilleure des protections, aussi paradoxal que cela puisse paraître. Car la Russie, partenaire de l'Otan, allait devoir s'engager à entretenir des relations de bon voisinage avec ses membres.

Même si les Polonais disposent d'une solide culture du paradoxe, Copernic en étant, d'une certaine façon, la plus accomplie des illustrations, la révolution géopolitique copernicienne n'a pas été spontanément perçue! Mais la stabilisation de l'Europe vaut bien une contorsion des idées reçues. Elle nous renseigne sur le regard que les États-«Unis» portent sur ceux qui ne sont pas prêts de l'être.

LA CROIX, LA BANNIÈRE ET LE CROISSANT

Le «point de vue» américain permet également de revisiter le débat sur la question de la Turquie, ou plus précisément la problématique de l'entrée de ce pays dans l'Union européenne.

On a ainsi pu constater que les États-Unis étaient de fervents partisans de son adhésion. (Lors des discussions de Bruxelles de l'automne 2005, qui ont confirmé l'ouverture des négociations, Condoleeza Rice est même explicitement intervenue.) Nombreux ont été ceux qui se sont offusqués de ce que certains perçoivent comme une ingérence. Et ils y ont trouvé le motif pour légitimer leur refus d'une Turquie dans l'Union, précisément puisqu'il entre dans les vocations de celle-ci d'affirmer l'autonomie de l'Europe par rapport aux États-Unis. Plus nombreux encore ont été ceux qui ont marqué leur opposition au motif que, n'ayant que quelques orteils, même pas un pied, en Europe, la Turquie n'aurait pas sa place dans une organisation continentale. Cette position a même été relayée par un ex-président (de Région, de République, de Convention pour l'élaboration de la Constitution européenne), Valéry Giscard d'Estaing, éternel Immortel. Il est à craindre que, du haut des volcans éteints d'Auvergne, on adopte un regard sur l'Europe tout en douceur arrondie et apaisée, dans une perception de l'Histoire imprégnée de l'échelle du temps long, interminable, des géologues.

Or la géopolitique a des raisons, et des déraisons, que la géologie ignore. Il ne viendrait à personne de contester que la Turquie est actuellement un pays essentiellement asiatique, pourtant il n'en a pas toujours été ainsi. L'Histoire a fait des prédécesseurs de ce pays, avant qu'il ne s'appelle Turquie, une véritable fontanelle entre les deux continents, que symbolisent des ponts sur le Bosphore. Et la Turquie a participé à l'écriture de l'histoire de l'Europe… au minimum depuis François Ier et ses relations avec Soliman Le Magnifique.

Une visite dans n'importe quelle boulangerie française devrait suffire à le remémorer, le croissant devenant alors une petite madeleine propice à la résurgence des souvenirs. Le croissant aurait été inventé en 1683, à Vienne, par des pâtissiers qui souhaitaient ainsi célébrer une victoire sur la Turquie. La contribution n'est évidemment pas uniquement gourmande. Elle aide à comprendre les raisons qui ont vu l'Autriche, en octobre 2005, menacer de bloquer l'ouverture des négociations pour l'adhésion de la Turquie. Elle n'a cédé qu'en obtenant que s'ouvrent aussi des négociations avec la Croatie – il est vrai que ce pays demeurait le seul pays catholique européen à n'être pas membre de l'Union. Les viennoiseries sont bonnes pour la mémoire, puisqu'elles contribuent ainsi à rappeler que la Turquie fut à l'origine d'innombrables guerres en Europe. Du Champ des Merles au Kosovo (en 1389), à l'occupation de la Hongrie (de 1526 à 1700), pour ne prendre que deux exemples, la Turquie a participé, pour le meilleur et souvent pour le pire, aux guerres européennes, c'est-à-dire à l'écriture de l'histoire de l'Europe.

Lorsque la Turquie était vaincue, on la désignait comme «l'homme malade de l'Europe», ce qui du moins valait certificat d'appartenance. Et lorsque le malade serait convalescent, il ne pourrait plus exciper son titre? Titre de gloire ou titre de honte, il s'agit là en tout cas d'une légitimité historique pour participer aux dispositifs, aux diverses constructions européennes qui visent tous à éviter que ces conflits ne renaissent. Car, il semble opportun de le rappeler encore une fois, ces constructions, celles que les Européens prennent en charge eux-mêmes, celles dont les Américains s'occupent personnellement, ont d'abord une vocation de prophylaxie de réapparition des guerres intestines.

La Turquie y a sa place, la Suisse aucunement car la Confédération n'est pas à l'origine des conflits intra-européens. Il faut cependant reconnaître que les supporters hooligans de l'équipe nationale turque de football, battue en novembre 2005 par son homologue helvète, ne facilitent pas la tâche de ceux qui s'emploient à rappeler les enjeux des constructions européennes! Nous semblons avoir oublié que le critère d'appartenance n'est pas géographique mais géopolitique. L'un des outils de prévention est l'intégration économique – ce n'en est qu'un parmi les moyens utilisés –, et d'ailleurs la Turquie est depuis belle lurette «économiquement associée», mais ce n'est aucunement LE but.

A-t-on oublié que c'est la célébration revancharde de la défaite serbe face aux Ottomans qui, le 28 juin 1989 à Kosovo Polje, a vu Slobodan Milosevic allumer la mèche à combustion lente qui a conduit l'année suivante à l'explosion des nationalismes en Yougoslavie? Mais il est vrai qu'en France, au même moment, on préparait le défilé de commémoration d'une Révolution qui allait bientôt afficher deux siècles d'ancienneté.

Aurait-on perdu la lucidité qui était encore celle des Européens du milieu des années 1970? Lorsque l'Espagne, la Grèce et le Portugal sont sortis de dictature, presque simultanément, le risque était grand de les voir retomber en guerres civiles, surtout les deux premiers pays, coutumiers du fait au XXe siècle. Car une réapparition de ces conflits n'aurait pas manqué de concerner, peut-être de contaminer, tout le continent. Les responsables de ce qui était alors la Communauté européenne n'ont pas hésité longtemps. Ils ont immédiatement proposé à ces néo-démocraties le principe de l'adhésion. Les modalités de sa mise en œuvre ont été discutées ultérieurement, leur concrétisation a pris du temps. Mais le ticket d'entrée a été délivré sans délai. Et le résultat est là : ces trois pays ont rejoint le camp des démocraties pacifiées. Si la main tendue par l'Europe n'est assurément pas la seule explication de la transition douce, elle a bien participé au processus.

Tandis qu'avec la Turquie, les délais succèdent aux tergiversations, les raisons de ne pas faire (elles existent) l'emportent sur les raisons de faire, dans une attitude dilatoire qui conduit la Turquie à faire antichambre depuis quinze ans. «On vous dira un jour à quelle date nous déciderons du moment où commenceront les négociations», tel est le propos systématiquement tenu à la Turquie. On ose à peine écrire que renvoyer ainsi les Turcs aux calendes grecques apparaît comme une provocation maximum. Heureusement que l'Union européenne de football s'est montrée plus que clairvoyante en autorisant des clubs turcs à participer – en gagnant même parfois – à des compétitions. Un extraordinaire sentiment d'appartenance en est résulté.

Car imagine-t-on ce que peut signifier pour la Turquie le fait que l'Union fasse entrer en son sein, avant elle, le 1er mai 2004, des pays de l'Est… qu'en tant que membre de l'Otan elle considère avoir contribué à vaincre? La seule explication qui vaille est alors que l'Europe se conçoit comme un club de chrétiens. Ce qui ne fait finalement que légitimer la crainte qu'expriment les États-Unis de voir ressurgir les vieux conflits européens. Lorsqu'une réunion des partis chrétiens démocrates européens a choisi de se prononcer, négativement, sur la question de l'adhésion de la Turquie, elle a pris le risque d'entrouvrir la boîte de Pandore.

Généralement, le motif est plus hypocritement dissimulé.

On parle, on l'a vu, de critère géographique. À ce propos, on attendra d'ailleurs avec intérêt le subterfuge qui sera invoqué pour refuser, un jour ou l'autre, l'adhésion de l'Albanie ou de la Bosnie. On ne pourra pas invoquer leur non-européanité géographique… On parle aussi des droits de l'Homme. Et il est exact que la Turquie n'a pas de bilan propre à proposer en la matière. Elle a certes bien du mal à affronter son passé, notamment le génocide arménien, et à gérer son présent à Chypre, notamment, là encore, la relation à la différence kurde. Cet affrontement avec une mémoire noire et censurée est l'objectif même, la condition *sine qua non* de l'adhésion de la Turquie. Non pas un préalable mais le but. Une demi-génération ne sera pas un délai trop court. Mais la France est-elle si claire avec sa propre mémoire qu'elle puisse ostraciser les autres plutôt que de revisiter la sienne, en même temps qu'elle exige des autres de revisiter la leur?

Que la Turquie abolisse la peine de mort, entend-on alors, comme préalable? Ainsi fut-il. Mais faut-il rappeler que la France fut membre des constructions européennes avant qu'elle ne remise la guillotine au début des années 1980? Faut-il aussi rappeler que les droits de l'Homme sont aussi ceux des femmes… et que la Turquie leur a accordé le droit de vote dès 1934, douze années avant la France? Que le droit à l'avortement leur est davantage reconnu qu'en Irlande et que des centres de planning familial sont omniprésents dans le pays? Un jour, peut-être, prétextera-t-on, en désespoir de subterfuge, que seuls les pays dont le nom ne commence pas par T peuvent faire partie de l'Union!

Il ne fait aucun doute que l'entrée de la Turquie dans l'Union européenne poserait, soulèverait des difficultés incomparablement plus grandes que celles qui sont résultées de l'entrée de la Lettonie ou qui pourraient résulter d'une demande d'adhésion de la Norvège. Mais c'est précisément en raison de ces difficultés qu'il s'agit d'une urgence impérieuse. Car la paix en Europe n'a rien à redouter de Lettons ou de Norvégiens en crise. Ils ne sont pas susceptibles de déstabiliser le reste du continent… Tandis que si la Turquie devait entrer en turbulences, l'avenir du continent entier en serait menacé. Il aurait été autrement plus lucide de proposer à la Turquie le principe de son adhésion avant de la proposer aux ex-pays de l'Est. Quitte à ouvrir une longue période de négociations, au risque même de les voir trébucher et de prendre acte «qu'en dépit des efforts, elles n'aboutissent pas»… Il serait alors apparu qu'il ne s'agissait pas d'une opposition religieuse de principe dissimulée sous une cosmétique de prétextes.

Il ne saurait être question de nier que la dimension religieuse est une composante de la culture commune des Européens. Il ne s'agit certes pas de la seule composante, mais elle existe au même titre que d'autres. Car indiscutablement, les Européens, croyants ou non, d'une obédience ou d'une autre, tous autant qu'ils sont, que nous sommes, ont été, avons été sous influence «judéo-chrétienne». Quand bien même, insistons, on ne serait ni judéo ni chrétien, une imprégnation minimum se retrouve, une composante culturelle qui, comme l'influence du climat océanique, n'épargne pas les populations éloignées des côtes. Mais ce qui caractérise surtout les Européens, c'est de faire jouer ce qu'on pourrait appeler une clause de conscience : ceux qui croient au ciel et ceux qui n'y croient pas considèrent qu'il s'agit d'une affaire privée, et il faut veiller à ce qu'elle ne fasse pas irruption dans la vie publique, car trop dangereuse et risquant de raviver de vieilles brûlures. Il suffit ainsi d'une messe de requiem dans une cathédrale catholique de Madrid, en mars 2004, pour faire ressurgir des blessures au lendemain d'un attentat qui fut, lui, œcuménique… Sans parler d'autres expressions ostensibles ou ostentatoires : que Benoît XVI délivre en août 2005 des indulgences aux jeunes catholiques venus aux Journées Mondiales de la Jeunesse, à Cologne, et la partie protestante de l'Allemagne ressent une provocation.

Les Européens avaient en commun, dans les principes fondateurs de leurs architectures, dans la construction de leurs abris antisuicide collectifs, une volonté de séparer la sphère privée de la vie publique. Tous ne parlaient pas de laïcité mais l'accord tacite était implicite. Et à l'aune de ce critère-là, la Turquie a opté pour le même dispositif antiémeute. Ne méconnaissant évidemment pas les influences religieuses dont elle est baignée, elle a fait le choix de séparer le minaret de l'État, c'est-à-dire un choix fondamentalement de culture européenne. Il s'agit à dire vrai d'une subordination de la religion au bras armé de l'État turc. Le point commun aux Européens survivants des guerres de religion historiques est une volonté de laisser église, temple, mosquée et synagogue hors des champs conflictuels du politique. Depuis Mustapha Kemal, la Turquie revendique le respect de cette disposition clé du cahier des charges européen.

Une adhésion de la Turquie permettrait également de répondre à d'éventuelles autres candidatures, par exemple marocaine ou tunisienne…, qui ne sont d'ailleurs pas formulées, mais certains l'invoquent comme un risque. («Si on accepte la Turquie, où s'arrêtera-t-on ?») La Turquie agréée, il deviendrait convaincant d'argumenter que ni le Maroc ni la Tunisie n'étant à l'origine de conflits en Europe (on pourrait même dire qu'il s'agit de l'inverse), ils n'ont pas de légitimité à faire partie du club des échaudés soucieux de prévenir des rechutes. Pour des raisons historiques et non pas religieuses, la meilleure preuve étant que la Turquie est membre, tandis que la Suisse… Ce serait là un beau contre-feu des passions religieuses et une manière de verser de l'eau sur les braises de la guerre des civilisations.

L'Europe ne peut pas s'offrir le luxe géopolitique d'une Turquie qui basculerait dans l'instabilité. Ce pays est déjà un de ceux qui payent le plus cher le prix de ses choix d'arrimage à l'Europe européenne… et à l'Europe sous initiative et leadership américains, l'Organisation du traité de l'Atlantique Nord. Rappelons d'ailleurs que si les États-Unis ont fait entrer la Turquie et la Grèce, dont les côtes ne baignaient pas l'océan atlantique, ce n'était pas seulement pour renforcer l'alliance contre l'URSS, c'était aussi pour éviter que Turcs et Grecs ne retombent dans leur tradition belliqueuse. Le fait est que ces deux pays ont coexisté, coexistence parfois tendue mais qui n'a pas dégénéré. Il convient également de se souvenir que la Turquie a participé à la guerre de Corée, comme à d'autres combats de la Guerre Froide. Elle est sans doute le pays qui a acquitté le plus lourd tribut au titre des embargos sur l'Irak, puisqu'une grande partie des exportations de ce pays transitait par son territoire. Un manque à gagner de plusieurs milliards de dollars en est résulté. Qui a certainement contribué à accélérer les migrations de ruraux désargentés. Qui saura un jour chiffrer le nombre de ces paysans anatoliens qui ont quitté et quittent les villages pour tenter leur chance en ville, devenant ainsi vulnérables aux mouvements extrémistes qui tentent de s'implanter dans les banlieues d'Istanbul ou d'Ankara ?

Les tergiversations européennes ont donc leur part de responsabilité dans l'arrivée au pouvoir d'un islamisme « modéré » en Turquie. La persistance des attitudes dilatoires contribuera à la montée d'un islamisme radical. Et ceux qui redoutent l'invasion, par une main-d'œuvre bon marché, d'une Union qui serait ouverte à la République kémaliste, devraient alors se préparer à accueillir l'immense frange de la population « européanisée » qui fuirait une République devenue islamiste. L'arrivée et les difficultés d'accueil de fuyards iraniens en 1979, algériens dans les années 1990, ne seraient alors qu'un avant-goût.

Quelques commentaires encore pour clore, provisoirement, l'étape turque du périple européen que nous accomplissons.

Observons d'abord comme sont diamétralement opposées les approches nord-américaine et européenne des pays dont une déstabilisation éclabousserait alentour. Car il est un pays qui représente, pour les États-Unis, un danger ressemblant à celui dont la Turquie est porteuse vis-à-vis de l'Europe. Un pays qui, à l'instar de la Turquie, se trouve à cheval sur deux continents, deux civilisations peut-être, deux plaques tectoniques certainement, ce qui le rend d'autant plus sensible aux tremblements de terre, mais sa fragilité n'est pas uniquement sismique. Un pays dont l'échec provoquerait un excédent démographique que ne sauraient gérer les États-Unis. Inutile de jouer plus avant au portrait chinois : il s'agit bien sûr du Mexique, géographiquement étiré, culturellement tiraillé, sans cesse secoué selon toutes les magnitudes de l'échelle de Richter, la vraie, et celle, virtuelle, qui mesure les soubresauts géopolitiques.

Et constatons alors que les États-Unis ont adopté une position très différente de celle que l'Europe choisit par rapport à sa propre zone des tempêtes d'Asie mineure. En 1994, ils ont fait le choix, non sans rencontrer des difficultés au Congrès, d'inclure le voisin du Sud en Amérique du Nord, en le faisant rentrer dans l'Accord de libre-échange nord américain. Dans l'espoir, qui n'est d'ailleurs pas encore réalisé – le sera-t-il un jour ? –, de contribuer par cette démarche à le stabiliser et donc à atténuer la menace qu'il représente. On pourrait dire que l'Alena est essentiellement un partenariat économique et qu'il n'a pas la dimension politique de l'Union européenne. Certes. Mais quiconque visite les États-Unis, pas uniquement la Californie, sait qu'il comporte une considérable dimension démographique.

L'Europe opte pour l'attitude inverse : elle demande aux Turcs de commencer par cesser d'être un danger avant d'être candidats et de rejoindre le club des gens bien élevés. On objectera que les difficultés que pose un pays pauvre comme le Mexique, dont les différences concernent principalement la langue et le niveau de vie, ne sont en rien comparables à celles que soulève la Turquie. Objection repoussée déjà précédemment car elle dissimule des motivations de nature religieuse. Rien ne permet d'affirmer que l'approche américaine est la bonne. Elle présente par contre l'avantage de relancer le débat : faut-il attendre que les problèmes soient résolus pour les aborder ? Faut-il les prendre à bras-le-corps pour (tenter de) les résoudre ? Il est à craindre que les solutions adoptées par l'Europe participent plus du problème que de la solution.

Encore quelques mots au service d'une argumentation qui préfère souligner les risques de la non-adhésion de la Turquie à côté des risques de son adhésion (ils existent évidemment, mais sont de tous côtés tellement soulignés qu'il n'est pas utile de les répéter) : les tergiversations de l'Europe ne peuvent être entendues que comme un message d'exclusion par la partie des citoyens européens, d'ores et déjà européens, qui ne se sentent pas judéo-chrétiens… et qui ont, eux-mêmes, le sentiment d'être exclus… Un rejet de la Turquie serait fauteur de troubles en Europe.

« *To be or not to be* » *european ?* Se souvient-on de la suite de l'interrogation : « *Est-il plus courageux de supporter les coups et les flèches d'une destinée dangereuse, ou de prendre les armes et, en y faisant face, d'y mettre fin ?* » Ultime contribution au débat shakespearien, dont le titre pourrait être *L'Europe face à son destin*, voici une autre citation anglaise, peut-être apocryphe, celle-là, mais on n'emprunte qu'aux riches… Churchill aurait déclaré : « *Les Turcs, il est préférable de les avoir dedans qui pissent dehors, que dehors qui pissent dedans.* » *Se non è vero è ben trovato !*

6

DE LA PERTINENCE DES EURO-RÉPONSES

Les numismates le savent mieux que quiconque : une monnaie est plus qu'un instrument de paiement, elle devient même exclusivement ce « plus » lorsqu'elle a cessé de servir aux règlements des échanges ; elle se met aussi parfois à valoir beaucoup plus que sa « valeur d'échange », qui correspondait jadis à son poids de métal incorporé. Une monnaie vaut aussi son poids de mémoire, lequel se mesure sur la balance de l'Histoire.

L'euro n'échappe pas à la règle commune, n'y échappera jamais. Sans même attendre le jour, qui nous paraît inimaginable, où il n'intéressera plus que des collectionneurs, nous pouvons le passer au spectrographe. Et nous allons découvrir de belles particules de mémoire originelle, dont il conviendra ensuite de se demander si elles contribueront à sa mission de sauvetage de l'Europe. Ou si elles l'entraveront.

ORIGINES ET PROVENANCE…

Tout exprime le *Made in Germany* dans la genèse de l'euro. On pourrait même presque dire que l'euro est un mark génétique, sémantiquement modifié. Sur quatre de ses caractéristiques au moins, il trahit son origine, qui est la mémoire monétaire collective des Allemands. Nous avons déjà eu l'occasion d'y faire allusion lorsque nous avons évoqué la relation historique traumatisée que les Allemands entretiennent avec l'inflation ; il est temps maintenant d'approfondir les commentaires.

La débâcle monétaire des années 1920 a été fondatrice de mémoire outre-Rhin, comme le traumatisme de la défaite de 1940 peut l'avoir été en France. Elle explique la relation que les Allemands ont entretenue avec la monnaie depuis 1945. Elle a même été transfusée à l'euro lors de sa gestation, puisqu'elle se retrouve dans ses principes fondateurs, pour le meilleur et pour le pire. Avec d'autant plus de force que les Allemands associent symétriquement leurs quarante glorieuses d'après 1945 à une réussite monétaire, pratiquement un exorcisme. En effet, lorsqu'il a fallu reconstruire sur les ruines, il s'est agi d'expulser non seulement le nationalisme, le militarisme et l'antisémitisme, mais aussi des pratiques monétaires maléfiques, les causes plurielles de tous les maux. L'Allemagne année zéro a donc également balayé ses ruines monétaires.

La manipulation du reichsmark par un pouvoir politique aux abois, l'inflation hors de contrôle ont été vécues comme l'une des causes de la paupérisation des classes moyennes allemandes. Et vues comme les prémices qui ont préparé le terrain à la dérive qui a conduit les Allemands à se jeter dans les bras du nazisme. La question n'est pas de savoir quelle a été la réalité du rôle de la monnaie. Il suffit de prendre acte de la réalité de sa perception : dans la République fédérale qui s'ébauche, « Plus jamais ça ! » sera un slogan qui comportera une dimension monétaire. Entre autres, mais essentielle. Instruction sera donnée à la Bundesbank, en 1948, d'être une digue contre la récidive. Sa mission consistera d'abord à sauvegarder le pouvoir d'achat des futures classes moyennes et, pour ce faire, de mener une lutte permanente contre l'inflation. Son indépendance par rapport au pouvoir politique deviendra un principe fondateur comme, en d'autres lieux, la séparation des pouvoirs ou celle de l'Église et de l'État.

On associe souvent ces principes à une conception économique, à laquelle on croit trouver une dimension de théorie monétaire, mais la réalité loge davantage dans la mémoire historique qui s'habille d'une rationalisation économisante. Et le fait est là : deutschmark inflatiophobe et Bundesbank indépendante sont associés à la reconstruction et à la prospérité d'après 1945, comme reichsmark et Reichsbank soumis au pouvoir de Weimar , d'une part, et inflatiophilie, d'autre part, le sont à la course vers l'abîme. Il est tout à fait possible que la politique monétaire d'après-guerre ne mérite pas davantage l'excès de louanges que la politique antérieure ne méritait son excès d'indignité. La question, une fois encore, n'est pas celle de la réalité, qui n'intéresse que les économistes, mais celle de la perception… qui intéresse tous les Allemands… et tous ceux qu'ils vont associer à l'aventure de l'euro.

Lorsque s'est posée la problématique du renoncement aux monnaies nationales pour les fondre dans une monnaie commune, jamais les Allemands n'auraient accepté de renoncer à leur système immunitaire monétaire si cela avait pu impliquer ne serait-ce que le risque de rouvrir la boîte de Pandore. Pour les Français, au même moment, les craintes étaient surtout celles de perdre un attribut de pouvoir, un instrument de politique monétaire qui donnait les apparences de l'indépendance. S'y ajoutait aussi l'appréhension de perdre des références lors de l'évaluation des prix et, évidemment, la crainte que les arrondis ne se fassent par excès plutôt que par défaut. Absorbés par nos appréhensions domestiques, nous n'avons pas vu ce que représentait la marche vers la monnaie unique pour d'autres, en Allemagne principalement. Car, une fois encore, chacun chemine avec son sac à mémoire. Demander aux Allemands de renoncer à leur bon jeune deutschmark est aussi dur que de demander aux Français de renoncer à leur modèle social. Il existe peu d'exemples de personnes qui quittent de leur plein gré un paradis, fût-il fantasmatique.

Les Allemands n'ont pas redouté seulement de jeter leur armure mais, pire encore, d'être «contaminés» par les principes monétaires des autres, ceux que l'inflation n'effraie pas autant qu'eux, principalement la France et l'Italie. On les désignait alors comme les pays du Club Med, avec un mélange de crainte méprisante et de fascination jalouse. Ce sont les mêmes citoyens allemands qui souhaitaient passer leurs vacances en Toscane, employaient l'expression «Heureux comme Dieu en France» et craignaient que l'euro ne soit vérolé par les pratiques monétaires douteuses de la lire ou du franc français. Les psychologues connaissent mieux que les économistes ces mélanges d'attirance et de répulsion. Puisqu'il fallait immoler le deutschmark sur l'autel de l'après-Guerre Froide, qu'on le fasse en tout cas pour une monnaie qui ne soit pas moins sécurisante et se voie même assigner la mission de l'être plus encore, si possible. Un cahier des charges, apparemment monétaire mais en réalité politique, allait donc être rédigé. On aura sans doute reconnu ce qui fut désigné comme «critères de convergence» et se retrouve aujourd'hui dans le «pacte de stabilité».

Ceux qui ont brocardé Maastricht et la rigidité des exigences qui étaient formulées dans son traité auraient dû rappeler – mais encore eût-il fallu qu'ils se rappellent eux-mêmes – les enjeux politiques qui les sous-tendaient. Les critiques, si elles avaient persisté, auraient alors été plus convaincantes et auraient permis de poser la vraie question : doit-on demander à l'Allemagne de renoncer à sa mémoire? Peut-on renoncer à une partie de sa mémoire, la composante monétaire, sans prendre le risque de jeter aussi l'eau du bain? En se conformant aux critères de convergence, avec des difficultés qui ne sont pas niables, les partenaires de l'Allemagne ont d'abord dû faire allégeance à la mémoire monétaire allemande, la rassurer, la conforter relativement à son inquiétude à l'idée de lâcher la proie du mark pour l'ombre de l'euro. Un peu comme si les pays de l'Euroland avaient tenté de convaincre les

Allemands : «Nous ne sommes pas aussi irresponsables, monétairement, que vous l'imaginez… et que vous craignez de le redevenir.»

Les principes fondateurs de la Banque centrale européenne ont eux aussi été marqués de cette dimension : par son indépendance affirmée vis-à-vis des pouvoirs politiques, par son obsession à vouloir maîtriser les poussées inflationnistes, la Banque centrale a repris à son compte les réserves, non pas en devises, mais en mémoire, de la Bundesbank. Le choix de son président a sans doute symbolisé jusqu'au paroxysme ces enjeux. On sait que se sont affrontés Wim Duisenberg et Jean-Claude Trichet, que le premier l'a emporté et que le second a été désigné comme successeur. Ce ne fut pas essentiellement une rivalité d'hommes mais un conflit de cultures. Le premier était dépositaire de tous les principes allemands et présentait en outre l'avantage d'être néerlandais, c'est-à-dire de ne pas donner l'impression que l'Allemagne était dominatrice… Le second était l'incarnation de toutes les craintes que la culture monétaire française représentait outre-Rhin : un haut fonctionnaire, passé du ministère des Finances à la Banque de France, symbole personnel des liens que la politique monétaire avait pu entretenir avec la volonté du pouvoir politique. Pour ne pas parler d'une relation interlope à l'inflation, et qui avait sans doute gardé le souvenir des années folles – nous voulons dire les années 1970-1980. On imagine pour qui a voté le représentant allemand…

MÉMOIRES EN MOUVEMENT

Le passage à l'euro fut donc une guerre de mouvements culturels. Pour se loger dans la culture monétaire de l'Allemagne, les pays du Club Med ont dû renoncer à une partie de la leur. Et notamment la France. Cette «expatriation culturelle» forcée ne s'est pas faite sans douleur, on s'en souvient. Le sevrage d'une tradition inflationniste et interventionniste a été payé à un prix d'autant plus fort qu'il ne fut pas le moins du monde expliqué. Il a fallu renoncer à des niveaux de déficits budgétaires générateurs d'inflation et d'endettements, pourtant si confortables. Pour ce faire, il a fallu renoncer également aux pratiques interventionnistes de l'État, tellement traditionnelles et ancrées qu'elles ont remis en cause bien des habitudes, des financements, des circuits économiques, des modes de pensées. Les désengagements ont été protéiformes; la version française la plus spectaculaire a été – pourquoi parler au passé? – la décentralisation, l'État renvoyant aux collectivités locales des responsabilités dont il n'avait plus les moyens, et sans d'ailleurs trop se poser la question de savoir si lesdites collectivités en disposaient elles-mêmes. Mais ce sont les règles bien connues du jeu de la patate chaude.

Fallait-il? Ne fallait-il pas? Chacun peut y aller de son opinion. Osons cependant l'affirmation que les débats auraient davantage de sens si, outre les conséquences des enjeux, les enjeux eux-mêmes étaient présentés. Car apprendre à marcher au pas cadencé de la mémoire monétaire allemande a été d'autant plus difficile pour les populations des pays du Club Med que l'inflation n'était pas du tout associée, chez eux, à de mauvais souvenirs, bien au contraire. Nous nous rappelons même que les plus belles années pour les classes moyennes françaises furent celles de l'inflation. C'est grâce à elle que leur ascension sociale a pu se mettre en place!

N'est-ce pas l'inflation qui a rendu possible l'accession à la propriété, puisqu'elle diminuait le coût des emprunts – c'est-à-dire de leur partie qui n'était pas subventionnée par le Crédit foncier… au travers de sub-ventions publiques elles-mêmes génératrices d'inflation? N'est-ce pas également l'inflation qui a rendu possible le développement de la grande distribution, ce qui a contribué au développement de la consommation à (relativement) bas prix, les enseignes pouvant baisser les prix d'autant plus qu'elles gagnaient davantage grâce à l'inflation et aux produits finan-ciers qu'elle induit, qu'elles ne dégageaient de marges commerciales? On pourrait multiplier les exemples : monde rural, secteur bancaire, employeurs et salariés, élus et électeurs… Il serait peut-être plus rapide de citer les contre-exemples de ceux qui, en France, n'ont pas bénéficié de l'euphorisant inflationniste… mais en trouvera-t-on? Rude marche vers l'euro qui prive d'un paradis artificiel. Il eût été étonnant qu'elle ne s'accompagne pas de rejets.

Mais les Allemands furent rassurés : la France, pour ne parler que d'elle, n'était pas aussi irrémédiablement irresponsable que ce qu'ils redoutaient, elle se donnait même les moyens de ne pas faire retomber dans leurs vieux travers des Allemands peu rassurés quant à eux-mêmes. Mais combien cher payé fut le processus par lequel la France s'est employée à donner des gages à l'Allemagne, et continue de le faire! Une bonne partie des difficultés économiques, politiques et sociales rencontrées en France depuis la dernière décennie du XXe siècle trouve ici son origine : le prix payé à l'Histoire, à la mémoire que l'Allemagne en a retiré. Et cela dans le dessein d'éviter que la fin de la Guerre Froide, son prix, ne s'accompagnent d'une résurgence d'un temps qu'il faudrait pour le coup appeler le «passé antérieur».

Le passage à l'euro a été une véritable conversion forcée, doublée d'une autopersuasion de la part des néo-convaincus de la rigueur. Et, comme c'est souvent le cas, les fidèles récemment convertis sont devenus les plus intransigeants des prosélytes. L'arrivée de Jean-Claude Trichet à la Banque centrale européenne est de ce point de vue représentative, puisqu'elle s'est accompagnée d'affirmations et de déclarations que n'aurait pas désavouées le président de la Bundesbank. Comme s'il fallait rassurer l'Allemagne, toujours et encore, d'autant plus qu'on est suspect pour avoir embrassé la nouvelle foi depuis peu… On avait déjà rencontré, en d'autres temps, des Français qui allaient au-delà de ce que leur demandaient les Allemands… la comparaison est déraisonnable, j'en conviens. Mais ne faut-il pas plutôt espérer que du marrane sommeille chez le Français ? Et qu'il se souvienne de l'époque à laquelle l'inflation n'avait pas à ses yeux si mauvaise presse… Car si l'amnésie conduit aux dangers de la répétition, la mémoire porte les risques de la perversité…

Retour à l'envoyeur…

Les critères de convergence ont fait converger les mémoires, c'était leur but. Dont acte. Figés en un Pacte de stabilité, ils se sont retournés, voilà bien la perversité, contre les bonnes intentions de leurs auteurs, en provoquant ce qu'ils avaient précisément pour but d'éviter. Chacun peut constater que l'absence d'inflation contribue – même si d'autres explications se combinent – à une situation de crise économique porteuse des tensions sociales qu'il s'agissait justement d'éviter : l'ascenseur social est en panne, le risque du descenseur social se profile, on l'a déjà évoqué. Pour éviter de retomber dans les ornières des années 1930, on utilise les recettes des années 1960, qui conduisent l'hypocondriaque des années 1990 à une véritable psychosomatisation.

Brocante historique
et vide-grenier géographique

Il n'est que temps alors de tenter de passer à l'étape suivante du travail sur la mémoire qu'implique la volonté de battre la nouvelle monnaie. Il s'agit désormais de mener un travail symétrique de celui qui a été accompli, au-delà même de toutes les ambitions, en rendant raisonnables les fantaisistes du Club Med. En effet, il convient de réconcilier les rigoureux Allemands avec la souplesse que peut procurer l'inflation… Certainement pas une inflation sur laquelle on perdrait tout contrôle, mais une inflation faiblement dosée dont on maîtriserait l'injection. Il s'agit, on le mesure bien, d'un véritable combat culturel contre la psychorigidité monétaire des Allemands d'aujourd'hui, reçue en héritage de ceux qui avaient subi le traumatisme originel. Leurs réactions de défense sont compréhensibles, puisqu'ils ont été ébouillantés il y a soixante-dix ans. Comme est compréhensible l'attitude des voisins de la centrale de Tchernobyl, qui ne connaissent de la fusion nucléaire que sa version affolée et échappant à tout contrôle. Mais nous savons aussi que, bien maîtrisée, la réaction nucléaire peut procurer de l'énergie.

Il convient donc de convaincre les petits-enfants de la République de Weimar que si une trop grande inflation est bien entendu à exclure, une quasi-absence d'inflation est susceptible d'être finalement tout aussi dangereuse. Qu'il n'est que temps, si l'on veut réintroduire un peu d'oxygène dans les tissus sociaux, d'injecter un peu d'inflation, quelques pour cent par an qui permettraient d'éviter l'asphyxie. Cette inflation qui, on le sait, aide les jeunes entrepreneurs à emprunter, alors que son absence encourage les vieux épargnants à thésauriser. Pourra-t-on convaincre l'Allemagne des bienfaits d'une politique qui cesserait de privilégier une tranche d'âge que sa démographie développe, en faisant le choix de favoriser les baskets, au risque d'inquiéter les pantoufles ? Lorsque la mémoire percute la démographie, le sort de l'économie est en jeu.

Il semble que, petit à petit, la conviction gagne en Allemagne qu'il faut réinjecter un peu d'inflation dans les circuits économiques et sociaux – point trop n'en faut, mais l'abstinence contrainte est pire que la consommation modérée. Il ne fait guère de doute que 4 ou 5 % d'inflation redonneraient de l'air à de nombreuses catégories sociales qui sont actuellement asphyxiées par son insuffisance et par le niveau des taux d'intérêt réels (c'est-à-dire ce que coûte vraiment un emprunt, la différence entre le taux d'intérêt nominal qu'il convient de payer et le taux d'inflation qui en diminue, *de facto*, le coût) trop largement positifs. Tout donne à penser que l'Allemagne est à présent mûre. Consciente qu'elle ne pourra pas faire face à ses propres problèmes, à savoir réduire le chômage (atténuer son coût social et financier) et affronter sa dette (notamment celle qui résulte de son unification), pour ne donner que deux exemples, l'Allemagne en arrive à secouer elle-même le carcan du Pacte de stabilité, qu'elle a mis en place et imposé à ses voisins. Et qui l'étouffe. C'est le sens de la liberté prise en novembre 2003, de concert avec la France, de s'affranchir du corset. C'est aussi dans cet esprit qu'il faut lire les modalités, assouplies, du nouveau Pacte de stabilité arrêté en septembre 2004. Ne pas être étonné cependant que d'autres pays qui ont payé très cher les leçons de vertu monétaire, comme l'Espagne, et jusqu'à l'Italie peut-être! s'autorisent désormais à devenir professeurs de morale et critiquent les anciens donneurs de leçon – on en reparlera.

Sans doute fallait-il que les contradictions de la culture monétaire allemande soient devenues évidentes pour que l'Allemagne entreprenne un *aggiornamento*, comme diraient les Toscans. Sans doute fallait-il aussi que se trouvent au pouvoir en Allemagne des responsables politiques d'une autre génération : celle qui n'a pas connu la Seconde Guerre mondiale. L'alternance entre Kohl et Schröder, la cohabitation qu'inaugure laborieusement – et pour combien de temps? – Angela Merkel à l'automne 2005, sont moins idéologiques et partisanes que générationnelles. Des post-traumatisés succèdent à des traumatisés. La génération née après 1945 prend le pouvoir, avec sa propre mémoire, sur celle qui avait côtoyé l'abîme. Mais faut-il saluer sans réserve le fait que la mémoire soit ainsi surmontée? Le risque existerait assurément de faire table rase du passé…

Se trouve ici incidemment posée la question de la relation qu'il y a lieu d'avoir à la mémoire, sous-jacente dans le récit : puisqu'il faut à la fois exclure l'amnésie complète et la mnésie totale, où faut-il placer le curseur? Peut-on suggérer qu'il faille conserver la mémoire lorsqu'elle protège et la rejeter lorsque, avec perversité, elle provoque ce que l'on craint? Mais quand bien même cette suggestion serait-elle formulée, sa mise en œuvre ne manquerait pas de confronter à de nombreux doutes… On peut trouver une seconde illustration de cette problématique au travers de l'examen d'un autre caractère «génétique» de l'euro, qui trahira lui aussi une filiation historique…

MONNAIE CHÊNE OU MONNAIE ROSEAU?

Lorsqu'il s'est agi, en janvier 1999, de fixer la valeur de l'euro par rapport aux autres monnaies, la mémoire s'est retrouvée comme une invitée surprise à la table des ministres des Finances. On se souvient en effet que la parité de référence choisie a été celle d'un euro valant 1,17 dollar, mais nous avons surtout mémorisé que sa valeur a été établie à 6,55957 francs.

Ne nions pas qu'il y ait certainement des méthodes économiques, d'apparence rationnelles, qui permettent d'évaluer, de suggérer ce que doit être, devrait être la valeur d'une monnaie. Certains se réfèrent à la valeur respective d'un Big Mac dans différents pays, ce qui n'est peut-être pas plus arbitraire que d'autres approches sollicitant davantage l'économétrie… Mais tout donne à penser que le choix de la valeur 1,17 trouvait son origine sur un autre territoire que celui des fondamentaux économiques. Ce choix plongeait lui aussi dans les arcanes de la mémoire monétaire allemande, arcanes guère mystérieux au demeurant. Les blessures du premier tiers du XXe siècle sont devant nous, là encore. Blessures dont il n'est pas seulement résulté le «cachez cette inflation…», cette tartufferie monétaire dont nous venons de parler. Car la crainte de la dégradation de la valeur interne du pouvoir d'achat monétaire s'est également doublée d'une phobie de sa dégradation externe – le concept de «faiblesse» de la monnaie par rapport aux monnaies étrangères.

On estime souvent que la relation de l'Allemagne à la faiblesse, qui au plan monétaire est finalement récente, trouve son origine dans une tradition plus ancienne. L'étroitesse de leur «espace vital», les désunions aussi, jusqu'à la fin du XIXe siècle, contribueraient à expliquer la crainte que les Allemands peuvent avoir de la faiblesse en général, de la leur en particulier, monétaire dans le cas qui nous concerne. Il en résulte comme un antidote, un culte de la force dont la traduction serait multiple mais qui se retrouve notamment dans la relation qu'une monnaie doit avoir avec l'extérieur. Haro sur les monnaies faibles! Que vive la monnaie forte! Le slogan porte la marque de son époque. Le sens d'une autre des missions qui fut confiée à la Bundesbank lors de sa création, en 1948, se trouve également ici : mettre en place une politique qui veille à la «force» du deutschmark, une monnaie forte présentant par ailleurs l'avantage de diminuer le coût des importations et de réduire ainsi l'inflation venue de l'étranger. Et quarante années de culturisme monétaire n'allaient pas non plus s'oublier en un instant. Il est vrai qu'en 1945, on avait laissé peu de terrains sur lesquels les Allemands conservaient le droit d'être «forts» : avec ceux du football et du body-building monétaire, la liste est sans doute close.

La suite peut être devinée… Puisqu'euro il y allait avoir, il fallait du moins que sa valeur d'échange soit «supérieure» à celle du dollar, en donnant ainsi l'impression qu'on lâchait une monnaie forte pour une autre qui le serait au moins autant. Le cours de conversion choisi a d'abord été un acte sémiotique, dont la signification était plus symbolique qu'économique. En arithmétique et dans le champ du symbolique, 1,17 est plus que «un». Pour ce qui est des réalités de l'économie, les choses sont moins simples. La suite de l'histoire a même montré qu'il s'est agi du prix qu'il a fallu payer à la mémoire allemande, dans un processus sacrificiel. Car il est rapidement apparu que la parité retenue asphyxiait les économies européennes, en hyper-ventilation. Certains ont estimé qu'un cours réaliste aurait été de 30 % inférieur, cours qui aurait conduit l'euro à ne valoir que cinq francs. On peut d'ailleurs suggérer aux consommateurs qui ont le sentiment que le passage à l'euro s'est accompagné d'une augmentation des prix, de multiplier les nouveaux prix par cinq (et non par 6,55957). Ils retrouveront ainsi leurs vieilles étiquettes…

Pourtant, d'autres pays disposaient d'une mémoire monétaire différente, qui ne véhiculait pas les mêmes souvenirs. Sans aller jusqu'à fétichiser les monnaies faibles, certains États ont gardé un assez bon souvenir de dévaluations qui leur ont permis de retrouver une compétitivité entravée par une surévaluation… Certes, là encore, point trop n'en faut… La France elle-même n'a pas eu trop à se plaindre de son cortège de dévaluations bien tempérées des années 1960 et 1970. Le Japon non plus, qui a pu se reconstruire grâce, notamment, à la faiblesse du yen. Ni les États-Unis qui, on l'a vu, se réindustrialisent à l'abri d'un dollar déprécié depuis le milieu des années 1980, tandis que le Japon étouffe de l'appréciation symétrique du yen, l'*endaka*. Et la Chine à son tour découvre les délices d'une monnaie liée au dollar faible, qui manque pour le moins de spontanéité lorsqu'il lui est fait injonction de la laisser s'apprécier… Quand elle s'y résout, pendant l'été 2005, c'est à pas comptés…

Ici encore la mémoire allemande joue donc, à sa façon, un bien mauvais tour à l'euro. Celui-ci s'est vu transmettre des souvenirs allemands des années 1930, et tout imprégné de ses réminiscences, il marque contre son camp, l'Europe! Il est fascinant de constater que la France en est arrivée, elle-même, à être «contaminée» par l'équation allemande qui associe monnaie forte et bonne santé, la faiblesse de la monnaie étant mauvais signe. Le choix des mots n'y est sans doute pas pour rien. Force, faiblesse, un mot laudatif d'un côté, dépréciatif de l'autre. Aurait-on parlé de monnaie chère ou de monnaie bon marché, la perception aurait été tout autre… Prenons surtout acte de ce que, là encore, ce fut le prix à payer pour que l'Allemagne accepte de monter dans le même bateau monétaire que la France! L'évidence de l'archaïsme du concept de monnaie forte était tellement flagrante que, aussitôt l'euro mis en place, on laissa filer sa parité, qui perdit près de 30 % jusqu'au début de l'année 2001. Il s'est alors agi d'un formidable ballon d'oxygène pour les pays européens, leurs exportations, leurs emplois. Il faisait bon être au pouvoir en Euroland, dans cette époque de croissance retrouvée et de chômage en voie de résorption…

Un subterfuge sémantique enroba ce que pouvait avoir d'amer la pilule de «l'affaiblissement de l'euro»… Alors que, depuis la nuit des temps financiers, la cotation de la valeur des monnaies étrangères était exprimée en monnaies nationales, on en modifia la présentation, donc la perception. Souvenons-nous. Jusqu'au passage à l'euro, on indiquait ainsi que le dollar valait 6 francs un jour, 7 francs un autre ou 5 à un autre moment. N'importe qui comprenait que son prix montait ou baissait. (L'expression officielle consistait à dire que l'on cotait l'incertain pour signifier que la valeur de la monnaie étrangère était ainsi fluctuante, variante.) Cette pratique, universelle à l'exception de la Grande-Bretagne, a été abandonnée lors de l'introduction de l'euro! On s'est alors mis, comme outre-Manche, à «coter le certain», c'est-à-dire à indiquer la valeur de l'euro en dollar. L'euro qui, sans conteste, vaut toujours un euro, s'est ainsi mis à valoir 1,17 dollar américain, ou 0,80… ou 1,25. Non seulement l'euro apparaît stable, puisqu'il est toujours égal à lui-même, mais ce sont les monnaies dans lesquelles il est exprimé qui donnent alors l'apparence de fluctuer. Et bien malin celui qui peut spontanément comprendre quelle monnaie s'affaiblit ou s'apprécie. Comme si on renonçait à indiquer le prix du litre de super en Euros, ce qui permettrait à chacun de prendre conscience de l'évidence d'une augmentation de son prix –, pour dire que l'euro qui valait $1/12^e$ de litre en vaut $1/13^e$ ou $1/11^e$. On conçoit que la perception de l'évolution du prix n'obéisse pas alors à la même instantanéité…

Tout se passe comme si les Allemands étaient donc en train de se convertir, sans même s'en rendre vraiment compte, aux bienfaits de la monnaie «bon marché». La politique de communication sur ce thème a pris de l'ampleur au cours de l'année 2003 et jusqu'au début de 2004, lorsqu'on a vu les États-Unis provoquer de manière délibérée, ou laisser faire avec sérénité, une nouvelle baisse du dollar qui effaçait tous les bénéfices obtenus grâce à la chute de l'euro depuis sa naissance. euro qui a même dépassé son cours de naissance, puisqu'il s'est retrouvé valoir, avec une bénédiction à peine tacite des autorités monétaires américaines, 1,30 dollar. La pédagogie de l'Allemagne, mais peut-être s'agissait-il plutôt d'une psychothérapie, a consisté alors à souligner les inconvénients d'un euro fort… Nous ne sommes plus tellement éloignés d'une réconciliation avec ce que l'on assimilait jusqu'alors à de la faiblesse… Encore un petit effort et les Allemands auront compris quels sont les atouts que la nature a donnés au roseau. Quant aux Français, qu'ils relisent La Fontaine, les morales de ses fables valent bien des leçons d'économie.

De quelque manière qu'on ait abordé la question jusqu'à maintenant, la réponse à la question qui donne son titre à ce chapitre suppose donc un travail préalable sur les mémoires avant de les traduire en monnaie. Tout se déroule donc comme si le passage à l'euro devait revêtir la forme d'un métissage de cultures, c'est-à-dire de mémoires. Il est ici, mais ce n'est pas une surprise, davantage question d'Histoire que d'économie… Après avoir «germanisé» les pays du Club Med pour rassurer les enfants allemands du IIIe Reich, on entreprend de «latiniser» leurs propres enfants pour faire face aux défis de l'après-Guerre Froide.

Une monnaie pour écrire l'Histoire…

Ainsi donc l'euro serait-il investi d'une double mission historique… Permettre aux Européens d'écrire la page d'Histoire qui leur incombe, à la fois en relevant les défis de l'inclusion des anciens vaincus de l'Est… et en affrontant les risques de déstabilisation des anciens vainqueurs, par alliance, de l'Ouest. Un cahier des charges en deux parties apparemment distinctes mais en réalité totalement jointes, tant il est vrai que financer la reconstruction des uns et le renouvellement d'un pacte d'interdépendance chez les autres constitue le côté pile et le côté face de la même monnaie.

Et d'aucuns, dans ces conditions, de considérer que le projet serait accompli dès lors que, depuis le 1er janvier 2002, la nouvelle monnaie a été introduite dans nos euro-porte-monnaie… sans grandes difficultés, finalement. Aucune en tout cas qui soit à la hauteur des craintes qui avaient été identifiées dans un crescendo d'appréhensions lors des années, des semaines et même des heures qui avaient précédé le douzième coup de minuit de la Saint-Sylvestre 2001. Chacun semble s'être habitué sans trop d'efforts aux nouveaux billets et s'est rapidement laissé aller à la désinvolture avec les menues piécettes. Certes, pour beaucoup, l'ordre de grandeur des prix est toujours aussi difficile à évaluer, et l'impression prévaut que les étiquettes ont valsé sur un tempo outrancier – on sait ce qu'il en est –, mais le drame redouté n'a pas été au rendez-vous.

Si l'heure du bilan avait sonné, on pourrait donc le dresser, et il serait positif pour l'essentiel... Qu'il soit cependant permis d'être rabat-joie et de considérer que le temps n'est justement pas encore venu des congratulations. Il s'agirait là de célébrations prématurées à deux titres.

Rien n'indique, pour commencer, que l'euro est bien l'engagement irrévocable – entre les pays l'ayant adopté – que l'on feint de croire. On a déjà vu, dans le passé, des monnaies uniques devenir, ou redevenir, plurielles. Ainsi, on voudra bien se souvenir qu'il existait une monnaie unique en URSS... or, à l'évidence, le rouble n'a pas constitué une défense suffisante contre les forces centrifuges qui ont dissous l'Union soviétique en 1991. Et chacun a pu constater que l'existence d'un dinar commun n'a pas empêché ni même retardé l'implosion de la Yougoslavie. Pour ne prendre que ces deux seuls exemples, il est flagrant qu'un rempart monétaire, à lui seul, ne pèse pas lourd contre des volontés de trouver ou de retrouver des indépendances. Il faut donc également envisager cette hypothèse pour les pactisés de l'Euroland. Ne serait-ce, bien sûr, que par acquit de conscience méthodologique...

Et si l'un des pays qui ont fait le choix de lier leur sort monétaire devait décider un jour de remettre en cause ses choix? Est-ce pour exorciser ce risque qu'on refuse ne serait-ce que de l'évoquer? Il est vrai que Romano Prodi avait en 2003 déclenché une bronca en soulevant l'hypothèse que ce pourrait être, un jour, une option pour la lire. Sans doute ses responsabilités à la Commission rendaient-elles, dans sa bouche, l'évocation du scénario particulièrement scandaleuse. Mais elle ne constituait pas une démonstration de son irréalisme. Ce que la volonté politique a fait, une autre volonté pourrait très bien le défaire. Il ne faut pas cacher cette hypothèse au motif qu'on ne saurait la voir. Rien ne permet d'exclure que tel ou tel pays fasse un jour le choix de détricoter l'ouvrage monétaire, lassé, par exemple, de payer vertueusement le prix du respect de règles rigides, celles du Pacte de stabilité, que les anciens prêcheurs de vertu ne respectent plus eux-mêmes. On ne peut ainsi écarter l'idée que l'Espagne, par exemple, qui s'évertue à respecter les critères imposés en matière de déficit budgétaire, se lasse un jour de voir l'Allemagne ou la France les fouler aux pieds comme si la vertu rendait hommage au vice.

Qui pourrait du reste exclure qu'un gouvernement europhobe, voire populiste, arrive au pouvoir, même démocratiquement, dans un pays de l'Euroland, sur un programme d'indépendance monétaire retrouvée? Peut-être en France même, tant il est vrai que l'Europe a du mal à y réunir des majorités… L'euro se révélerait alors moins irréversible que ce qu'on fait semblant de croire… Gageons que dans un premier temps, on tentera de sauvegarder les apparences. En laissant croire, par exemple, qu'il s'agirait là d'une décision temporaire d'un pays qui se mettrait en congé de monnaie unique pour quelque temps avant de revenir à la raison. On sait ce qu'il est, souvent, de ces provisoires… On a même connu, à l'époque de l'Ecu, ne pas dire que cela se perd dans la nuit des temps –, des subterfuges sémantiques plus subtils encore, lorsqu'on distinguait cet embryon de monnaie unique et un avatar qu'on avait appelé l'«Ecu vert», qui servait à calculer les prix agricoles en évitant l'impact qu'aurait pu avoir la dévaluation d'une des monnaies composant le «panier» de l'époque. (Si l'on n'avait pas inventé les «monnaies vertes», on aurait vu, dans un pays dévaluant sa monnaie, les agriculteurs empocher une augmentation de leurs prix dans la même proportion, une belle prime au vice, en quelque sorte!)

De même, on aurait tort de balayer d'un revers de main ulcéré l'hypothèse que coexistent un jour un «euro allemand» et un «euro italien», l'un dévalué, l'autre pas, tentative d'afficher une homonymie apparente qui ne serait alors que tentative cosmétique pour dissimuler un retour au nationalisme monétaire. Qu'il soit permis de considérer que la meilleure des manières d'éviter la réalisation de ce scénario consisterait à commencer par accepter de l'envisager pour pouvoir réagir le cas échéant! En rappelant que l'Europe est un chantier en construction permanente, constamment renouvelée, et que les Danaïdes et Sisyphe risqueraient un réveil en sursaut s'ils s'endormaient sur les lauriers de l'introduction de l'euro.

Et cette dimension du chantier en cours n'est sans doute pas la plus importante… un autre volet doit être dorénavant présenté, qui contribuera lui aussi à affirmer que l'euro n'est encore que l'embryon fragile de ce qu'il ambitionne d'être, n'en déplaise à ceux qui croient qu'il serait déjà né…

LES LETTRES DE CRÉANCES DE L'EURO

Comme un ambassadeur nouvellement nommé doit se présenter devant ceux auprès de qui il est accrédité, l'euro va devoir se présenter au seuil de la page d'Histoire qu'il doit contribuer à écrire. D'autres monnaies ont été, sont encore confrontées aux mêmes responsabilités. Il n'est évidemment pas nécessaire de préciser que la plus sollicitée d'entre elles, depuis le milieu du XXe siècle du moins, est le dollar américain.

J'ai développé dans un précédent ouvrage[1] quelle a été la contribution historique de la monnaie américaine dans le dénouement de la Guerre Froide. Seule la partie de l'explication qui permettra de comprendre les défis auxquels l'euro est aujourd'hui confronté doit être résumée… et actualisée. Car, on le verra, ce sont sans doute là la véritable signification, les enjeux essentiels de la rivalité tant annoncée sur les fonts baptismaux de la monnaie européenne : entrer en concurrence avec le dollar américain. Les plus prudents, les plus prudes à dire vrai, emploient cette circonlocution : « S'affranchir de l'influence du dollar. » L'euro se veut la monnaie destinée à écrire l'après-Guerre Froide en Europe, comme le dollar a permis de gagner la Guerre Froide.

Le dollar, ancien combattant et vainqueur ? Il n'est que temps, vraiment, de lui rendre justice, de lui restituer son rôle, lui grâce à qui la Guerre Froide s'est achevée en relative douceur… Lui qui constitue, on va le voir, un modèle d'identification pour un euro en quête, à son tour, de sa part de gloire historique. La Guerre Froide, on le sait, a longuement tâtonné entre le tiède et le chaud, voire le bouillant. Jusqu'à ce qu'elle délaisse les champs de bataille classiques pour se diriger vers une surenchère technologique, une course entre belligérants qui s'est apparentée aux potlatchs par lesquels des adversaires entreprenaient de surenchérir jusqu'à tenter d'épuiser leurs capacités de réponse, et de vaincre autant par humiliation que par ruine de l'autre. Chacun se souvient que les États-Unis ont fait monter les enchères de la course aux armements jusqu'à un niveau que l'URSS n'a pas pu suivre. On a rappelé ici même les conséquences budgétaires, monétaires et commerciales qui en sont résultées.

De la Guerre des Étoiles, l'Histoire retiendra que si Carter l'avait envisagée, c'est son successeur Reagan qui l'a emballée. Elle tranchera aussi la question de savoir s'il s'agissait d'un véritable projet ou d'un simple bluff, qu'importe après tout si, dans le poker menteur, l'adversaire ne peut prendre le risque de n'y pas croire et se sent obligé de tenter de suivre… Car « suivre », ici, voulait d'abord dire avoir la capacité de mettre en œuvre des méthodes de management de l'innovation, ce

---

1. *Géopolitique et Stratégie d'entreprises. Créances et croyances*, Descartes & Cie, 1994.

dont l'URSS s'est révélée bien incapable. «Suivre» signifiait aussi disposer des moyens financiers de son ambition technologique. Et là encore, l'Union soviétique a dû «se coucher», pour prolonger la métaphore du jeu de cartes. Car, et c'est bien là le rôle clé du dollar, les États-Unis ont eux été capables, grâce à leur monnaie, de financer le coût exorbitant de leur enchère. On se rappelle l'enchaînement – il a été décrit au début de cet ouvrage : un déficit budgétaire américain financé en empruntant, concrètement en mettant en vente des bons du Trésor, notamment et de manière croissante auprès de détenteurs étrangers. Le Japon fut le principal bailleur de fonds des États-Unis.

C'est donc la capacité des États-Unis à diffuser du dollar dans le monde qui leur a permis de gagner le potlatch… tandis que l'URSS ne parvenait à emprunter qu'à elle-même en diffusant ses roubles à ses propres ressortissants. Passionnante leçon, édifiante morale : la victoire dans la Guerre Froide est revenue à celui des belligérants qui a réussi (le mieux) à convaincre le reste du monde de lui faire crédit, tant il est vrai que les bons du Trésor américain constituent une dette des États-Unis. La clé de la victoire des États-Unis a été la capacité à convaincre les autres de devenir leurs créanciers, l'aptitude à diffuser des créances hors les États-Unis. Il est naturellement toujours plus intéressant de «se faire financer par les autres»… ne serait-ce que parce que les autres sont plus nombreux! On ne remerciera jamais assez le dollar d'avoir été si séduisant…

Mais ici la morale du passé, admettons qu'il s'agisse de morale, va donner une, voire deux leçons au présent…, leçons qui concernent, il faut y revenir, l'euro. Car force est de constater qu'à ce jour, les Européens n'ont pas convaincu grand monde, en dehors de l'Euroland, quant à l'intérêt de détenir leur monnaie. Ce qui s'est accompli le 1er janvier 2002 a consisté à imposer la détention de l'euro à ceux qui ne pouvaient la refuser, à savoir les citoyens des pays membres de la zone. Une volonté politique, transformée en décision, suffisait. Mais on ne peut évidemment imposer cette même détention en dehors de la zone d'autorité… Et ils demeurent bien rares, les détenteurs d'Euros hors l'Euroland. Les réserves des banques centrales en euros sont certes passées de 17,9 % des avoirs officiels en devises à la fin de 1999 à 24,9 % à la fin de 2004, mais cette augmentation traduit davantage un souci de diversification des risques de leur part et la baisse relative de la valeur du dollar, qu'une intention de délaisser la monnaie américaine. La vieille relation n'est pas abandonnée du fait de l'apparition d'une jeune maîtresse. Le résultat actuel est que l'Europe se retrouve dans une situation financière qui n'est pas sans rappeler celle de l'URSS : s'emprunter à elle-même… ce qui n'est pas de bon aloi pour la suite de l'Histoire. Ce qui a fait la force des États-Unis n'est pas qu'ils diffusent des dollars à des Américains, mais à des receleurs étrangers. Les faux-monnayeurs ne deviennent riches que s'ils parviennent à écouler leurs billets en dehors de leur cave.

Il reste donc du chemin à parcourir avant de disposer, avec l'euro, d'une monnaie qui permette d'écrire l'Histoire. Ce chemin suppose que d'autres pays, qui ne sont pas tenus de détenir la monnaie européenne, acceptent de le faire. Or, près de trois ans après sa mise en circulation, la «part de marché» de l'euro en tant que monnaie de réserve du monde demeure négligeable et dépasse à peine celle qu'avait auparavant le deutschmark… Mêmes les pays les plus proches, qui auraient pu être les plus spontanément disponibles, comme la Grande-Bretagne (qui ne parle plus de rejoindre l'Euroland) et la Suède (qui a rejeté par un référendum, en septembre 2003, l'entrée dans la zone euro), ne se sont pas laissés séduire.

On n'a enregistré, à ce jour, qu'un seul exemple d'un pays qui ait fait le choix de convertir à grande échelle ses réserves en dollars pour les basculer sur la monnaie européenne : il s'agit de l'Irak de Saddam Hussein, qui a ainsi choisi de cesser de faire crédit aux États-Unis pour faire crédit à la vieille Europe. On se souvient que les motivations n'ont pas été principalement financières… On admettra aussi qu'il puisse ne pas s'agir pas là d'un précédent susceptible de faire rêver dans les banques centrales du monde et de susciter des émules !

Parlons clair : le processus de passage à l'euro est loin d'être achevé. Seule la partie la plus facile du processus a été accomplie, celle que même l'URSS était parvenue à réaliser, à savoir imposer sa monnaie à ceux qui n'ont pas le droit de le refuser. En s'empruntant à elle-même, l'Europe pratique une sorte d'onanisme financier épuisant et ne permet en aucun cas de disposer des moyens nécessaires pour faire face aux coûts de l'après-Guerre Froide. Il convient donc d'être conscient de ce que, pour l'euro, mettre ses pas dans ceux du dollar ne dépend pas de la valeur respective des deux monnaies mais, c'est essentiel, de leur capacité à être diffusées en dehors de leurs zones d'émission. Soit, objectera-t-on, Rome non plus ne s'est pas faite en un jour, petite monnaie finira bien par devenir grande ! À cette remarque de bons sens, on opposera le scepticisme. Car la capacité à diffuser une monnaie, à la transformer en créance détenue par des pays qui, le sachant ou l'ignorant, permettent d'écrire l'Histoire à crédit, n'est pas un processus de gestation naturelle qu'il suffit de laisser s'accomplir patiemment.

On admettra en effet sans peine que, pour convaincre des prêteurs de détenir des créances, il faille préalablement faire naître ne serait-ce que la confiance… et plus généralement des croyances. Pas de croyances, point de créances. Et de ce point de vue, les États-Unis ont été virtuoses à la fin de la Guerre Froide. Le moment venu, on s'interrogera plus longuement sur ce qui demeure actuellement de cette capacité… de leur capacité actuelle… Mais en ce temps-là, la machine américaine à produire des croyances était formidablement efficace. Dans le monde entier, détenir du dollar signifiait bien plus que détenir une monnaie : c'était disposer d'un droit d'entrée, quasiment un *voucher*, dans un référentiel culturel, un système de valeurs qui faisait rêver, composé d'habitudes de consommation, de modes vestimentaires, alimentaires, ludiques et comportementales. On peut ainsi se permettre d'affirmer que la victoire américaine a d'abord été obtenue grâce à Hollywood, source d'émission des valeurs culturelles, et, dans un deuxième temps seulement, grâce à Bretton Woods, qui a rendu possible la diffusion des valeurs monétaires.

Précisons bien sûr que la question de savoir si le lecteur ou l'auteur sont eux-mêmes séduits par le référentiel culturel américain n'a pas plus d'importance que leur opinion sur la gravitation universelle. Prenons acte de l'efficacité collective, n'en déplaise aux opinions personnelles. Et demandons-nous plutôt quelles sont aujourd'hui les valeurs culturelles que l'Europe est capable de diffuser dans le monde, qui permettraient de diffuser l'euro, donc de s'atteler à la tâche historique ?

ONCE UPON A TIME…

Il était une fois un précédent historique, bien européen celui-là… Partons dans l'Italie émiettée de la fin du XIVe siècle. Une partie de l'Histoire de l'Europe s'y écrivait déjà à crédit. Le maître d'ouvrage était la papauté, qui accomplissait ses projets à grands renforts d'emprunts. Les seuls qui octroyaient des prêts, percevaient des intérêts, qui s'«autorisaient» ainsi à tirer profit du temps, ce temps qui appartenait à Dieu, étaient évidemment les banquiers juifs… Péché mortel qui, bien entendu, valait enfer et damnation.

Vint alors le temps où les banquiers se rebellèrent en faisant observer le caractère inacceptable de leur destinée. Eux qui acceptaient de financer, et depuis si longtemps, ce qui s'apparentait à une start-up concurrente, se voyaient ainsi vouer aux gémonies *in secula seculorum*. Ils décidèrent de suspendre les financements, de couper les crédits papaux. Voilà qui valait bien un concile. Il se tint à Florence en 1439. Persister à condamner les bailleurs de fonds au destin infernal était devenu impossible. Hors de question, par ailleurs, de proposer le paradis puisqu'on ne saurait mélanger torchons et serviettes. Il fut alors proposé de sortir de l'alternative dans laquelle on était enfermé : le Purgatoire, qui avait été «inventé» moins de trois siècles plus tôt, fut en quelque sorte sollicité et proposé comme destin aux créanciers pour qu'ils renouvellent leurs crédits! L'historien Jacques Le Goff, sans conteste plus rigoureux, parle de la «naissance du Purgatoire»; certains théologiens préfèrent parler de la révélation d'un concept qui préexistait. Quoi qu'il en soit, le concile réconcilia et l'on osera affirmer aujourd'hui qu'une nouvelle croyance permit de renouveler les créances.

L'EURO EN MAL DE CROYANCES

Imaginons un nouveau concile qui se pencherait sur le cas de l'Europe à l'aube du XXIe siècle. Il ne pourrait que constater que l'euro est en panne, bien en peine pour convaincre d'hypothétiques créanciers extérieurs. Il conviendrait certainement d'affiner les causes du mal diagnostiqué avant de préconiser, éventuellement, des solutions. Des hypothèses peuvent être avancées qui procèdent d'une comparaison entre l'incapacité actuelle de la nouvelle monnaie et, *a contrario*, l'efficacité, du moins il y a quelques années, du dollar… Où se trouvent donc les plans de la machine américaine à faire naître des croyances? Il n'est pas besoin d'être très clairvoyant pour constater qu'une condition première pour faire naître des croyances, les diffuser… est d'y croire soi-même. Il est plus facile d'être convaincant quand on est convaincu. Et le fait est avéré que les Américains croient fortement en leur système de valeurs. Le fait d'y croire ne prouve pas la pertinence des valeurs en question mais contribue à tout le moins à leur diffusion. Et c'est là que le bât européen commence sans (aucun) doute à blesser.

Pourrait-on citer des valeurs qu'auraient en commun les Européens et auxquelles ils croiraient avec tant de vigueur qu'ils en arriveraient à convaincre d'autres par conviction contagieuse? Ils ne croient déjà pas en la construction européenne, qui suscite manifestement plus d'indifférence sinon de rejet, que d'enthousiasme! Observons les taux de participation aux élections européennes de 2004 : y trouve-t-on trace d'un enthousiasme communicatif? Les célébrations qui ont marqué l'arrivée de dix nouveaux pays membres le 1er mai 2004 ont été tout sauf débridées. Les débats sur le projet de Constitution européenne ont-ils contribué à accroître le niveau de croyance des Français en l'Europe? Les résultats du référendum du 29 mai 2005 valent réponse. Les seules passions convaincues, et convaincantes, semblent s'être trouvées du côté des critiques des différentes étapes de la construction européenne! Anti-maastrichtiens, opposants à l'euro, adversaires de l'entrée de la Turquie ont été d'évidence des porteurs de croyances plus passionnés que les partisans du projet. Triste Europe dubitative d'elle-même qui ne parvient à s'enthousiasmer qu'autour des matchs de football et sous réserve que la passion ne dégénère pas en affrontements... Comment des euro-dubitatifs pourraient-ils être convaincants?

Là encore un rapprochement avec l'ex-URSS peut être suggéré, même s'il ne s'agit pas pour autant, bien entendu, de prédire aux deux ensembles les mêmes destins... Si l'URSS n'a pas pu diffuser du rouble à l'étranger, c'est-à-dire, à l'instar des États-Unis, financer la Guerre Froide à crédit, c'est assurément parce que les prêteurs avaient de la mémoire et que les vieux emprunts russes n'étaient ni amnésiés ni amnistiés. Mais c'est aussi parce que le système de valeurs qui prévalait localement n'était pas crédible aux yeux des ressortissants locaux eux-mêmes. Des croyances dont on voit les coutures ne sauraient être convaincantes. Preuve de la mécréance généralisée, une profusion de blagues circulait à l'époque dans les pays de l'Est et témoignait d'une lucidité froide de mauvais augure pour les producteurs de croyances...

Ainsi les Polonais expliquaient-ils la crise de l'énergie : «*Nous avons deux sources énergétiques*, disaient-ils : *le charbon et le soleil. Et deux drames : le soleil part à l'Ouest et le charbon à l'Est...*» De même lorsqu'ils justifiaient l'absence d'oranges sur les marchés de Moscou par le fait qu'il n'en poussait pas en Pologne... Outre un sens de l'ironie dont je ne crois pas qu'il subsiste beaucoup, ils montraient surtout qu'ils avaient mieux compris les mécanismes du Comecon que nous n'avions compris ceux du Gatt ou les raisons de la hausse du dollar. Il est d'ailleurs tout à fait possible que notre aveuglement ait contribué à notre victoire et que leur lucidité, exprimée en autodérision, ne soit pas pour rien dans leur défaite. Lorsqu'en URSS, la réponse à la devinette «Quelle est la différence entre un dollar et un rouble?» était «Un dollar», l'issue d'une guerre qui se jouait à crédit était scellée.

De même que le communisme s'est dissous dans l'alcool et a perdu la Guerre Froide dans l'autodérision, de même on peut redouter que les ambitions européennes de l'après-Guerre Froide, et l'euro lui-même, ne se dissolvent dans l'euroscepticisme. À moins que… Ne pas se résoudre à cette imprécation et poursuivre l'analyse! Car la première explication proposée ne saurait suffire à clore le débat… L'entrave à la diffusion des croyances ne saurait se limiter à l'autodérision et au scepticisme, comme l'atout maître du dollar ne saurait être la seule conviction dont les Américains font preuve à l'égard de leurs valeurs, qu'ils revendiquent sans ironie aucune, et même sans propension particulière pour l'humour.

À LA RECHERCHE DU POT-AUX-ROSES

Comment comprendre que les «valeurs» américaines aient été si séduisantes, du moins jusqu'au début du XXIe siècle (mais on peut envisager que la période de rejet inaugurée avec l'inauguration de George Walker Bush s'achèvera avec son mandat et sera suivie d'un retour de flamme)?

Nous parlons de nouveau de ces valeurs de culture populaire qui composent un mode de vie comportemental – rien à voir avec celles qui sont muséifiées et demeurent minoritaires, pour ne pas dire élitistes, n'en déplaise aux tentatives pour leur ouvrir en France, depuis Malraux, des maisons de tolérance. Mais méritent-elles même de dévoyer le nom de culture, ces habitudes qui ne seraient après tout qu'un simple mode de vie et ne réclameraient pas la grande sophistication érudite et raffinée qui ferait les gens «cultivés»? Là se trouvent peut-être un grand malentendu et une clé de plus pour notre trousseau. Les «valeurs» de l'*american way of life* sont précisément suffisamment floues, on pourrait dire lâches… en entendant le mot dans le sens où l'on désignerait un nœud de cravate non serré. Mais l'on sait aussi que le mot désigne ce qui manque de vigueur, étant même le plus souvent antonyme de courage… La double acception renvoie, tout compte fait, à l'ambivalence de notre jugement, élitiste et condescendant.

Mais peut-on hasarder un éloge de la lâcheté d'un col de chemise, qu'on opposerait alors à la rigidité empesée d'un col amidonné? Les valeurs américaines seraient ainsi comme des t-shirts de taille unique, élégants pour personne… mais portables par tout un chacun. Conçues pour convenir à toutes les composantes de la société, elles permettraient à chacun de s'y trouver à son aise quelle que soit sa culture originelle, quelles que soient les cultures initiales aux spécificités affirmées dont sont héritiers les immigrants. Que l'on soit issu et donc porteur d'une culture de vin ou de bière, d'huile ou de beurre, de riz ou de blé, de viande ou de poisson, de thé ou de café, du sari ou du pantalon, on peut se réconcilier autour d'un blue-jean ou d'un hamburger. *One size fits all* : telle serait une des caractéristiques des valeurs américaines qui les rendrait dès lors acceptables, intégrables par toutes les sous-cultures du monde, dont certains émigrants sont devenus immigrants pour tenter de rebondir aux États-Unis.

Comme une disquette préformatée qui serait lisible par tous les systèmes d'exploitation, les valeurs américaines sont ainsi plus aptes à une diffusion universelle. On en arrive de la sorte à suggérer que l'efficacité des valeurs américaines, nous parlons de leur capacité à se répandre dans le monde, est liée à cette réalité première d'être nées dans un pays d'immigration, de melting-pot, dont on a déjà dit qu'il était tout sauf harmonieux… mais il existe. À telle enseigne que dans le monde entier, innombrables sont ceux qui souhaitent tenter d'en affronter les difficultés. En témoignent les listes de candidats à l'immigration qu'un tirage au sort annuel départage. Et en même temps que les États-Unis exaspèrent et provoquent parfois la haine – mais il s'agit sans doute d'une dimension conjoncturelle –, ils attirent, et chacun rêve de l'aventure qu'un grand-père, un oncle, une sœur, un voisin incarne. L'identification aux *success stories* n'est pas incompatible avec les critiques violentes. D'ailleurs, ce n'est pas uniquement sur ce registre qu'une simple feuille de papier à cigarette sépare l'admiration de la haine, le désir étant si proche de la jalousie… Même en France, les chercheurs qui manifestaient leur insatisfaction en 2004, partagés entre colère et dépression, faisaient valoir combien la tentation était grande de tenter l'aventure américaine… La Californie accueille une très grande communauté de «cerveaux-d'œuvre» venus de l'Hexagone et que des exceptions comme Sophia Antipolis, îlot de rêves dans un océan de grisaille, n'ont pas suffi à retenir. Faire naître des croyances, puis des créances susceptibles de se répandre hors les murs originels, supposerait qu'elles soient adossées à un émetteur qui serait un pays d'immigration.

Il fut un temps ou l'émission monétaire était gagée par les réserves en or d'une banque centrale, certains croient encore qu'elle dépend de ce qu'ils appellent les «fondamentaux d'une économie». Admettons-le tout en soulignant qu'il ne peut s'agir que d'une contribution partielle à l'explication puisque la diffusion du dollar ne s'est pas ralentie, elle s'est même emballée, lorsque l'économie américaine souffrait. Ses fondamentaux battaient de l'aile et, pourtant, la diffusion du dollar s'envolait. Une banque centrale qui veut écrire l'Histoire n'a aujourd'hui plus besoin de stocks d'or ni d'afficher des fondamentaux économiques spectaculaires : il suffit qu'elle soit adossée à une machine à produire des croyances. Hors de croyances susceptibles de devenir universelles, il n'est de nos jours point de salut monétaire.

MÉCRÉANTE, QUEL EST TON CRÉDIT ?

On a deviné que nous allons, dans cette perspective, continuer à ausculter l'Europe et son rejeton monétaire. S'il est vrai, comme on l'argumente ici, que sur les fonts baptismaux de la nouvelle monnaie européenne on retrouve une parentèle allemande, on mesurera le péché originel qu'elle implique. Car l'Allemagne est historiquement un pays d'émigration, dont l'Histoire est celle des vagues de population qui ont dû la fuir, s'installer ailleurs de gré ou de force, aux prises avec les conflits internes (parfois exportés...). Ce n'est d'ailleurs pas là une exception en Europe mais quasiment la règle, sauf sur les bordures occidentales du continent, en France !

De ce fait, jamais l'Allemagne n'a eu à façonner de valeurs culturelles... hormis pour ses propres ressortissants, ses indigènes en quelque sorte. Il en résulte des valeurs d'une extrême élaboration, d'une sophistication raffinée qui les rend exceptionnellement admirables, surtout lorsqu'on les compare à la *salsa* composite et simplifiée dont accouche l'Amérique du Nord. Car il ne s'agit pas ici de porter des jugements mais de mesurer la capacité à diffuser. Or ces valeurs sont d'autant moins diffusables qu'elles sont raffinées, qu'elles n'ont d'ailleurs pas été conçues pour une diffusion externe mais pour un usage interne. Un film de Wim Wenders sur Arte n'aura jamais le même indice d'écoute qu'une super-production d'Hollywood diffusée sur une chaîne grand public. Regrette qui veut, mais il faut en prendre acte. (Au demeurant, ce commentaire vaudrait également pour le Japon : il conduirait à suggérer que jamais le yen ne pourra entrer en rivalité avec le dollar, même si mangas et jeux vidéos nippons devaient connaître un succès qui aurait surtout valeur de contre-exemple marginal.)

De même que l'Allemagne n'a jamais eu à produire de valeurs universelles, rares sont ceux, en France, en Europe, on en conviendra bien volontiers, qui gardent un souvenir réjouissant de l'époque où leur grand-père est allé en Allemagne, tant il est vrai que les flux manquaient pour le moins de spontanéité. L'Allemagne ne fait pas rêver. Qui saurait traduire *dolce vita* en allemand? Tandis que les États-Unis produisent du rêve, même si nous ne demandons pas à un rêve d'être réalité, l'Allemagne force le respect, inspire la crainte. Il est d'ailleurs symptomatique que des produits symboles du *Made in Germany* soient des signes de respectabilité, les berlines ne trouvant pas par hasard leur étymologie à Berlin.

Tout conduit ainsi à penser que l'euro ne saurait être à la hauteur de ses responsabilités tant qu'il ne sera pas le sous-produit monétaire d'une machine à produire des croyances liées à un pays d'immigration multiculturel. De ce point de vue, il faut considérer que le mieux qui soit sans doute arrivé à la monnaie européenne est l'introduction récente, en Allemagne, du droit du sol; en d'autres termes, il s'est agi de l'acceptation, par les tenants ancestraux du droit du sang, que la société allemande était en cours de métissage.

À l'inverse, les tergiversations du Royaume-Uni face à l'euro privent les Européens d'une contribution qui lui ferait grand bien, celle de l'exceptionnelle capacité britannique à produire des valeurs susceptibles de diffusion universelle. On ne peut que souhaiter que la livre sterling rejoigne l'euro. Reste à convaincre les Britanniques! Étrange destin que celui de cet archipel, marqué lui aussi par une tradition d'émigration qui a fini par le rendre universel – un Commonwealth sur lequel le soleil ne se couchait jamais –, et qui a élaboré puis répandu dans le monde entier des valeurs de culture populaire. Le pays des Beatles, de tant d'habitudes sinon alimentaires du moins vestimentaires, la culture d'où sont issus le football, le rugby, le golf et maintes autres pratiques apporteraient sans aucun doute une grande contribution à la machine européenne à «produire des croyances»!

Ils ne sont pas si nombreux les pays européens qui seraient ainsi capables de produire du rêve… On peut penser à l'Italie, en s'interrogeant sur le paradoxe d'un pays d'émigration qui dispose néanmoins d'une capacité fascinante… Est-elle liée à son patrimoine, dans lequel chacun retrouverait ses souvenirs? Et puis la *dolce Italia* n'inquiète généralement pas trop, elle qui se borne à perdre des guerres depuis sa splendeur romaine passée. Même en Afrique noire, l'image de l'Italie est positive : faut-il y voir un clin d'œil reconnaissant au seul pays européen qui ait été militairement battu, par l'Éthiopie? Le fait est que les soldats italiens sont rarement pris au sérieux, jamais au tragique, ce qui du reste leur a valu d'être les seuls à sortir du guêpier libanais dans les années 1980. Un bon signe pour l'aventure irakienne? Sous réserve que l'Italie ne casse pas elle-même son image, comme s'y emploient ceux qui, Ligue du Nord ou Premier ministre, tenteraient de rendre gutturale la langue de Dante.

Mais on remarquera aussi qu'il existe en Euroland un pays correspondant au cahier des charges que nous rédigeons et qu'il convient de suivre si l'on souhaite vraiment être producteur de croyances… Il s'agit bien entendu de la France, le seul pays d'immigration qui pourrait s'apparenter au melting-pot que nous cherchons. Incontestablement, la France fait rêver. On n'ose imaginer que dans l'éventuelle prochaine édition de ce livre, il faille corriger et conjuguer au passé. Faisons – il faut y croire pour être crédible, n'est-ce pas? – comme si 2005 n'allait être qu'une année de recul pour mieux rebondir. La première destination touristique du monde dispose de ce fait d'un argumentaire à faire valoir et, si elle n'était également médaillée d'or aux Jeux olympiques de l'autoflagellation, elle pourrait faire valoir sa capacité à produire des croyances. Qui n'a remarqué, lors de voyages à l'étranger, le nombre de magasins qui portent des noms français, le nombre d'interlocuteurs qui souhaitent parler une langue qu'ils trouvent sensuelle, riche de valeurs culturelles et d'un mode de vie imaginaire, une langue porteuse d'images, sinon d'imageries? Certes, on n'ose évidemment pas le dire devant des interlocuteurs francophiles, ils ont tendance à confondre la France et sa littérature. Mais ce serait alors participer à l'autoflagellation précédemment dénoncée…

Quoi qu'il en soit, l'Histoire de France est, comme celle des États-Unis, et contrairement en cela à celle de tous les autres pays européens, l'histoire des vagues d'immigrations successives qui sont venues tenter de s'intégrer dans le Far West du continent, l'Extrême-Occident de l'Eurasie. Il n'est pas étonnant, dans ces conditions, que la France se soit crue, ait été et se croit encore porteuse de valeurs universelles. L'analogie des deux destins, celui de la France et celui des États-Unis, est telle que leur relation historiquement tumultueuse, à la je-t'aime-moi-non-plus, est d'abord une rivalité de deux pays qui logent dans la même niche marketing, celle où se retrouvent les producteurs de croyances à vocation universaliste.

Et là encore, le rêve se nourrit d'identifications à des destins précédemment immigrés. C'est ainsi que l'équipe de France de football n'est peut-être pas, pour qui vit en Hexagonie, le reflet d'un pays ou blacks, blancs et beurs vivraient en douce harmonie, mais elle suscite, hors de France, des rêves que ne pourront jamais faire naître des équipes non métissées. C'est ainsi que la France qui, pendant quatre décennies, s'est comparée à l'Allemagne, géant économique et nain politique, disposerait d'un atout qui permettrait de faire franchir des pas de géant à l'euro : en contribuant à proposer à l'Europe des valeurs qui feraient naître du rêve. Car on ne le répétera jamais assez : le respect de critères de convergence ou d'un pacte de stabilité ne fera jamais rêver personne.

DREAM TEAM

Peut-on un instant imaginer que la France prenne l'initiative de faire naître des croyances? Nous parlons de ces idées qui peuvent faire naître du rêve, comme jadis la volonté de réconcilier des cousins germains pris dans d'interminables guerres de succession… Une piste peut-être pourrait être explorée. Elle consisterait à proposer de prendre une initiative qui ferait reconnaître à l'Europe ce qu'elle doit aux monothéismes, à tous les monothéismes – le judaïsme, le christianisme et l'islam, pour les citer par ordre d'entrée en scène –, et ce dont elle est redevable également aux Lumières et à l'agnosticisme.

Une Europe qui sait cependant les dangers qu'elle encourt si elle laisse ces intimes convictions faire irruption dans la sphère de la vie publique, les risques qu'il y a à abolir les édits de Nantes, l'ancien, explicite, le nouveau, implicite celui-là, passé avec les Européens d'origine musulmane… Il s'agirait alors de prendre la tête d'une indéfectible lutte – à long terme, à n'en pas douter – pour l'entrée de la Turquie, le retour devrait-on dire, en Europe. La croyance émise serait d'un rayonnement considérable.

Nous avons déjà dit l'impact de cette croyance sur la minorité européenne d'origine musulmane. Elle serait également considérable pour tous les pays turcophones issus de l'Empire ottoman ; par exemple ceux qui ont ressurgi quand l'URSS a été dissoute, pays qui, s'ils n'ont aucune vocation à devenir européens, ne manqueraient pas de se sentir gratifiés par l'adhésion d'un pays dans la mouvance duquel ils se reconnaissent. Tant d'autres musulmans dans le monde seraient interpellés qui ne pourraient plus voir la construction européenne comme inscrite dans la perspective inquiète de la guerre des civilisations, expression néologique qui à dire vrai ne désigne pas toutes les civilisations comme également inquiétantes, mais vise l'une d'entre elles tout spécifiquement. Comment l'Europe peut-elle critiquer l'influence américaine dans le monde, se lamenter de la faiblesse de son propre rayonnement… et ne pas saisir l'opportunité historique que représente la Turquie? Sans aucun doute le passage de la volonté à la réalité serait-il parsemé d'embûches, et rien même ne garantit qu'il serait accompli… Mais l'Europe ferait naître du rêve.

Car seule l'Europe peut proposer une alternative au melting-pot américain, c'est-à-dire à un dispositif, une méthodologie qui tente de faire coexister les descendants des survivants des vieux affrontements, pour éviter la répétition de ces affrontements. Un épisode rarement rapporté montre la voie. Il s'est déroulé au cours de l'année 2002, lorsque deux visiteurs se sont rendus, ensemble, à Ramallah auprès de Yasser Arafat, dans ce qui restait de la Mouqata'a et d'une Autorité palestinienne qui était singulièrement dépourvue des instruments de son autorité. Les deux hommes en question étaient les ministres des Affaires étrangères grec et turc qui, dans une démarche conjointe, étaient venus montrer qu'il n'est point de conflits archaïques qui ne puissent être surmontés. La démarche est, à ce jour, restée vaine, mais elle sera à verser au livre des croyances européennes, livre qui n'est pas encore écrit, il convient de le reconnaître.

L'euro, une nouvelle monnaie, disait-on? Cette perception est aussi dérisoire que la perception de ceux qui confondraient les contrats de mariage et les déclarations d'amour. Concevoir l'euro comme une monnaie reviendrait à confier ses peines de cœur à un notaire. Les monnaies sont décidément des choses trop sérieuses pour être confiées à des économistes. La monnaie européenne est en charge de tant d'enjeux géopolitiques qu'il ne faut surtout pas la confier à des banquiers allemands.

Étrange époque que ce début du troisième millénaire, où la machine européenne à produire les croyances n'a pas encore démarré… et où la machine américaine, son modèle, sa référence qui fonctionnait si bien à la fin du siècle passé, connaît des ratés… Étrange et inquiétante car, s'il n'est pas aisé d'écrire l'Histoire à crédit, elle risque fort d'être payée comptant. Peut-on leur suggérer une référence? On la trouve dans un ouvrage de Cioran, *Syllogismes de l'amertume*, qui date de 1954 mais qui pourrait bien avoir anticipé les enjeux de la période : « *Pourra-t-on méridionaliser les peuples graves? L'avenir de l'Europe est suspendu à cette question. Si les Allemands se remettent à travailler comme naguère, l'Occident est perdu. De même si les Russes ne retrouvent pas leur vieil amour de la paresse. Il faudrait développer chez les uns et les autres le goût du farniente, de l'apathie et de la sieste, leur faire miroiter les délices de l'avachissement et de la versatilité… À moins de nous résigner aux solutions que la Prusse, ou la Sibérie, infligerait à notre dilettantisme.»* Cioran écrit encore : *«Pour corriger leurs mérites, pour remédier à leur profondeur, il faut les convertir au Midi et leur inoculer le virus de la farce. Si Napoléon avait occupé l'Allemagne avec des Marseillais, la face du monde eût été tout autre.»*

Mais au terme de ce long chapitre, on aurait fini par l'oublier : l'Europe n'est pas seule au monde… Le voyage trans-Europe que nous venons d'accomplir encourt le reproche de l'eurocentrisme.

Tous les arguments que nous venons d'analyser et qui plaident pour une «inclusion» des anciens pays de l'Est partaient de cette idée : les raisons que l'on pouvait avoir de les exclure au temps de la Guerre Froide ne sont plus pertinentes, sont même devenues impertinentes. Mais comment avons-nous pu omettre qu'il existe bien d'autres motifs qui vont pousser dans la même direction et qui feront peut-être les euro-sceptiques et les euro-détracteurs…? Quelques regards dans le vaste monde, hors de l'Europe, hors de l'Histoire immédiate en train de s'écrire, feront le plus grand bien. Fuyons l'eurocentrisme et la pression d'un présent tourmenté par des souvenirs résurgents…

7

NIETZSCHE EST MORT, MARX EST MORT... ET L'HISTOIRE NE SE SENT PAS TRÈS BIEN

Malaises dans la civilisation

Qu'on veuille bien accepter, une nouvelle fois, de tenter l'expérience d'une futurologie avec effet rétroactif... La scène se déroulerait au lendemain d'une guerre qu'on qualifierait de froide pour n'avoir été chaude que chez les supplétifs, les pays du Sud. On serait dans ce grand soulagement, stupéfait de la voir s'achever sans vitrification généralisée, dans l'effondrement, tant fantasmé mais pas vraiment imaginé, d'un adversaire épuisé. Le XXe siècle aura finalement duré moins de quatre-vingts années, ce qui fait une moyenne honorable avec l'interminable XIXe. Mais de juillet 1914 à décembre 1991, de l'embrasement de l'Europe à la dissolution de l'URSS, on admettra qu'aux siècles meurtriers, le bilan n'attend pas le nombre des années. On se demanderait alors quel avenir nous réserve le XXIe siècle qui s'amorce.

Réflexe habituel chez les survivants, ils sont légitimement fondés à croire que la guerre dont ils sortent sera l'ultime. En 1918, déjà, ils avaient mordu à l'hameçon de la der des ders : impossible de concevoir que la mémoire de la récente boucherie ne puisse constituer un rempart suffisant contre le risque de sa répétition. La version revisitée de cette illusion s'est appelée, à la fin de la Guerre Froide, la fin de l'Histoire. Le capitalisme démocratique a remporté la finale des guerres mondiales, il ne saurait donc plus avoir d'adversaire ; l'Histoire ne pouvait que s'achever, faute de combattant. Sans doute l'année 1991 marqua-t-elle l'apogée de l'illusion et le premier coup de canif dans le rêve éveillé. Car cette année commença dans la jubilation non encore éteinte de 1989 : nous parlons de Berlin et des Champs-Élysées, non pas de Tian An Men qui, au bilan de l'année, fut passé par pertes au milieu d'abondants profits. Mais on connut en août 1990 un premier spasme, avec l'invasion du Koweït. Aussitôt, un Bouclier du Désert suivi d'une

Tempête du même nom, au début de 1991, ont permis de croire qu'il ne s'agissait que d'une fausse alerte… Le concept de fin de l'Histoire allait pouvoir continuer à se vendre…

C'est aussi dans ce contexte qu'il faut sans doute inscrire la montée de nouvelles interrogations, la recherche de nouvelles croyances. Le capitalisme est-il moral ? a-t-on commencé à se demander. Les philosophes ont été sollicités et André Comte-Sponville n'a pas manqué de constater combien fébrile était, chez ses interlocuteurs chefs d'entreprise, l'attente de la réponse. Une chape de plomb s'abat sur l'auditoire lorsqu'il commence par répondre négativement. *N'avons-nous donc vécu que pour cette infamie ?* Des mètres cubes d'inquiétude sont évacués lorsqu'une réponse complémentaire vaut rachat : le capitalisme n'est pas non plus immoral… puisque l'orbite sur lequel il accomplit son parcours ne saurait croiser l'autre, celle des valeurs éthiques. Mais l'interrogation elle-même, qui conduit à solliciter le philosophe, est le reflet de l'époque dont nous traitons. Jusqu'à la fin de la Guerre Froide, le temps qu'elle a duré, le capitalisme n'avait pas à s'interroger sur sa légitimité : les turpitudes de son adversaire suffisaient, à elles seules, à le légitimer.

Nous voici donc privés du repoussoir que nous adorions détester : plus on regardait ses vices, plus on se narcissisait de nos vertus relatives. Dès lors, une autre interrogation commencerait presque à monter : fallait-il gagner cette Guerre Froide ? Mais la question est sans objet puisque l'alternative était de la gagner ou de la perdre… Question suivante ? Que faire de la paix ? N'y pas croire ! Puisque, dès cette époque, il était possible, et pour certains il fut effectivement possible, de tordre le cou à ceux qui rêvaient de confondre la disparition d'un adversaire et la fin de l'adversité. Cette confusion s'apparente à celle de qui déclarerait, lorsque sa montre se brise, que le temps s'est arrêté. Pourtant, un enfant qui connaîtrait le sens des mots, aidé d'un autre qui disposerait d'un minimum de mémoire historique, aurait lui-même pu dessiller des yeux qui ne voulaient pas voir, prenaient leur désir de paix pour une réalité.

La Guerre Froide fut une guerre, certes, mais ce fut aussi un après-guerre. Or les mots l'enseignent… et l'Histoire le confirme, tous les après-guerres se révèlent un jour n'avoir été que des entre-deux-guerres. Foin d'illusions, nous nous dirigions immanquablement vers les guerres d'après.

LA FIN DE L'HISTOIRE N'A PAS EU LIEU

Bien évidemment, objectera-t-on, l'exercice qui consiste à écrire le futur *a posteriori* est facile. Comme des prévisions météorologiques du lendemain qui seraient publiées le surlendemain. Ce n'est assurément pas à cette tentation que nous voulons céder! Nous souhaitons juste tenter de montrer que le recours aux grilles de lecture que nous testons depuis le début de cet ouvrage, l'Histoire et la Géographie, pouvait, dès le milieu des années 1980, éclairer la suite, c'est-à-dire notre passé récent, notre présent aussi… mais également notre avenir. Point n'est besoin de disposer d'une culture historique encyclopédique pour voir venir la nature des guerres auxquelles le monde nouveau va devoir faire face. Guerres à venir qui, du reste, vont plaider pour l'inclusion du maximum des anciens adversaires de l'Est, encore mieux que nos arguments du précédent chapitre!

Tentons l'exercice. Il suffit de faire l'effort de se souvenir des précédentes… guerres d'après. En l'occurrence, celles du XXe siècle, dont il faut reconnaître qu'il constitue un véritable mémorial de ces guerres qui – Pierre Dac ne démentirait pas – ont fait suite à celles qui les précédaient! Nous avons là un authentique vivier de «guerres d'après» dont on peut tenter de trier la multitude au travers d'une typologie, presque une morphologie. En se demandant si l'espèce de chacune d'entre elles pourrait se reproduire dans l'après-Guerre Froide.

LE JEU DES TROIS FAMILLES MARTIALES

Je suggère que le dernier siècle qui commence en 1914 fut ponctué de trois principales familles de «guerres d'après»… en ne doutant pas que d'authentiques polémologues souligneraient le besoin scientifique d'argumenter avec plus de subtilité.

Il y eut, pour commencer… la tentative de revanche de la guerre précédente! Parfois même la belle. Nous en vécûmes quelques-uns, de ces affrontements entre les mêmes belligérants, dont l'un, vaincu, ne supportant pas sa défaite, entreprit – certes l'Histoire ne repasse pas les plats – de servir la même recette. Cette hypothèse, le *bis repetita*, est-elle réaliste? Il s'agirait alors d'imaginer une tentative de revanche de la Guerre Froide de la part de ceux qui viennent de la perdre. Hypothèse invraisemblable puisque, à partir de 1991, l'URSS est dissoute. On ne peut imaginer sa reconstitution, tant de morceaux du puzzle ayant pris leur envolée indépendante.

Sans doute certains, en Russie, ont-ils une conception extensive de ce qu'ils appellent l'«étranger proche», sur lequel ils tentent de rétablir une protection tutélaire bien étouffante, mais pas au point de rêver pouvoir reconstituer une Union qui a bel et bien vécu. Peut-être une rivalité réapparaîtra-t-elle entre les États-Unis vainqueurs et la principale composante de la coalition vaincue, la Russie, comme avant la Guerre Froide d'ailleurs – une querelle de voisinage pour qui regarde à partir du pôle Nord. Mais bien qu'arctique, un tel conflit ne saurait être considéré comme un retour de la Guerre Froide. Tout au plus pourra-t-on rencontrer quelques interminables poches de résistance, en Corée du Nord, à Cuba, mais il s'agira davantage de barouds d'honneurs de la part de nostalgiques de la guerre de Quarante Ans que d'une tentative de prendre revanche de son résultat. On peut bien, à Pyongyang, vouloir jouer les prolongations de l'équilibre de la terreur nucléaire, sous la forme parodique d'un chantage, mais ce «retenez-moi ou je fais un malheur!» n'est pas pour autant une tentative de reprendre de la Guerre Froide elle-même. Fidel Castro et son entourage, pour leur part, peuvent bien tenter de prolonger un régime, Cuba se transformera en réserve, Petitbonum caraïbe, mais la Guerre Froide ne reprendra pas du service pour autant. Les derniers des Mohicans ne réécriront pas la même Histoire.

Non, de quelque manière que soit abordée la question, on peut classer sans suite la première catégorie des «post-guerres», il n'existera pas de «revanchards» de la Guerre Froide, pour reprendre l'expression que les Soviétiques employaient lorsqu'ils redoutaient, ou feignaient de redouter, que la République fédérale, certainement pas la RDA, ne soit un embryon de quatrième Reich. La Guerre Froide fut seule et unique de son espèce, on ne projettera jamais «Staline, le retour».

DANS LA FAMILLE «GUERRES D'APRÈS», JE VOUDRAIS...

On devrait souligner la grande richesse d'un XXe siècle qui nous offrit tant de «guerres d'après» d'un deuxième type : celles qui se produisirent lorsque volèrent en éclats, dans une grande violence belliqueuse, des conglomérats plurinationaux qu'on pouvait croire homogènes, solides et durables... jusqu'à ce qu'une guerre les révèle purement conjoncturels. C'est sans conteste dans cette catégorie qu'il faut ranger les violences qui éclatèrent avec la dissolution de l'Empire austro-hongrois défait en 1918. C'est de la même famille que ressortent également les innombrables conflits qui firent suite à la défaite de l'Empire ottoman. Certains mirent du temps, du sang et des larmes à se résoudre. D'autres perdurent encore : tournons le regard vers la Palestine et l'Irak, où l'on voit bien que la défaite ottomane de 1918 n'a pas encore fini, c'est une évidence, de porter à conséquences belliqueuses.

Il conviendrait aussi de considérer que sont d'une nature identique les guerres coloniales, ces guerres d'indépendance qui permettent d'affirmer cette règle : il n'est point d'Empire qui survive à sa défaite. Plus généralement, aucun conglomérat plurinational que des circonstances historiques ont constitué ne survit durablement à une guerre perdue, dont le moins que l'on puisse dire est qu'elle représente pour lui un changement de paradigme déstabilisateur. Et cette deuxième famille pourrait bien se révéler, pour la période actuelle, plus féconde que la première… Car des conglomérats qui auraient traversé la Guerre Froide, voire qui seraient nés dans son contexte, pour y faire face peut-être, il en existe de très nombreux. Et il n'était pas besoin d'être grand clerc pour deviner qu'ils n'allaient pas pouvoir survivre éternellement à une rupture de leur biosphère géopolitique. Certes, qui pouvait deviner la date de l'éclatement, la forme qu'il allait revêtir, aurait été un véritable devin. Mais le caractère inévitable du processus pouvait être affirmé ! Si surprise il devait y avoir, elle aurait alors porté sur les modalités des éclatements, certainement pas sur leurs principes. *In historia veritas.*

IMPLOSIONS ET EXPLOSIONS

La première illustration, il faudrait dire la première variante de ces déstabilisations violentes, nous l'avons rencontrée précédemment, en définissant la Yougoslavie comme un patchwork de peuples que des circonstances avaient agrégés et que les circonstances modifiées allaient désagréger… Ceux qui se croyaient encore yougoslaves, et pour toujours ! tellement ils jugeaient inconcevable le retour des vieilles haines, racontaient avec ironie que le testament de Tito commençait par cette phrase : « Si je meurs un jour… » Sans doute savaient-ils donc, dans un inconscient qui affleurait sous un mot d'esprit, la précarité de leur construction étatique, un pays du facteur Cheval dont ils s'imaginaient citoyens éternels. Mais, on l'a vu, la mort de Tito ne fut que lézarde, fissure avant-coureur amorçant une désintégration qui ne s'accomplit totalement qu'avec la disparition de l'URSS, dont le rejet commun par tous les peuples yougoslaves fut finalement le principal ciment unificateur.

Mais on pourrait trouver de très nombreuses autres déclinaisons du même phénomène. Qui pouvait être surpris de découvrir que la défaite de l'Empire russe se soit accomplie dans la violence? Certes, personne ne pouvait décrire avec précision les lieux où elle éclaterait, encore que l'analyste géopolitique Gérard Chaliand s'y soit hasardé avec des intuitions dont la justesse tenait davantage à une immense culture qu'à un talent visionnaire – auquel, du reste, il ne prétend aucunement. Quiconque aurait eu, prenons ce premier exemple, le souvenir du 8 mai 1945, aurait dû être en éveil. Nous faisons allusion à cette journée, la commémoration de la reddition allemande, que la mythologie hexagonale a reconstituée en Victoire française. Certes, des héros marginaux ont bien sauvé l'honneur du pays et on a déjà dit ce qu'on leur devait d'admiration et de reconnaissance. Mais l'Histoire, elle, ne s'est pas méprise. La France était un pays battu… et son Empire, dont une partie de la population figurait d'ailleurs, bon gré mal gré, parmi les héros marginaux, allait aussitôt commencer à se désagréger : le 8 mai 1945 éclatait à Sétif une révolte algérienne dont la répression n'allait pas arrêter la marche inexorable qui, d'Haiphong à Diên Biên Phu, de Genève en 1954 à Évian en 1962, allait voir l'agrégat que constituait l'Empire français se désagréger, au prix de guerres coloniales, des guerres d'après la Seconde Guerre mondiale.

À l'identique, une tentative de coup d'État à Moscou en août 2001 portait en germe la dissolution, à Minsk en décembre, de l'URSS. Gorbatchev ne pouvait alors que démissionner, en décembre, de ses impossibles responsabilités à la tête d'une entité qui n'existait déjà plus depuis plusieurs mois… Et l'éclatement de l'Empire de poursuivre le compte à rebours amorcé par la défaite, avec (relativement) peu de casse dans les pays baltes, avec toute la violence des guerres d'indépendance nationales dans le Caucase. Si le martyre de Grozny ne pouvait être annoncé, si les prises d'otages sanglantes ne pouvaient être soupçonnées, les guerres du Caucase – des «guerres d'après», elles – étaient en germe dans la défaite de l'URSS.

Veut-on d'autres exemples? On peut alors en suggérer deux, l'un en Afrique, l'autre en Asie, avant de nous attarder davantage sur un troisième, à mi-chemin géographique. Le Zaïre, d'abord, fut une Yougoslavie d'Afrique centrale. Un conglomérat composite né d'une conjoncture, maintenu agrégé par elle… et par la poigne de celui qui réprimait les forces centrifuges. Mobutu maintenait ainsi non seulement la stabilité d'un patchwork, mais aussi, puisque le Zaïre partageait des frontières avec une dizaine d'autres pays, celle d'une région tout entière. Son contrat personnel était une vacation, le temps de la Guerre Froide, qui avait besoin que l'ordre règne en Afrique centrale. On ne pouvait pas être surpris que le général-président, coiffé d'une peau de bête et qui se payait sur elle, puisse être expulsé avec l'achèvement de la Guerre Froide. Un intermittent du spectacle historique est sollicité tant que dure la représentation. Il en est résulté, inévitablement, l'explosion du pays et de la région qu'il stabilisait, au travers de ce que les Africains appellent eux-mêmes la première «guerre mondiale» africaine. Mais aussi, au sein des pays belligérants impliqués, les affrontements ethniques, qui avaient été maintenus sous contrôle quelques décennies durant, se sont déchaînés, au Rwanda notamment. Les guerres de l'après-Guerre Froide ou le retour du refoulé.

Pour sa part, l'archipel indonésien, myriade composite là encore, fut lui aussi maintenu congloméré pendant la Guerre Froide. Et notamment après que sa Guerre Froide intérieure fut écrasée dans la répression de masse par Suharto, éliminant Soekarno et des centaines de milliers de communistes indonésiens. Mais l'ordre a régné sur le pays, pour reprendre une formule qui eut son heure de honte dans la Varsovie soumise aux nazis. La paix intérieure était clairement une conséquence de l'existence de la Guerre Froide extérieure. On peut imaginer que Suharto, en 1991, à l'écoute de radio Moscou, ait pu percevoir que les temps allaient tôt ou tard changer pour lui. Son rôle historique que la Guerre Froide «légitimait», sinon sur un plan moral du moins sur un plan géopolitique, était terminé. Sa mission ne s'inscrivait finalement, comme tant d'autres, que dans le cadre d'un contrat à durée déterminée qui allait s'achever sans préavis. Et le pays que sa férule anticommuniste maintenait stable allait être traversé de soubresauts… dont la sécession du Timor, les multiples mouvements centrifuges, Aceh, les pogroms antichinois, les innombrables conflits ethniques et religieux ne sont que les sanglantes concrétisations.

Dans ce florilège, simplement listé, de bombes à fragmentations qui éclatent, il apparaît nécessaire de réserver un traitement plus approfondi à l'une d'elles en particulier, d'autant qu'elle fait l'objet d'une médiatisation considérable, mettant en avant des spécificités qui finissent par occulter les points communs qu'elle partage avec les autres implosions que nous venons d'évoquer.

LES GUERRES DE MÉSOPOTAMIE

La première guerre de Mésopotamie, à savoir la guerre du Golfe de 1990-1991, ne fut pas pour rien, on l'a vu, dans le processus de décilage des yeux de ceux qui voulaient croire à la fin de l'Histoire. On se rappelle l'invasion du Koweït en août 1990, l'opération Bouclier du désert aussitôt déclenchée pour protéger l'Arabie saoudite, puis la Tempête du désert lancée, elle, en janvier 1991, pour expulser l'envahisseur, le repousser entre Tigre et Euphrate... et finalement le laisser en place, au grand dam des chiites irakiens qui avaient cru venue l'heure de l'affranchissement. La seconde guerre, commencée en mars 2003, s'inscrirait alors comme un prolongement, une tentative du fils pour terminer le travail interrompu, mais pourquoi donc, alors? douze ans plus tôt par le père. Souvent, le plus souvent même, on entend également dire que l'une comme l'autre guerre auraient une forte odeur de pétrole, son contrôle expliquerait à lui seul les interventions.

Parmi les autres explications qui ont couramment pignon sur opinion publique, on dit encore de la première guerre d'Irak qu'elle avait été légitimée par la nécessité de faire respecter les frontières d'un pays membre des Nations unies... Tandis que la seconde aurait été rendue indispensable par les carences des mêmes Nations unies quant à l'élimination des armes de destruction massive, quitte, pour ce faire, à s'affranchir des règles et usages en vigueur dans l'Organisation internationale. Contournée avec désinvolture par ceux qui la fétichisaient treize ans plus tôt, l'ONU serait ainsi passée, pour les États-Unis, du Capitole – nous parlons du romain – à la Roche tarpéienne... Le désamour étant justifié par l'irruption d'une éventuelle collusion avec le terrorisme, puisque faute de pouvoir identifier un nouvel adversaire, on décide de le nommer par les méthodes qu'il utilise...

Toutes ces explications ont leur place, leur part de vérité, mais laissent insatisfait. N'a-t-on pas le sentiment d'être confronté à d'innombrables contradictions, dans un indéchiffrable jeu de miroirs entre les prétextes et les vraies raisons, les apparences du discours et les réalités des faits? Tentons un déchiffrage... Il est rendu d'autant plus indispensable que passé, présent et futur semblent se donner ici un nouveau rendez-vous. La chronologie servira de guide...

LE DÉSERT ET SES MIRAGES

Je n'ai jamais cru que le Koweït ait, à lui seul, justifié le premier conflit. A-t-on vu, depuis, qu'une opération militaire ait été montée pour défendre les frontières violées d'un autre pays membre des Nations unies, suivant ce sacro-saint principe qui aurait rassemblé, en quelques semaines d'août 1990, une coalition plurinationale? On pourrait même plutôt dresser une liste de pays qui, membres de ladite coalition, avaient eux-mêmes foulé aux pieds le vertueux principe qui légitimait l'intervention, et ont continué à le faire, la Syrie n'étant ni le dernier ni le seul. Si les frontières des pays membres des Nations unies étaient un héritage, comme l'ONU elle-même, de la Seconde Guerre mondiale, il en est tant qui ne lui ont pas survécu, même en Europe, et que l'on n'a pas cherché à défendre…

Et puis la menace d'intervention irakienne au Koweït n'est pas apparue un beau matin d'août, elle était connue depuis plusieurs semaines! Sans même avoir accès à des informations classées, n'importe quel lecteur du *Monde* savait en juillet 1990 que quelques centaines de milliers de soldats irakiens, et leur matériel, étaient massés à la frontière de l'Émirat, et l'on ne sache pas qu'ils aient pu être dissimulés, dans cette région, en cette saison, par la végétation ou la nébulosité. Les intentions de Saddam n'étaient pas davantage rendues opaques par l'hypocrisie de ses discours, puisque le projet de récupération de la province perdue était explicite. On détectera enfin que l'Ambassadeur des États-Unis à Bagdad, ainsi qu'un sous-secrétaire du Département d'État américain, responsable du Proche-Orient, connaissaient les projets de Bagdad, eux qui déclaraient encore à la fin du mois de juillet que leur pays n'était pas lié par un traité d'assistance mutuelle avec le Koweït… Cachez ce projet d'invasion que je ne saurais voir… Comme en termes diplomatiques ces choses-là ont été dites… Tout donne à penser que l'invasion du Koweït a été acceptée, qu'elle a servi de prétexte pour justifier une guerre dont on ne savait pas comment la légitimer, prétexte acceptable par les «opinions publiques», aux États-Unis, en Europe et dans les pays arabes également membres de la future coalition anti-Saddam.

La guerre de 1990-1991 avait un tout autre objectif que ce qui était avancé à l'époque, la suite de l'Histoire l'a montré. Car l'objectif premier de l'affrontement qui se préparait se trouvait ailleurs, loin de ce que les projecteurs éclairaient : il s'agissait de tenter de casser, pendant qu'il en était peut-être encore temps, les efforts du régime irakien pour accéder à des armes de destruction massive. Les États-Unis, de nombreux autres pays occidentaux, mais Israël également, avaient acquis la conviction que le processus était largement engagé, accéléré sinon accompli, et devenait incontrôlable, notamment depuis que l'URSS, jadis puissance tutélaire de l'Irak, n'était plus, et pour cause, en situation d'exercer sa tutelle.

Imagine-t-on alors que ces véritables motifs aient été présentés aux Occidentaux qui venaient à peine de faire tomber Mur et Rideau et jubilaient de croire en l'avenir de la paix éternelle? Il est permis de douter qu'ils aient accepté de se mobiliser psychologiquement pour un affrontement impliquant le risque que l'intervention en Irak ne soit d'ailleurs trop tardive… et qu'il faille notamment recourir à des armes de destruction massive pour détruire celles qui venaient peut-être de proliférer. Jubilantes et soulagées d'être sorties indemnes de la Guerre Froide, de l'avoir gagnée sans avoir eu à tirer un coup de feu en Europe, les «opinions publiques» n'étaient à l'évidence pas disponibles pour de nouvelles et mortelles aventures. Le prétexte de l'invasion du Koweït, avec sa légitimité juridique incontestable, était beaucoup plus facile à «vendre».

Au demeurant, Saddam Hussein est lui-même tombé dans le piège de croire que lui tendaient les États-Unis, lui qui a sans doute réellement cru le feu vert de ses interlocuteurs américains : que le Koweït allait lui être abandonné, restitué, ne serait-ce que pour le remercier d'avoir tant sacrifié, et fait sacrifier, pour tenter d'enrayer depuis dix ans le fondamentalisme iranien… Sa première erreur fut de ne pas voir qu'il s'agissait d'un prétexte. Lorsqu'il l'a compris, sa seconde erreur fut de ne pas se retirer instantanément du Koweït, privant ainsi d'arguments les adversaires de son programme d'armements. La suite de l'Histoire a validé cette hypothèse, que je formulais déjà à l'automne 1990[1].

Le Koweït retrouva les apparences de l'indépendance; l'armée irakienne fut battue mais non détruite; les Kurdes, dont le martyre avait témoigné de la réalité des armes de destruction massive (ADM) irakiennes, se virent octroyer un sanctuaire, et la chasse aux ADM commença aussitôt sous l'égide de l'ONU, ce qui vaut bien un aveu tardif des motifs de l'intervention. La recherche donna même des résultats tels que la mission des Nations unies qui en avait la charge eut le sentiment d'avoir accompli son contrat. Tandis que Bagdad fut épargnée, et

---

1. Dans un article publié dans la rubrique «Rebonds» de *Libération*, le 18 octobre 1990.

que Saddam et son régime furent maintenus en place. Pusillanimité de vainqueurs qui auraient eux-mêmes retenu leur glaive? Et qui, bravaches ou emplis de regrets d'avoir confondu la route de Bagdad et le chemin de Damas, se convertiraient et reprendraient, douze ans plus tard, l'ouvrage là où ils l'avaient laissé?

LES DIRIGEANTS AMÉRICAINS CROIENT-ILS À LEURS MENSONGES?

On sait bien désormais qu'il n'y avait plus, dans l'Irak de 2003, d'armes de destruction massive; Hans Blix et ses inspecteurs avaient bien fait leur travail. Il est alors difficile d'imaginer que les principaux responsables américains et leurs homologues britanniques, compte tenu des informations dont ils disposaient, aient sincèrement cru en leur existence… (Il est d'ailleurs encore plus incompréhensible qu'il n'aient pas fabriqué *a posteriori* les preuves qu'ils savaient ne pas pouvoir trouver… L'Irakgate n'aura donc pas lieu.) Il s'agissait de nouveau d'un prétexte destiné à tenter de légitimer une deuxième intervention.

Commençons, tout d'abord, par nous attacher à l'étrange paradoxe qui veut que les vraies raisons de la première guerre d'Irak, trop lourdes d'angoisses pour être énoncées au grand jour à des opinions publiques fragiles, soient devenues les motifs avancés pour justifier la seconde, sans plus craindre la fragilité des destinataires du message. Les temps ont bien changé : ce qui aurait paniqué les foules en 1990 semble tout justifier treize ans plus tard. Voilà qui en dit long sur l'évolution de la relation que les Occidentaux entretiennent à la guerre, plus généralement à la violence.

Ceux qui voulaient tant croire à la paix, redoutaient tant la mort au début des années 1990, sont devenus tellement terrorisables qu'ils sont à présent mûrs pour accepter toute action préventive. L'*homo occidentalus* – est-il plus *sapiens* pour autant? –, qui n'aurait pas accepté la violence face à un dictateur surarmé, est dorénavant prêt à faire usage de la force publique pour mettre hors d'état de le terroriser n'importe quel bagagiste de Roissy dont on dit qu'on l'aurait vu ranger des armes dans le coffre de sa voiture… Le 11-Septembre est passé par là, qui a réveillé brutalement les hibernés pour les plonger dans l'hystérie, voire la paranoïa. Mais le « 11 septembre » n'est sans doute que l'une de ces dates de retrouvailles des Occidentaux avec la mort. La guerre de Yougoslavie, la réapparition des épidémies ont scellé le retour de la Camarde. Lorsque viendra l'heure d'écrire l'Histoire de la relation que les Occidentaux entretiennent avec la mort collective, il faudra se souvenir des guerres d'Irak, qui ne sont pas sans rappeler la mue qui avait pu transformer jadis des Munichois honteux en féroces soldats...

Il faut toutefois poursuivre le raisonnement et rejoindre le temps présent... Car les enjeux de la seconde guerre d'Irak se lisent d'autant mieux qu'on les inscrit dans le prolongement de la première. Autant l'avouer, j'ai fait partie de l'infime minorité de ceux qui ont pensé, des mois durant, que cette guerre ne se produirait pas... conviction démentie le 19 mars 2003... Voilà qui devrait conduire à un profil humble. Je demeure néanmoins, aujourd'hui encore, perplexe, voire sceptique face aux analyses qui suggèrent que ce conflit aurait été prémédité de longue date, dès l'arrivée au pouvoir de la nouvelle administration républicaine, en janvier 2001, peut-être même auparavant. Au risque, là encore, d'être démenti par de nouvelles révélations? Qui démontreraient que le junior voulait accomplir, achever le projet du senior – parlera-t-on d'un acte de piété filiale... ou de l'irruption d'Œdipe dans un bureau ovale qui en a connu d'autres?

PUISQUE LES POISSONS POURRISSENT PAR LA TÊTE...

Je voudrais suggérer une autre hypothèse. Dont le point de départ sera tout d'abord le constat de la faiblesse des effectifs que l'armée américaine avait déployés autour de l'Irak avant de déclencher le soi-disant conflit prémédité. Une large part de l'état-major américain exprimait lui-même à haute voix que les quelque cent cinquante mille hommes étaient tout à fait insuffisants pour faire face aux conséquences prévisibles d'une guerre, c'est-à-dire une occupation et une administration de l'Irak. Ils évaluaient à environ cinq cent mille les effectifs requis dans cette perspective, c'est-à-dire comparables à ceux qui avaient été mobilisés en 1990-1991. Ces déclarations n'étaient aucunement confidentielles et les journaux de l'automne 2002 et du premier trimestre 2003 les ont longuement rapportées.

Comment comprendre dès lors que, malgré cette mise en garde, l'offensive ait été lancée? Certes, on peut avancer que l'Administration états-unienne n'a jamais été homogène, pas davantage à cette époque, et qu'un rapport de forces s'est institué en faveur des faucons civils du Pentagone. Ceux-ci ont obtenu, à l'appui de leurs thèses belliqueuses, l'arbitrage d'un président passant outre les objections de ses militaires.

Mais on peut aussi suggérer que les États-Unis n'avaient pas l'intention d'aller au conflit… et que celui-ci leur a en quelque sorte «échappé». Tout donne à penser que l'Administration américaine voulait, de longue date et sans l'ombre d'un doute, se débarrasser de Saddam Hussein. Mais sans pour autant faire la guerre et encore moins occuper le pays. Et cela pour des raisons qui marquent une continuité avec l'attitude de 1991. Le raïs irakien avait été maintenu au pouvoir pour assurer la stabilité de l'Irak dans la répression de ses forces centrifuges.

Or il apparaissait, années après années, que la manière dont il exerçait son pouvoir, la violence incontrôlable qu'il manifestait, y compris avec son entourage familial, les compromissions outrancières et les détournements qui accompagnaient son leadership, constituaient une menace pour la pérennité de sa mission. Le risque devenait considérable que les «modalités managériales» de son leadership ne provoquent des révoltes qui finissent par le balayer, au risque de déstabiliser l'Irak. On hasardera ici que le risque était celui d'un comportement à la Mobutu : ce dernier, on l'a vu, se crispant trop longtemps au pouvoir, l'exerçant d'une façon si choquante, a provoqué le rejet, la déstabilisation de son pays et de toute la région dont le Zaïre était le pivot.

Il s'agit donc, en Irak, du retour d'un phénomène également observé en Indonésie… et qui caractérise la deuxième famille des «guerres d'après» que nous analysons. Il convient de remettre en mémoire que l'Irak a été conçu, «un dimanche après-midi de folie» – disait Churchill –, comme un État tampon dont la vocation première était de faire coexister sunnites et chiites, arabes et kurdes, pour ne citer que les quatre principales appartenances qui se chevauchent et qui ne demandent qu'à en découdre dans la région. À la croisée des plaques tectoniques culturelles et religieuses, l'Irak a été conçue comme un arc-boutant entre des forces antagonistes. Pour filer la métaphore, Saddam a été, dans ces conditions, maintenu au pouvoir dans un rôle de clé de voûte. On imagine aisément, si celle-ci venait à être retirée, ce qu'il adviendrait de la construction.

Devant les risques d'une «mobutisation» de Saddam, les États-Unis ont alors tout tenté, et bien avant 2003, pour tenter de remplacer la clé de voûte devenue dangereuse afin de sauver l'arc-boutant. L'idéal aurait été qu'un Hussein Saddam prenne le relais dans le rôle de stabilisateur. Quelqu'un qui aurait été issu de l'ancien régime, disposant ainsi des instruments répressifs et de la caution des hiérarques, un Gorbatchev irakien en quelque sorte. Un homme qui n'aurait été ni sunnite, ni chiite ni kurde et aurait donc été plus ou moins acceptable par tous.

N'importe quel chasseur de tête aurait évidemment pensé à Tarek Aziz… Et la principale zone d'ombre demeure la raison pour laquelle il n'a pas été candidat à un poste dont il était le portrait-robot. Loyauté? On ne peut l'exclure. Crainte? On peut la comprendre. Fatigue ou maladie? L'histoire répondra peut-être. Mais faute de Tarek, n'importe quel clone de Saddam Hussein, un Hussein Saddam disions-nous, un officier supérieur survivant des purges, aurait fait l'affaire… Tout a donc été tenté pour déclencher le coup d'État qui aurait maintenu l'Irak stable sans devoir faire la guerre. Les tentatives pour «acheter» les clones ont à l'évidence échoué. Les opérations des services spéciaux, pour éliminer l'original et ses éventuels sosies, n'ont pas réussi davantage. Et l'envoi de cent cinquante mille soldats en périphérie de l'Irak s'est inscrit dans cette perspective : rassurer, contre-garantir les putschistes éventuels. Si leur tentative devait se heurter à des résistances, les troupes américaines arriveraient à la rescousse. Ces troupes n'avaient pas pour vocation de faire la guerre… mais de l'éviter. Le vieux principe *Si vis pacem, para bellum* revisité.

J'ai fait partie de ceux, nous étions nombreux, qui se sont insurgés pendant la Guerre Froide devant le coût des dépenses militaires auxquelles elle donnait lieu. Ma naïveté m'empêchait de voir que le but de ces dépenses était d'être ruineuses… pour l'adversaire. Que cette naïveté passée, et sans doute prescrite, serve de leçon : il ne fallait pas davantage s'étonner du tapage militaire mené par les États-Unis autour de l'Irak; c'était là sa finalité même, le tapage avait pour but de faire du bruit! Un défilé militaire est impressionnant puisque c'est sa vocation. Mais malgré les bruits de bottes et les roulements de Hummer, rien n'y faisait… Des tentatives extrêmes ont alors eu lieu, dans la nuit du 18 au 19 mars 2003, pour éliminer physiquement Saddam, mais les énormes bombes lancées sur ses abris identifiés ont également échoué. Les troupes américaines sont donc entrées dans le pays dans l'espoir de déclencher une mutinerie. On se souvient même que les premiers jours, elles ont soigneusement contourné les villes, c'est-à-dire évité de faire la guerre. Mais rien n'est venu, ni putsch ni mutinerie… et les troupes américaines se sont retrouvées à Bagdad sans finalement l'avoir voulu, comme un défilé qui aurait mal tourné, une immense bavure.

On remarquera ici un clin d'œil de l'histoire : ceux qui avaient tendu, en 1990, le piège de l'invasion du Koweït… sont tombés dans le piège de l'invasion de l'Irak en 2003. Celle-ci n'a pas été l'objectif des manœuvres militaires des mois antérieurs, mais ce que lesdites gesticulations avaient précisément pour but d'éviter.

TRAGIQUES BAVURES

Peut-on oser un parallèle? Chacun sait, pour y avoir été confronté peut-être, que certaines tentatives de suicide ne sont pas l'expression d'une envie de mourir mais des appels au secours. Mais on sait également que certaines de ces tentatives échouent… lorsque ceux qui les commettent ne se ratent pas… De la même manière, la guerre déclenchée en 2003 n'apparaît plus comme l'aboutissement d'une stratégie belliqueuse longuement préméditée, mais comme un double échec. Celui d'une stratégie qui avait pour but d'éviter la guerre. Tout d'abord. Et ensuite, immédiatement après, celui d'une stratégie qui avait pour but d'éviter l'implosion de l'Irak. Voilà qui pourrait peut-être aider à comprendre, sinon à excuser, l'impréparation des troupes américaines, dont l'évidence a éclaté depuis 2003… Des soldats, et des soldates, préparés pour un défilé, ne présentaient pas le professionnalisme qu'allait requérir un conflit, une guerre d'occupation en environnement hostile de surcroît, ce qui n'est aucunement dans la tradition des affrontements auxquels a été historiquement exposée l'armée américaine. Les puissances coloniales, dont les armées ont exercé des fonctions policières, notamment en milieu urbain, disposent ici d'une expertise qui ne s'improvise pas. Sans doute faut-il y voir une des raisons du moindre fiasco enregistré par l'armée britannique dans la zone géographique dont elle avait la charge.

Ainsi va se dissoudre, dans une violence déchaînée, un des derniers agrégats plurinationaux ou pluriethniques que la Guerre Froide avait maintenu assemblé. La balkanisation, la libanisation, la zaïrisation, l'irakisation n'apparaissant que comme des déclinaisons, régionales et millésimées, de cette deuxième famille de conflits qui ne pouvaient pas manquer de surgir lorsque la fin d'une histoire allait déboucher sur le début d'une nouvelle. La Guerre Froide est morte, vive les guerres suivantes…

Peut-être se souvient-on que je proposais de «ranger» les guerres de l'après-Guerre Froide dans trois grandes catégories, s'inscrivant chacune dans une grande tradition historique, tradition tellement incontournable qu'il fallait prendre ses rêves pour des réalités afin d'imaginer qu'elle puisse s'interrompre. Nous avons évoqué les deux premières – les tentatives de revanche et les implosions –, le moment est venu de reprendre, pour la compléter, la typologie en triptyque.

LES GUERRES DU TROISIÈME TYPE

Visitons une fois encore le mémorial des «guerres d'après» du XXe siècle. Il comprend une troisième stèle sur laquelle est décrite la forme d'un troisième grand classique que chacun reconnaîtra. C'est ainsi qu'on a vu éclater un conflit entre les covainqueurs du conflit précédent : après l'avoir emporté ensemble, ils ont en quelque sorte rompu leur *joint-venture* victorieux, et comme s'ils se retrouvaient en finale, ont alors entrepris de s'affronter dans ce qui est devenu le conflit suivant.

La plus belle illustration qu'offre ici le siècle passé est sans conteste la Guerre Froide elle-même, qui fut, rappelons-le, un affrontement entre les covainqueurs du deuxième conflit mondial, la finale des guerres mondiales du XXe siècle. On sait même que lors des derniers mois de la guerre contre le militarisme allemand et japonais, les futurs vainqueurs, alliés occidentaux et soviétiques, étaient obsédés par une course de vitesse, en Europe notamment, destinée à savoir où allait s'inscrire la ligne de front du conflit suivant. La libération de l'Europe nazie consistait ainsi à prendre position, à se mettre en ordre de bataille, pour l'affrontement ultérieur. Une alliance victorieuse rompue est ainsi la matrice de la guerre suivante...

Ce scénario-là était-il inconcevable au lendemain de la Guerre Froide? À voir... Il va désormais être question de ce qui est pourtant le grand pôle magnétique de toute réflexion géopolitique depuis le mardi 11 septembre 2001, et que nous avons feint d'ignorer depuis le début de cet ouvrage. Le conflit avec La Base, puisque tel est le nom d'Al-Qaida, était sans nul doute latent depuis des années, mais on pouvait faire mine de le croire local et circonscrit à des escarmouches. Cette double réduction n'est plus possible depuis que l'on parle du 11-Septembre pour désigner à la fois une date et un événement indicible. Rares sont les épisodes qu'on dénomme ainsi, simplement par le moment de leur survenance, tant il va de soi que chacun les identifie. Mais il est vrai aussi que ce procédé permet d'esquiver la réflexion sur la nature ou le contenu de l'événement lui-même. On a ainsi parlé de «1940» pour ne pas parler de défaite, des «Événements de mai 1968» ou du «22 avril» pour ne pas rentrer dans des analyses qui ne se seraient pas accommodées de simplifications. Dis-moi ce que tu te contentes de dater et je te dirai les traumatismes que tu ne peux nommer. Il en serait ainsi d'un agenda où ne figureraient que les heures et lieux des rendez-vous mais qui se garderait bien de faire figurer l'interlocuteur ou l'ordre du jour des rencontres.

Or un rendez-vous avec l'Histoire était sans nul doute organisé ce 11 septembre-là. Mais avec qui? Non pas avec le terrorisme, comme un autre subterfuge s'emploie à le dire. On ne désigne pas davantage une guerre par les méthodes de l'adversaire que par une date. On n'a pas parlé d'une guerre contre le «panzerisme» pour désigner la guerre contre le nazisme, ou de guerre contre le «kalachnikovisme» pour nommer la Guerre Froide. Et le terrorisme n'est qu'une méthode, une arme, qui n'a pas été inventée le 11 septembre même si la forme – outils employés et communication mise en œuvre –, et sans doute le nombre des victimes, rendent l'événement tout sauf banal. Un rendez-vous avec l'Histoire, répétons-le. Mais avec la leçon de l'Histoire que nous rappelions il y a un instant : victoire obtenue, alliance rompue, et l'Histoire continue. Nous sommes bien dans cette tradition, et les avions détournés se contentent d'écrire un nouveau chapitre de la vieille antienne qui veut que des alliés d'hier soient souvent adversaires demain. Explicitons.

COMPTES ET MÉCOMPTES

Si les États-Unis ont légitimement conscience d'avoir gagné la Guerre Froide, les pirates suicidaires et assassins de Mohamed Atta se sont chargés de leur rappeler qu'ils ne l'ont pas gagnée seuls. Et que les milices islamistes, armées et commanditées par les États-Unis, ne sont pas pour rien dans la défaite de l'URSS lors de la dernière des batailles militaires de la guerre qui s'est déroulée à partir de la fin 1979 en Afghanistan. Concédons que le mode d'expression employé est inhabituel mais que le discours est plus traditionnel : «Nous avons apporté notre contribution et nous sommes surpris de ne pas avoir obtenu notre rétribution», disent ainsi les islamistes radicaux. Rude rappel aux réalités : le communisme avait deux adversaires, le capitalisme et la religion. Et il a été vaincu par une coalition des deux. Certes le flambeau du capitalisme a été principalement porté par les États-Unis, mais celui de la religion l'a été essentiellement par l'islamisme radical, du moins en Asie.

De cet apport, les milices de Ben Laden ont estimé que l'autre vainqueur était redevable et elles n'ont rien vu venir. Les miliciens d'origine afghane avaient obtenu leur lot, l'accès au pouvoir à Kaboul, mais ils l'ont perdu pour en avoir fait trop mauvais usage. Les milices talibanes se seraient contentées de contrôler le pays dont elles étaient issues et d'où elles avaient chassé les Soviétiques et leurs alliés, qu'elles seraient sans doute restées en place, n'en déplaise aux statues de Bouddha détruites et aux femmes brisées. Leur erreur, qui leur a coûté leur place, est de n'avoir pas coupé les ponts avec les milices islamistes non afghanes restées dans le pays.

En Europe également, la religion avait été récompensée pour avoir été force d'appoint dans la défaite de l'URSS : la papauté a récupéré la Pologne catholique. Mais les brigades internationales rameutées par Ben Laden, pour leur part, n'ont pas reçu la rémunération qu'elles attendaient en échange de leurs sacrifices! Ces miliciens d'Allah s'estimaient, s'estiment encore, covainqueurs non rémunérés. Il est certain qu'en faisant appel à ces mercenaires fanatiques, en les armant, les États-Unis, le camp occidental dans son ensemble, ont contracté une obligation, c'est-à-dire, en termes financiers, qu'ils ont fait naître une dette.

Les islamistes radicaux, créanciers historiques, font observer à leurs débiteurs que d'ordinaire les covainqueurs d'une guerre se réunissent pour s'autocongratuler, se partager butin et territoires et, ensuite, advienne que pourra, que le meilleur gagne! N'est-ce pas ce qui s'est passé à Yalta? Or il n'y eut pas de Yalta à la fin de la Guerre Froide, voilà ce que rappelle Oussama Ben Laden! Rappel *mezza voce* relatif dans un premier temps : les attentats contre les ambassades américaines de Nairobi et Dar es-Salaam en 1998, contre le croiseur *USS Cole* en 2000. Rappel tonitruant en septembre 2001. Imagine-t-on sérieusement que Staline ait pu accepter, lorsqu'il a rencontré Roosevelt et Churchill au bord de la mer Noire en 1945, que des bases américaines puissent s'installer dans la banlieue de Moscou? Comment pouvait-on se figurer que les milices islamiques pourraient accepter que des bases américaines s'installent en Arabie saoudite, dans la banlieue des lieux saints de l'islam?

Sous couvert de 11-Septembre ou de «guerre contre le terrorisme», on dissimule un affrontement, finalement assez classique, entre les covainqueurs de la guerre précédente. Entre ceux, les États-Unis, qui ayant peut-être honte de l'alliance contre nature contractée, préfèrent se considérer comme des vainqueurs uniques, et ceux qui réclament ce qu'ils considèrent être leur dû, leur part. Les premiers en sont conduits à supprimer les seconds, témoins et partenaires de cette alliance qu'ils auraient aimé ne pas avoir dû contracter. Sous couvert d'attaques de la part du terrorisme islamiste, nous sommes en réalité dans le cadre d'un processus de recouvrement de créances, avec des méthodes qui s'apparentent davantage à la contrainte par corps qu'à la saisie-arrêt. Les mauvais comptes font les bons ennemis. Les méthodes, celles du terrorisme, avec lesquelles les cocontractants ne cessent de présenter leur facture, de réclamer et de relancer le règlement, sont naturellement inacceptables et doivent être combattues. Elles ne doivent cependant pas conduire à oublier qu'une alliance historique et satanique avait été, tacitement, contractée avec les Fous de Dieu.

JURER, MAIS UN PEU TARD…

Les États-Unis découvrent ici que la logique qui amène à considérer que «les ennemis de mes ennemis sont mes amis» peut refermer ses mâchoires en un piège mortel, car elle conduit à accepter de discuter cuisine avec des anthropophages. N'importe quel lecteur de roman policier le sait pourtant : lorsqu'on passe un contrat, soit on le respecte, soit on se fait poser un contrat. Quelle rétribution attendaient donc les covainqueurs islamistes de la Guerre Froide? Ils exigeaient sans doute rien moins que l'Arabie saoudite elle-même… Évidemment inacceptable. Les passeports saoudiens de la plupart des terroristes du 11-Septembre valent ici pièce à conviction au service de l'argumentation qui vient d'être présentée.

Mais si certaines leçons valent bien un fromage, d'autres méritent qu'on les médite : les États-Unis ne se sont pas mieux comportés avec leurs alliés que Staline, après 1938, avec les brigades internationales de la guerre d'Espagne, ou la France, après 1962, avec ses harkis. Mais du moins, objectera-t-on, s'agissait-il alors de défaites militaires ou politiques, alors qu'en Afghanistan, il s'agissait d'une victoire. Il serait plus juste de comparer l'attitude adoptée après 1918 ou 1945 vis-à-vis des supplétifs de l'Empire, tirailleurs sénégalais, spahis marocains, entre autres… Les islamistes n'ont pas fait montre de la même résignation. La leçon vaut pour le passé, elle vaudra pour l'avenir : si les États-Unis parviennent à s'extraire du nid de frelons irakien, il est bien possible qu'ils le doivent à une alliance avec des chiites «modérés», c'est-à-dire ceux que Téhéran poussera à la modération. Il conviendra alors de payer la dette contractée à cette occasion vis-à-vis de l'Iran. Cela passera sans doute par l'acceptation de son influence régionale et, peut-être, par une résignation devant son statut de puissance nucléaire. Car si cette dette n'est pas acquittée, gare aux procédures de recouvrement…

JE TE DOIS, TU ME DOIS

Et si, finalement, l'affrontement des États-Unis et de Saddam Hussein, la grande affaire familiale qui s'est transmise par héritage dans la famille Bush, présentait aussi une dimension que le langage financier aide à comprendre, lorsque les acteurs de l'Histoire y recourent de façon récurrente en ne respectant pas les reconnaissances de dettes qu'ils émettent?

L'élimination de Saddam Hussein est, finalement, celle d'un créancier historique vis-à-vis de qui non seulement l'Amérique, mais également le monde occidental dans son ensemble, étaient redevables d'une dette : celle contractée lorsque l'Irak a fait face à l'Iran de Khomeyni, tant redoutée pour son expansionnisme, au moins culturel. Dette échue mais non acquittée, puisque son règlement par l'abandon du Koweït n'a été qu'un vrai faux remboursement. Donner (en août 1990) c'est donner, reprendre (au début de 1991) c'est… L'adage des cours de récréations conserve toute sa valeur… Le dictateur de Bagdad n'est pas pour autant exonéré de ses crimes, si on lui reconnaît qu'il disposait d'une « créance » sur le monde occidental qui n'a pas honoré sa dette. Tout au plus est-on conduit, une fois encore, à méditer le risque qu'impliquent les alliances contre-nature. Elles mènent évidemment à des règlements de compte.

Veut-on encore un exemple? Lorsqu'Israël, ses gouvernants du moins, a un temps pactisé avec le Hamas, tacitement, contre le Fatah de Yasser Arafat, encourageant ce mouvement comme contre-pouvoir, une dette a commencé à apparaître au bilan. Impossible à rembourser, bien entendu. L'élimination du cheikh Yassine en 2004 sonne, encore une fois, comme la suppression d'un créancier… ce qui ne semble pas pour autant faire disparaître la créance! L'abandon, par le gouvernement d'Ariel Sharon, de la bande de Gaza au mouvement Hamas apparaîtrait alors comme une saisie-arrêt par consentement mutuel. Mais il a fallu attendre l'été 2005. Et les élections de janvier 2006 en Palestine ont montré que le Hamas n'en resterait pas là dans ses recouvrements.

Nous sommes dans une longue tradition historique que les États-Unis connaissent, bien que leur histoire soit, on se plaît à le dire, relativement courte. N'avaient-ils pas, au début du XIXe siècle, obtenu la Californie en règlement d'une dette, financière celle-là, contractée par un Mexique devenu insolvable?

HISTOIRES DE DETTES, DETTES HISTORIQUES

Parler des États-Unis de George W. Bush est ici, on le voit bien, incontournable. Mais il n'est pas possible de rater l'occasion d'un apparent coq-à-l'âne… où il sera question de l'âne, symbole des Républicains, et du coq emblématique des Gaulois. Car l'histoire récente de l'Hexagone est saupoudrée d'épisodes que la grille de lecture précédemment proposée pourrait éclairer d'une lumière féconde.

Peut-on exclure, commençons par elle, que la rivalité franco-américaine, tant ressassée et constamment renouvelée, soit exempte de la dimension débitrice que ressentent les Français vis-à-vis des États-Unis? Redevables d'avoir été libérés, les Français débiteurs en voudraient alors à leurs libérateurs. La créance que La Fayette avait fait naître sur les États-Unis ayant été plus que remboursée au XXe siècle, l'inversion des postures de débiteurs et créanciers est bien difficile à accepter. Elle conduit ainsi les Français vers une volonté, non pas certes de « supprimer les témoins », mais simplement de se mettre sur un pied d'égalité avec ceux qui ont été témoins de leurs faiblesses. Ce serait alors la transcription géopolitique de ce que chacun a certainement pu observer dans sa vie privée, s'il lui est arriver de rendre quelque service à son prochain. Parfois le bénéficiaire de l'aide est reconnaissant, situation rare il faut l'admettre. Le plus souvent il est indifférent, c'est-à-dire qu'il fait le choix d'être amnésique. Parfois aussi, ce n'est pas si rare, il en veut à celui qui a été témoin de sa faiblesse, souhaite l'éliminer, comme pour chasser ce qui rappelle une période sombre qu'on voudrait gommer. Petite contribution à une compréhension de l'antiaméricanisme à la française qui ne se résume pas à la personnalité de W…

Comptes et mécomptes pourraient également nous aider à lire la partie de l'Histoire de France qui traite des relations des Français avec eux-mêmes. Certains hommes politiques français ont pratiqué, au moins partiellement, la reconnaissance de dettes historiques. C'est ainsi qu'à la Libération, de Gaulle a appelé des ministres communistes au gouvernement qu'il a constitué en 1945. Malraux aimait à dire que cette décision s'expliquait par plusieurs raisons, la première d'entre elles enlevant tout intérêt aux autres : de Gaulle n'avait pas le choix. Pour dire les choses autrement, il savait que la résistance française avait été une alliance, tumultueuse certes, entre la résistance nationale, dont il était le symbole, et la résistance communiste. Un Yalta à la française s'imposait donc, qui a impliqué d'abandonner des « territoires » aux covainqueurs. Chacun sait que cette dette a été payée en acceptant la cogestion tacite, avec le

PCF et la CGT, d'entreprises publiques ou nationalisées et de certains organismes sociaux. Dès lors, la fin de la Guerre Froide conduit certains à considérer que le remboursement a été effectué, ou plutôt qu'il n'a plus de raison d'être. Bien entendu, l'abandon de la cogestion issue de la Résistance ne se fait pas avec l'enthousiasme spontané des anciens bénéficiaires… Toute ressemblance avec des conflits surgissant dans le secteur public n'aurait évidemment rien de fortuit.

D'autres hommes politiques français n'ont pas la même approche. Ils ne reprennent pas à leur compte l'adage, discutable par ailleurs, selon lequel qui paye ses dettes s'enrichit. En réalité, on connaît peu d'exemples de ces cas d'enrichissements. Il conviendrait plutôt de dire : qui ne paye pas ses dettes (notamment historiques) va au-devant de graves désillusions. Une illustration par l'actualité politique française récente pourrait illustrer le propos : force est de constater que les élections présidentielles de 2002 ont été gagnées par une alliance entre les démocrates de droite et les démocrates de gauche qui, avec 83 % des voix, l'ont emporté sur les non-démocrates. La logique de l'Histoire aurait voulu que le vainqueur commence par payer sa dette vis-à-vis de ceux qui avaient contribué à son élection. En nommant par exemple un Premier ministre qui s'en serait acquitté, pendant un an ou deux, par quelques mesures symboliques. Dette payée, il aurait été remplacé. En lieu et place fut nommé un Premier ministre qui, au contraire, a fait des choix qui ont été vécus comme provocateurs par la gauche de l'électorat présidentiel de mai 2002. La sanction ne s'est pas fait attendre : les défaites enregistrées aux élections régionales de mars 2004 et aux élections européennes de juin s'apparentent à des recouvrements de créances… Il y a là une explication supplémentaire des résultats du vote de mai 2005, tant il est vrai que lors d'un referendum, on répond moins à la question posée qu'à celui qui la pose.

Ainsi va l'Histoire. Ne pas dire qu'elle serait éternel recommencement. Ni même qu'elle bafouillerait de se répéter en farce. Non pas. Mais une leçon récurrente, sans plus, la parcourt, qui se rappelle à ceux qui croient pouvoir l'oublier, le veulent. On pourrait la résumer ainsi : gardez-moi de mes alliés, lorsque de nos ennemis communs nous nous serons occupés. Le temps présent s'inscrit dans cette tradition, histoire sans fin, puisqu'il n'est point de lutte finale mais simplement des guerres suivantes. S'agissant de l'Histoire, il n'y aura jamais de solde de tous comptes. On dira un jour que le 11 septembre 2001, les États-Unis ont été contraints de regarder en face à quoi l'on est conduit lorsqu'on croit pouvoir dîner avec le diable. Même avec une longue fourchette…

Prévoir la forme que revêtirait l'événement coup de tonnerre, sans doute personne ne le pouvait-il. Affirmer l'inévitable révolte des créanciers islamistes privés d'un Yalta où les comptes auraient été soldés, chacun le pouvait. C'est certainement là ce qui différencie la voyance, l'impossible prédiction, de la clairvoyance, la nécessaire lucidité pour laquelle l'Histoire vaut fil d'Ariane. Peut-être une autre lanterne, pas davantage magique, contribuera-t-elle à éclairer le monde de l'après-Guerre Froide… Lançons en l'air, à nouveau, la pièce qu'on nomme géopolitique ; elle ne tombera plus, dorénavant, sur son côté pile, l'historique… mais sur la face géographique. Face cachée qui ne demande qu'à se révéler.

8

LA GÉOGRAPHIE, UN MENSONGE QUI DIT LA VÉRITÉ

Qui a prétendu que la Guerre Froide avait été un conflit Est-Ouest? Un drôle de géographe assurément, qui, tournant le regard vers le Couchant aurait vu les États-Unis alors qu'au Levant se serait trouvé l'URSS. Un géographe qui se serait donc cru au centre de son monde, convaincu à sa manière que le soleil tournait autour de lui. L'expression de conflit Est-Ouest est l'aveu d'un regard qui part d'Europe et observe le monde de son point de vue. Un regard précopernicien en quelque sorte. Quoi de plus naturel en fait? Les cartes avec lesquelles nous avons appris à voir, penser, dire le monde étaient à l'évidence centrées sur l'Europe, elles accréditaient l'expression, la perception d'un conflit Est-Ouest. La vision se retrouvait dans nos craintes, puisqu'on frémissait à l'idée de voir se croiser sur nos euro-têtes les missiles stratégiques que Soviétiques et Américains se destinaient mutuellement. Cette vision imprégnée par la géographie est en réalité une hallucination. Comme le serait, pour des Strasbourgeois, une rivalité entre Marseillais et Niçois si elle devait, elle aussi, lui être présentée comme conflit entre Occidentaux et Orientaux. Puisque la terre est ronde, on est toujours à l'ouest de quelqu'un. Sur un globe, il n'existe pas de pays du soleil levant.

LA CARTE N'EST NI LE GLOBE NI LE TERRITOIRE

Contagieuse expression d'un point de vue, l'expression de conflit Est-Ouest a fait florès car le monde entier a repris à son compte cette vision, l'expression même… Mais une erreur, même universelle, n'est pas pour autant une vérité. Un autre regard est possible, dont on se gardera bien de prétendre qu'il sera plus objectif, on l'espérera toutefois plus fécond.

Montons un instant en navette spatiale ou, à défaut, jetons un œil sur une mappemonde… Les États-Unis et l'Union soviétique, d'un point de vue «global», c'est-à-dire observés sur un globe et non sur une carte, sont voisins, quasi mitoyens, jointifs d'une fontanelle fragile, la calotte arctique. Et si leur affrontement de quarante années justifiait d'être qualifié de froid, c'est à ce titre peut-être… Car il aurait été plus légitime de parler d'un conflit Nord-Nord pour désigner la troisième guerre mondiale du XXe siècle. Il n'est pas un Inuit, aucun Esquimau non plus, qui contesterait ce point de vue. À l'extrême limite, on veut bien concéder que la Guerre Froide a opposé le «Nord-Est» et le «Nord-Ouest», et l'orientation des missiles stratégiques des deux belligérants valide l'expression puisqu'ils se seraient croisés sur le pôle Nord et non pas au-dessus de l'Atlantique. On ne le répétera jamais assez : sur un globe, le plus court chemin d'un point à un autre est la ligne courbe, n'en déplaise aux leçons de géographie qui, cartes planes à l'appui, nous ont inculqué les mérites de la ligne droite. Changer de point de vue conduit, on le sait, au changement de perspective. Celui auquel nous venons de procéder n'y échappe pas. Il ouvre de nouvelles perspectives… historiques. Belle symbolique dans laquelle on verra un regard géographique sur les événements historiques, ceux du passé, éclairer leur futur, notre présent, notre avenir également. Ce pas de deux est précisément la géopolitique, sa définition même.

Une histoire est morte, vive l'Histoire et ses devinettes qui ne font en rien appel à la divination, de même que la cartographie n'a rien emprunté à la cartomancie. Jouons au jeu d'une question qui ne pouvait manquer de se poser lorsque la page d'Histoire ouverte en 1945 se referme à la fin des années 1980 : sachant que les conflits Nord-Nord, plus connus sous le nom de Guerre Froide sont finis, mais qu'il est exclu que les guerres elles-mêmes cessent, quels pourraient donc être les affrontements suivants, ces «guerres d'après» qui risquent de se déchaîner? Si l'on se tourne vers les points cardinaux, une boussole pour témoin, seules trois réponses, résiduelles, peuvent être méthodiquement envisagées : les conflits Est-Ouest, Sud-Sud et Sud-Nord.

Jeu d'orientation

Les conflits Est-Ouest, tout d'abord, qui finalement n'ont pas encore eu lieu, n'en déplaise à l'expression consacrée. Mais il s'agit alors davantage de rivalités que de guerres, les rivalités entre les États-Unis, les Europe(s) après réduction de fracture, et le Japon. Certes, on parle souvent de «guerres commerciales» pour les désigner, et j'ai moi-même utilisé l'expression de «guerre de l'innovation» pour m'y référer. Mais nous sommes ici en présence d'un exercice de style rhétorique, un de ces innombrables détournements du langage militaire qui conduit à assimiler toute contradiction d'intérêts, toute compétition d'ambition à une guerre. Usurpation sémantique qui ne doit pas nous duper : il est exclu, à une échéance prévisible, que ces affrontements puissent dégénérer en guerres authentiques, bien que ce fût le cas dans le passé.

CHANGEMENT DE CAP

Viennent ensuite les conflits Sud-Sud… Observons d'abord qu'il y eut là aussi, de tout temps et jusqu'à une date récente, de ces affrontements interméridionaux, mais qu'ils étaient ces dernières décennies des avatars de la Guerre Froide elle-même, les deux «grands» utilisant les petits Sudistes comme autant d'Horaces et de Curiaces au travers desquels ils belligéraient par procuration. Foin de ces guerres par contumace désormais… l'heure pourrait être aux face-à-face directs. Les conflits Sud-Sud vont proliférer d'autant plus que les autorités de tutelle nordistes ne sont plus en état d'exercer leur magistère. L'une d'entre elles, l'URSS, n'existe plus. Et ses affidés sont livrés à eux-mêmes. Quant à l'autre, les États-Unis, en admettant qu'ils disposent des moyens, n'en verraient pas la raison… «*Mourir pour des idées, d'accord mais de mort lente*», chantait Brassens. Mourir pour des Sudistes motive encore moins.

Parlons cru. Les Nordistes sont le plus souvent complètement indifférents aux conflits des banlieues sud du globe, à moins que les images n'en soient trop visibles, interférant avec les heures de repas, trop culpabilisantes et aigrissant la digestion, poussant même à des ingérences humanitaires. Mais tant qu'il est possible de détourner le regard, la question de savoir si un antépénultième Tutsi survivra à un avant-dernier Hutu, ou l'inverse, indiffère profondément les Nordistes. Il ne s'agit pas là d'une opinion mais d'un constat dont le Darfour est la dernière en date des validations. À moins toutefois qu'ils ne disposent d'armes de destruction massive, auquel cas nous ne pourrions plus nous contenter d'être au spectacle, télécommande à la main pour zapper s'il devient insoutenable.

C'est bien évidemment ce qui s'est produit avec l'Inde et le Pakistan lorsque ces deux puissances nucléaires ont menacé de rejouer, autres temps, autres armes, la récurrente histoire de leurs affrontements : le Kashmere, abcès de fixation, risquait de devenir le détonateur d'une explosion qui ne pourrait plus être confinée. Il ne pourrait plus alors être question de «conflits locaux», pour désigner ceux dont on peut se désintéresser, dans cette variante des conflits Sud-Sud. Intérêt il y eut… interventions américaines aussi… et les pétards furent mouillés : les frères ennemis, issus de la scissiparité endémique de l'Empire britannique des Indes, laissèrent, en 2004, les boutons rouges au vestiaire. Un tremblement de terre qui n'a pas respecté les frontières artificielles a même contribué à les entrouvrir en novembre 2005.

Continuons à observer la boussole… est, ouest, sud… elle s'affole lorsqu'il est question d'un affrontement qu'elle ne parvient pas à lire à partir de ses points cardinaux : il s'agit de celui qui ne cesse d'opposer Israéliens et Palestiniens. Être désorienté s'agissant de l'Orient, surtout le Proche, peut apparaître comme un comble de dérision paradoxale. Et pourtant, chacun l'a constaté, ce conflit a précédé le conflit «Est-Ouest». Au temps du mandat britannique déjà, bien auparavant même, sous d'autres formes sans doute. Et il ne se résout pas, loin s'en faut, avec la fin de la Guerre Froide, preuve, s'il en fallait, qu'il n'en fut pas simple avatar, même s'il en a été contaminé comme tout et tous. On ne peut décemment en parler comme d'un conflit Est-Ouest, de part et d'autre du Jourdain ou d'une ligne verte contestée. On ne saurait l'évoquer non plus comme un conflit Sud-Sud… Alors? La boussole, sinon la géographie, rend les armes. Cette «exception» justifiera bien un traitement spécifique – nous le réservons pour un chapitre ultérieur.

Sur quels points cardinaux convient-il, *in fine*, de polariser la boussole de référence? Ne subsistent plus, chacun arrive à la même conclusion, par élimination, que les conflits Nord-Sud. Encore faudrait-il distinguer Nord-Sud et Sud-Nord, tant il est vrai qu'il en va des guerres comme des matches de football : les buts marqués, les coups portés, n'ont pas la même valeur si les matches se jouent à domicile ou à l'extérieur. Certes, il y eut aussi de ces conflits à l'époque de la Guerre Froide mais, là encore, ils lui furent subordonnés. Et le risque est à présent de les voir proliférer…

OÙ LA GÉOGRAPHIE DEVIENT ALLÉGORIQUE…

De nouveaux conflits Sud-Nord succéderaient ainsi aux anciens conflits «Est-Ouest»? Mais il faudrait de nouveau utiliser des guillemets pour désigner une clause de style plutôt qu'une réalité objective. Ne pas croire que deux hémisphères vont s'affronter, homogènes, de part et d'autre de leur pointillé équatorial. La réalité va être plus complexe. Tout comme au bon vieux temps du soi-disant conflit Est-Ouest, le Japon était à l'Ouest, Cuba était à l'Est… L'Australie et la Nouvelle-Zélande étaient clairement des pays occidentaux nonobstant leur méridionalité géographique.

Que les expressions de Nord et de Sud soient ici employées pour leur commodité plus que pour une éventuelle rigueur «situationniste»! Elles désignent le sentiment d'appartenance à un camp, qui se définit surtout par son opposition à l'autre. Et puis, au temps des conflits «Est-Ouest», on se souvient qu'ils traversaient chacun des camps eux-mêmes tant ils étaient nombreux, en Occident, ceux qu'attiraient les références de l'Est. Symétriquement, nombreux étaient, dans l'autre camp, ceux que leurs rêves, avoués ou non, portaient vers les valeurs occidentales. Les individus eux-mêmes étaient parfois tiraillés. Les conflits «Sud-Nord» connaîtront le même sort.

À n'en pas douter, les Australiens, géographiquement *down under*, ne manqueront pas de se trouver géopolitiquement septentrionaux. Représentants d'un Nord métaphorique en terres australes, ils se verront même confier le rôle d'ambassadeurs du Nord au Timor-Oriental en 1999. Et ils ne manqueront pas une occasion d'affirmer cette appartenance, en participant dès 2001 au conflit afghan, et, en 2003, en enrôlant spontanément sept cent cinquante soldats dans l'ébauche de coalition constituée par les États-Unis en Irak. C'est également à l'Australie que se voit confier la mission de maintenir, à partir de 2003, un semblant d'ordre aux îles Salomon. En quoi cet archipel pouvait-il présenter un enjeu stratégique pour le Nord, un enjeu tel qu'il faille y mander les Australiens? Si le désordre qui y régnait alors avait dû le transformer en zone de non-droit, le risque aurait été grand qu'il ne soit utilisé par une mouvance terroriste, comme, un temps, le Soudan ou les zones tribales de la frontière pakistano-afghane; comme, un jour ou l'autre, des territoires africains échappant à tout contrôle.

Il faut donc que le Nord y maintienne un ordre minimum, mission sous-traitée à l'île-continent que bordent les océans Indien et Pacifique, à égale distance de San Francisco et du Golfe, arabique ou persique, question de point de vue. Les Australiens se sont même vu confirmés dans cette appartenance par la mouvance indonésienne d'Al-Qaida, qui leur a délivré un sanglant certificat de «norditude» lors de l'attentat de Bali d'octobre 2002, qui a visé, et atteint principalement, leurs ressortissants. L'attestation a été renouvelée par l'attentat qui a frappé l'ambassade d'Australie à Djakarta en septembre 2004. En octobre de l'année suivante, un autre attentat à Bali les a encore visés en premier. Ne pas exclure davantage, il s'agit d'une évidence, que certains pays qu'on pourrait croire du Nord, en les pointant seulement sur un globe, se révèlent farouches sudistes.

Dans le même esprit, certains pays, tant au Nord qu'au Sud, seront traversés par une sorte de «guerre de Sécession» interne et, à nouveau, certains individus connaîtront l'écartèlement personnel. De quel côté pencheront-ils? Nous devrons y revenir pour dépasser l'approximation d'une expression dont la commodité est payée de trop nombreux amalgames. Dans un premier temps, toutefois, contentons-nous d'exploiter une formulation impressionniste; il sera toujours temps, ultérieurement, d'aborder avec un regard plus proche de l'école réaliste, le tableau que nous allons à présent dresser…

ESQUISSE DES VALEURS NORDISTES

Puisque nous prétendions que chaque camp se définit d'abord par ses valeurs, et en opposition à l'autre, tentons une première ébauche de la palette de valeurs qui permettrait de regrouper les anciens belligérants du Nord-Est et du Nord-Ouest, les Nordistes réunifiés. Ne retenons que les valeurs «primaires», et laissons à chacun la liberté de les choisir, de les combiner en les diluant parfois jusqu'à les rendre à peine perceptibles.

Nous trouverons en premier lieu la démocratie – l'ordre de présentation ne préjuge pas d'une hiérarchie des importances. Certes, la démocratie peut s'avérer purement formelle : il convient de temps à autre de recompter longuement les bulletins de vote, les urnes manquent parfois de transparence, mais l'apparence de la démocratie est préservée, affirmée.

On y trouve en deuxième lieu le respect des droits de l'homme, qui sont quelquefois plus proclamés que pratiqués. Cela dit, il faut reconnaître que lorsque bavures il y a, à Guantanamo ou Abou Ghraib, mais pas seulement, il arrive à la Cour européenne ou à Amnesty International d'épingler ceux qui les commettent car ils ne respectent pas leurs valeurs affirmées. Il est d'ailleurs advenu que la patrie (autoproclamée) des droits de l'Homme connaisse le même sort. Lorsque nous parlons de l'Homme, est-il besoin de préciser qu'il faut entendre Être humain, puisque le Nord affirme son attachement aux droits de l'Homme et de la Femme? On devrait même dire *des* Femmes! Chacune et chacun aura pu mesurer combien sont affirmés les droits de celles-ci, à qui, par exemple, chaque année est consacrée une journée complète – le 7 février. Seuls d'incorrigibles esprits sarcastiques, alliés objectifs des suffragettes, feront remarquer que ladite journée tombant ainsi entre la journée de l'Arbre et celle du Mal-entendant, sa portée s'en trouve peut-être un peu diluée. Ne prêtons pas l'oreille aux grincheux et retenons, à tout le moins, l'affirmation sans cesse renouvelée de l'égalité.

Des valeurs économiques et sociales font aussi partie de ce qu'on s'autorise à appeler le *package* de valeurs nordistes… La croyance dans le concept de progrès en est la plus évidente, l'espoir de l'ascension sociale qui l'accompagne en étant la traduction psychosociologique. Il faut dire que les quarante glorieuses – tout est relatif – de l'après Seconde Guerre mondiale n'ont pas peu contribué à faire mordre à l'hameçon. Ce progrès est généralement associé à une confiance en l'économie de marché, même si certains, en France notamment, n'ont jamais eu, n'ont toujours pas l'enthousiasme d'autres, comme aux États-Unis ou en Grande-Bretagne.

Autre valeur affirmée du Nord, provenant d'une conviction certainement plus ferme, celle-là : la crainte de mourir. Sans doute s'est-elle développée au fur et à mesure, après 1945, quand les grandes causes de mort collectives ont donné l'impression de s'éloigner dans la nuit des temps sombres, ceux dont la mémoire dépasse rarement deux générations. Verdun, Auschwitz, Hiroshima, la juxtaposition des trois noms ne signifie pas que les événements qu'ils symbolisent seraient de même nature, mais que tous trois ont contribué, chacun avec son incomparable spécificité, à faire évoluer la relation à la mort collective. C'est un fait, plus l'*homo nordicus* éloignait, croyait éloigner les épidémies, les guerres et les famines, plus la mort lui devenait une inacceptable erreur dont il fallait trouver la cause, sinon le responsable. Je ne doute pas, cela s'entend, que la mort ait toujours provoqué des angoisses, j'observe juste que la « culture de la mort collective » a été modifiée au milieu du XXe siècle. Là où des statisticiens enregistrent « un allongement de l'espérance de vie », je note symétriquement un raccourcissement de la crainte de mort. Et c'est un point commun aux Nordistes, dont les conséquences se lisent partout : quel enfant du Nord croise encore un cortège funèbre dans les rues ? Le deuil ne se voit plus dans les catafalques, pratiquement plus dans les vêtements.

Rendue plus rare, surtout collectivement, dès lors de moins en moins acceptable, rendue la moins visible possible, cette relation à la mort est une valeur qui percole et se diffuse. Si l'on peut se croire immortel, si la mort devient quasi infréquentable, la résolution pacifique des conflits devient valeur essentielle, la proclamation de l'intangibilité des frontières peut y contribuer – une conception des relations politiques, notamment internationales, en découle. Elle réunit les Nordistes. On devrait dire qu'elle les réunissait car, d'évidence, depuis le 11 septembre 2001, et en Europe depuis le 11 mars 2004 (Madrid) et le 7 juillet 2005 (Londres), de notables évolutions sont perceptibles. Une mise en mouvement est en route dont la victime sera l'illusion d'immortalité, qui avait déjà quelques premiers démentis, notamment lorsque le sida ou la Yougoslavie ont secoué les rêveurs.

Il convient aussi de mettre l'accent sur une valeur constitutive du pôle nordiste, qui prolonge la précédente, et plonge ses racines dans des culpabilités héritées de la Seconde Guerre mondiale. Nous visons celle qui s'exprimait sous l'expression «Plus jamais ça!». Plus jamais ne devait se produire une extermination industrialisée, plus jamais, du moins, on ne la laisserait faire! S'agissait-il d'une incantation (faites que jamais…)? D'une conviction (un tel génocide ne peut plus se produire…)? Ou d'une détermination (nous ferons en sorte que…)? Faut-il choisir vraiment entre les trois ingrédients du cocktail? Leur coexistence est possible. Là encore, chacun a donné son contenu au «ça». Si chacun pense à la Shoah, certains pensent aussi à Guernica, ou au massacre de Nankin, ou aux immenses saignées que l'URSS a connues avant, pendant et après Stalingrad. Voilà ce qui compose ce que je me permettrais d'appeler le ventre mou des valeurs nordistes, un corpus de croyances revendiquées, quand bien même la pratique souffrirait-elle des entorses aux principes…

Mais il est bien clair que si certains proclament ses croyances, d'autres, bien au contraire, ne les revendiquent aucunement. Soit parce qu'elles les entraveraient dans leurs projets, soit qu'elles les inquiéteraient tant elles sont susceptibles d'entrer en percussion frontale avec leur propre système de valeurs. Ici se trouvent ceux que j'appelle les Sudistes, ceux qui se définissent «contre» avant même peut-être d'affirmer leur propre corpus de valeurs, dont ils prennent la mesure d'autant mieux qu'elles leur paraissent plus menacées par celles du Nord. Car nous ne mesurons sans doute pas, au Nord, le potentiel explosif que représente, pour d'autres, notre système de valeurs. Nous y sommes aussi habitués qu'à l'air que nous respirons, qu'à un bon état de santé, dont nous n'apprécions la valeur que lorsqu'ils viennent à manquer. Même dans la description – une caricature assumée – qui vient d'en être faite, certaines valeurs constituent des grenades dégoupillées lancées dans d'autres référentiels. D'autant qu'elles sont séduisantes et que le système de valeurs qui les voit s'insinuer en eux est fragile, non adaptable.

Ne prendre que l'égalité, même si elle n'est que proclamée, des femmes et des hommes, qui constitue une bombe sans retardement pour tant de sociétés. Nous devrions pourtant nous souvenir de l'immensité des mises en mouvements, pour les femmes certes, mais, par contagion ultérieure, pour tout l'édifice social, qu'ont impliqué au Nord les débuts de mises en œuvre du processus d'égalisation. Et ils venaient de l'intérieur. Et du temps avait été laissé au temps pour gérer les résistances. Imagine-t-on ce qu'il en est quand ce processus est importé, brutalement de surcroît, je veux dire avec une extrême vélocité ? Veut-on un exemple ? Il n'est qu'à regarder le premier qu'il nous ait été donné d'observer : lorsque le dernier Shah d'Iran a entrepris de greffer, en l'espace d'une génération, le système de valeurs occidentales, indissociable de la révolution économique qu'il a entreprise à partir de 1974. C'était comme vouloir installer un moteur turbo sur une carriole à bras. Le rejet du greffon a été d'une rapidité extrême, se manifestant par la révolution islamiste. Le prototype des réactions «sudistes» venait, en 1979, d'être testé en laboratoire, de nous être présenté. Nous n'en avons pas mesuré l'exemplarité. D'autant que si l'on a pu redouter qu'il fasse école, s'exporte tel quel, il n'en a rien été. Mais…

Un Sud, des Suds…

Nous n'avons pas assisté à un expansionnisme iranien, ni même sans doute à une influence aussi directe que ce que certains imaginent parfois. Car les spécificités iraniennes n'ont pas rendu la révolution khomeyniste exportable, la première des spécificités étant précisément qu'elle soit perse, la seconde chiite. Bien sûr, une influence s'est exercée, mais il ne faut pas la surestimer en y voyant une matrice qui se serait ensuite reproduite. Il faut tout simplement accepter de voir que les mêmes causes sont susceptibles de produire, sinon les mêmes conséquences, du moins des résultats concomitants et qui présentent des analogies… constitutives des «Sud(s)». Nous évoquerons donc en premier lieu les fondamentalismes musulmans, c'est-à-dire de cette frange des islams qui s'est, dans toutes les variétés de déclinaison que revêtent leurs différences, sentie agressée par l'extraordinaire puissance de séduction déstabilisatrice des valeurs occidentales. Si Moulinex libère la femme, point n'est besoin de chercher la main de Téhéran ou de Riyad…

Qu'il n'y ait ici aucun malentendu. Le risque d'un islamalgame est aujourd'hui tel qu'on ne peut s'autoriser les demi-mots. Nous traitons précisément et seulement de l'un des islams, l'islamisme radical, qu'il ne saurait être question de confondre avec tous les autres. Comme il ne faut pas confondre le catholicisme et sa version extrémiste, le catholicisme radical… on pourrait prendre d'autres exemples. Toutes les réalités que désignent les mots en « -isme » ne sont pas nécessairement des extrêm-ismes. Nous sommes en présence de ce que d'autres nomment l'intégrisme, et dont on ne rappellera jamais assez que les cibles premières ont d'abord été d'autres musulmans, et surtout des musulmanes, plus influençables. Avant de devenir conflit avec le Nord, le conflit a d'abord été un conflit interne aux sociétés musulmanes. Le Nord s'y intéressait alors bien peu. Qu'on veuille bien se souvenir ici que les manifestations de soutien aux femmes algériennes rassemblaient cent fois moins de participants que celles qui étaient organisées, simultanément, pour la défense de la chasse à la palombe dans le Médoc! Le Nord a véritablement commencé à se sentir concerné lorsque l'islamisme radical s'en est pris à lui, et à domicile de surcroît…

Ce n'est pas minimiser les dangers de l'islamisme, ni l'exonérer de ses turpitudes, que de ne pas y voir principalement l'aboutissement d'un complot international qu'auraient ourdi mollahs iraniens et oulémas saoudiens. Nul ne doute qu'ils aient soufflé sur les braises et aient contribué à les enflammer. Mais les braises étaient locales et elles résultaient de la combustion du système de valeurs, local lui aussi, sous l'influence pyrogène, sinon pyromane, des valeurs nordistes triomphantes. Ce n'est pas, non plus, prendre de la distance avec les valeurs nordistes – je m'y reconnais, assurément – que de constater les dégâts collatéraux dont elles sont capables, bien involontairement d'ailleurs. Car je n'imagine évidemment pas davantage une volonté délibérée de déstabiliser les islams.

J'ai déjà pris, plus haut, mes distances avec la *dietrologia*, la «complotologie», mais il est peut-être nécessaire de répéter ce qui va sans dire. Nous n'avons que très peu conscience, au Nord, des effets de souffle de la bombe à neutrons culturelle que nous manipulons. Mais de l'absence de conscience à l'inconscience, il n'y a qu'une solution de continuité. Ceux qui s'inquiètent légitimement de l'influence que certaines chaînes «intégristes» captées par parabole ont sur leurs téléspectateurs, en France même, ne devraient pas être ceux qui ont les plus grandes difficultés à mesurer ce qu'implique une diffusion, captée sans cryptage, de Canal+ à Alger.

Il est frappant de constater que le «noyau dur» de l'islamisme radical n'est pas constitué des damnés de la terre, gueux économiques qui seraient poussés à la jacquerie par la pauvreté; mais, bien au contraire par la frange qui a eu accès à ce qu'on appelle ici, pour gagner du temps, la culture occidentale, et qui n'y ont pas trouvé ce qu'ils en attendaient. Ils y ont plutôt rencontré un corpus de valeurs déstabilisatrices. Les *curriculum vitae* des terroristes du 11-Septembre, les parcours personnels des principaux responsables d'Al-Qaida, constituent un démenti pour ceux qui voient dans la pauvreté le terreau sur lequel se développe l'islamisme radical. Nous sommes en présence d'une guerre des valeurs. Si les trois-quarts des membres du GIA – on s'accorde généralement sur cette estimation chiffrée –, avaient bac + 4, l'islamisme radical est alors un mouvement qui s'apparente davantage au gauchisme des années 1960 et 1970, lorsque les enfants de la petite bourgeoisie occidentale ont violemment rejeté le système qui pourtant les accueillait tout naturellement. Bien entendu, le mouvement gauchiste est parvenu à rallier une frange de défavorisés, mais il n'était pas dans ses principes fondateurs mêmes une révolte du lumpenprolétariat exploité. Il s'agissait bien davantage d'une émeute de ceux qui refusaient de suivre la voie qui leur était toute tracée, que d'une tentative de révolution de la part de ceux qui ne supportaient pas d'être exploités.

De ce point de vue, un parallèle peut être proposé avec l'islamisme radical dont le noyau dur est biculturé : rejetant la culture qui pourtant leur faisait place, il se réfugie dans les valeurs dont il est issu. Et, bien sûr, il attire autour de son noyau, comme dans un phénomène de gravitation, une frange plus large, toute disponible pour se crisper sur ses valeurs traditionnelles, jugées à la fois protectrices et attaquées. Voici le cœur, le noyau dur, tout le monde en convient, de ceux qui réagissent à ce qu'ils perçoivent comme menaces venues du Nord; les dépositaires du seul système de valeurs cohérent qui soit – aujourd'hui que le communisme est défait –, capable de proposer une organisation complète, totale, de la vie privée comme de la vie collective, et qui se sent percuté frontalement dans ses croyances par le système de valeurs jadis occidental, désormais nordiste. On sait, on l'a vu et revu en boucle, que la perception de la percussion débouchera sur des réactions objectivement percutantes.

Un Sud peut en cacher bien d'autres

Il serait bien réducteur de se focaliser exclusivement sur l'islamisme radical pour désigner les Sudistes qui rejettent… Ce serait oublier qu'une des premières marques d'irrespect au système de valeurs constitutives du Nord a été infligée par des soudards… européens.

Le vœu du «plus jamais ça» a d'abord été déchiré par des Serbes radicaux, également par d'autres ex-Yougoslaves, dans un second temps, et sur le lieu même, le Vieux Continent, qui se croyait à tout jamais vacciné contre la rechute. Comme si l'histoire de l'Europe au XXe siècle devait comporter une systématisation des démentis des vœux de bonnes intentions qu'elle prononce aux lendemains de ses errements. «Plus jamais Verdun», le vœu de 1918, foulé aux pieds au lendemain même de son vingtième anniversaire! «Plus jamais de racisme exterminateur», le vœu de 1945, n'a pas vécu plus d'un demi-siècle avant d'être confronté aux images, et à la réalité, de ses dimensions incantatoire et velléitaire.

Cette dimension essentielle du système de valeurs nordistes, que les transgresseurs partageaient par ailleurs, se mettait au travers de leurs projets nationalistes : le tabou n'y a pas résisté. La culture dont les Européens se gaussent ne sera donc jamais capable de les protéger contre leurs identités barbares et meurtrières. La transgression a été ressentie d'autant plus durement qu'elle a été accomplie par des Européens dont les autres Européens n'ont pu arrêter la main. Et le fait de l'avoir habillée sous le vocable de purification ethnique n'y a rien changé. Le néologisme n'a pas dissimulé le retour de la vieille réalité qu'on pensait bien avoir exorcisée. Dès 1994, à Srebrenica notamment, il est apparu que le ventre d'où pouvait ressurgir la bête immonde était encore fécond. Et le pire, mais peut-on parler de pire? est que l'«à nouveau ça» a pris comme victimes les seules populations musulmanes, mais guère pratiquantes et certainement pas radicales, installées depuis des siècles en Europe géographique. Un peu comme si l'on avait dit aux Turcs, à leurs descendants du Vieux Continent du moins, que le tabou de l'extermination massive valait pour tous sauf pour les musulmans. A-t-on mesuré l'effet ravageur de ce crime sur les autres populations musulmanes? Plus qu'un crime? Une faute devant l'Histoire.

Le «Sud» se composera ainsi des islamistes radicaux, sans doute, mais d'islamicides également. Les deux font la paire…

ÊTRE ET AVOIR

En parcourant les terres sudistes, nous avons identifié, dans un premier temps, «ceux qui rejettent»… Mais il conviendrait de ne pas oublier les autres, les cortèges innombrables de ceux qui ont été rejetés. Peuples, populations, voire pays : ils ne manquent pas, ceux qui ne demanderaient qu'à adhérer, accéder au système de valeurs nordistes, aux rêves de prospérité et de liberté que son séduisant *packaging* laisse entrevoir, espérer. Mais qui ont été laissés à l'écart, laissés pour compte, souvent mauvais compte, ces arriérés qui résultent et n'en finissent pas de traîner des dettes contractées, principalement auprès des pays occidentaux, à une tout autre époque.

Ces dettes d'un autre temps obligent à se souvenir de ce temps, jusqu'au début des années 1980, où l'on prêtait à l'Amérique latine, ailleurs aussi, pour que ces pays passent des commandes aux exportateurs occidentaux et contribuent ainsi à leur prospérité, que dopaient lesdites exportations. Comme dans ces longues parties de Monopoly où l'on ne veut pas qu'un joueur aille se coucher et où on lui prête afin qu'il reste à table… Les dettes contractées alors n'ont pas été, comme tant d'autres finalement, totalement honorées; elles ont été repoussées, rééchelonnées, une partie en a été effacée. Mais l'ardoise magique laisse subsister des boulets financiers aux pieds de nombreux Sudistes qui, pourtant, ne sont aucunement dans le rejet, mais bien plutôt dans le désir inaccessible.

SCÉNARIO D'APOCALYPSE

«Sudistes de tous pays, unissez-vous…» Ce slogan pourrait-il un jour retentir? Il ne saurait évidemment être question d'une nouvelle «internationale» explicite, d'alliances entre tous ces Suds dont les différences l'emportent sur les points communs… On ne peut pas imaginer, sauf manipulation génétique des mythes, un hybride, un improbable Oussama Guevara, capable de lancer le cri de ralliement «un, dix, cent!» en ne préconisant plus comme modèle la résistance vietnamienne mais l'intégrisme radical… Peu de chances d'être entendu du côté de São Paulo ou de Mexico, où les fantasmes s'orientent davantage vers Miami que vers tout autre lieu de prosternation.

Sans aller jusqu'à envisager une conjuration des Suds, inconcevable, il suffit d'imaginer une simultanéité, concomitance et convergence des affrontements que le rejet des uns, le sentiment d'être rejetés des autres, pourraient produire. Les Nordistes, même fédérés, réunifiés, auraient de grandes difficultés à faire face, dans le même temps, à tous les fronts. Lorsqu'on voit, depuis 2004, que l'armée américaine ne dispose pas d'effectifs en suffisance pour assurer des rotations de troupes en Irak, on imagine ce qu'il en serait s'il fallait être à la fois dans les faubourgs de Kaboul, Pristina, Mexico, Bagdad… ne poursuivons pas la litanie… Il a également été démontré qu'on ne pouvait simultanément se trouver sur le front irakien et les digues de la Nouvelle-Orléans. La garde nationale de Louisiane a confirmé en août 2005 qu'elle ne disposait pas du don d'ubiquité ni de celui de démultiplication. D'autant que ce ne sont pas les effectifs embarqués dans les sous-marins nucléaires ou auprès des missiles balistiques de la Guerre Froide qui pourraient, du jour au lendemain, être reconvertis. Les perestroïkas, on le sait, prennent du temps.

Il n'est point besoin d'être lecteur d'un de ces *Art de la guerre* qu'on revisite tant – comme on relit Clausewitz à la recherche de règles éternelles, de phares pour se guider –, pour comprendre que la description qui vient d'être conduite débouche sur un double plaidoyer de bon sens : pour une unification des «Nords», d'une part, et, d'autre part, pour éviter l'agrégation des «Suds». Le plan est trouvé pour la suite du raisonnement.

Réussir l'agrégation

… l'agrégation des Nordistes, s'entend. Peut-on rêver meilleure illustration des progrès accomplis à ce titre que cette photo[1]… Il ne s'agit aucunement d'un montage, mais bel et bien d'un authentique cliché pris le 21 octobre 2001 à Shanghai, lors d'une réunion des chefs d'États et de Gouvernements des pays membres de l'Apec (Forum de coopération Asie-Pacifique). Une photo de famille… la photo d'une famille recomposée. Car au-delà de Poutine, Bush junior et Jiang Zemin, on reconnaîtra les responsables – il faudrait dire les titulaires des responsabilités en cet automne 2001 – de trois des pays (la Russie, les États-Unis et la Chine) vainqueurs de la Seconde Guerre mondiale, lesquels reconstituent désormais l'alliance qui leur avait permis de vaincre, ensemble, le militarisme allemand et japonais. Certes la Russie n'est plus l'URSS, la République populaire a remplacé la Chine nationaliste et les États-Unis ont, tous les huit ans maximum, changé le locataire de la Maison Blanche. Ne manque que la Grande-Bretagne, absence

---

1. Photo AFP.

qu'aucune perfidie n'explique mais que justifie le fait que, Albion n'étant ni asiatique ni bordée par l'océan Pacifique, elle n'avait pas de légitimité pour participer à la réunion de l'Apec.

L'Alliance, victorieuse en 1945, est ainsi reconstituée en 1991, après qu'elle a été «interrompue», le temps de la Guerre Froide, cette guerre de Quarante Ans qui a opposé des covainqueurs, les tuniques bleues de la photo, pour la finale des guerres mondiales du XXe siècle, laquelle s'était déjà déroulée sous le regard ironique des derniers prédécesseurs de Jiang Zemin, après la rupture de l'alliance soviéto-chinoise. Le cliché vaut un long discours, et la date à laquelle il a été pris parle d'elle-même : six semaines après le 11-Septembre. On constatera qu'Oussama a plus contribué à faire progresser l'«alliance du Nord» que ne l'avait fait la décennie précédente… Rien n'est plus «agrégateur» que de partager les mêmes craintes, et l'islamisme radical joue à présent le rôle, sinon de grand Satan, du moins de grand ciment unificateur. La photo réunit ceux qui ont conscience d'avoir à faire face à un danger de même nature, par son origine géographique, la sociologie de son recrutement, sa nature idéologique, voire ses méthodes.

À dire vrai, si depuis le 11 septembre 2001, les États-Unis ont clairement conscience d'être en guerre contre l'islamisme radical – comment pourrait-il en être autrement? –, la Russie n'a pas attendu ce «mardi noir» pour se confronter à cette réalité et aux violences auxquelles elle expose. On sait que de sanglants attentats d'inspiration proche ont frappé Moscou dès 1999. C'est à ce titre que des groupes terroristes originaires de Tchétchénie, et influencés par l'islamisme radical, ont été accusés et condamnés, sans que l'on sache à dire vrai s'ils roulaient pour leur propre compte ou avaient été manipulés, et le cas échéant par qui. Ils provenaient de la même zone de tempêtes, au-delà du Caucase, une zone où fertilisent les radicalismes depuis l'invasion de l'Afghanistan par l'URSS.

Il faudrait probablement consacrer un statut spécial à cette année 1979 qui, tandis que la Guerre Froide vivait ses derniers soubresauts dans la fuite en avant des Soviétiques en Afghanistan, a vu se produire la révolution chez le voisin iranien. L'islamisme radical, qui a trouvé là son année fondatrice, allait provoquer à la fois la résistance islamique à l'invasion soviétique d'un côté, et la mise en place d'une République islamique de l'autre. Les principaux acteurs de la plus importante des guerres de l'après-Guerre Froide faisaient leur entrée en scène avant même que le rideau ne soit encore tiré sur la pièce précédente. Cette année 1979 fait penser à la période, comprenant le deuxième semestre de 1944 et le premier de 1945, qui a vu le décor de la Guerre Froide se mettre en place avant que ne s'achève la Seconde Guerre mondiale.

Dans le cas précis du terrorisme tchétchène, il s'est agi, dans les débuts, de mouvements nationalistes qui ne se sont ralliés au radicalisme religieux, n'ont été aspirés par lui qu'en raison de la répression dont ils ont fait l'objet. Depuis 2001 en tout cas, la liaison est faite et les prises d'otages se multiplient. On se souviendra toujours en particulier de celle qui a eu lieu en octobre 2002 dans le théâtre de la Doubrovka de Moscou, ses fauteuils pourpres juxtaposant spectateurs et acteurs d'une tragédie asphyxiée. Mais les prises d'otages se succèdent dorénavant aux abords du Kremlin, dans les trains (décembre 2003) ou dans le métro (février 2004). La photo de Shanghai d'octobre 2001 vaut bien un certificat pour Vladimir Poutine : «Je ne suis plus le seul, désormais, à avoir conscience d'être confronté au terrorisme.» On peut d'ailleurs bien volontiers admettre que les responsables russes provoquent ce qu'ils redoutent : les méthodes qu'ils pratiquent jettent les indépendantistes dans les bras des islamistes radicaux, comme en d'autres temps des indépendantistes réprimés cherchaient refuge ou alliance dans le communisme.

Mais, en réalité, celui pour qui la photo fait le plus sens est vraisemblablement Jiang Zemin. Car c'est probablement la Chine qui, des trois pays représentés, a connu la première les violences terroristes de l'islamisme radicalisé. Sait-on qu'en février 1997, déjà, des explosions meurtrières ont eu lieu dans des autobus de Pékin? Elles avaient été actionnées par des représentants de la minorité Hui. Les yeux rivés sur la Chine côtière, dont le développement rend aveugle, on en finirait par oublier qu'à l'ouest du pays vivent des Ouïgours, des Kazakhs, des Kirghiz, musulmans qui, parfois, parlent turc et prient en arabe. Voisins, eux aussi, de l'Afghanistan, ils ont le sentiment de vivre une véritable colonisation de la part des Hans, c'est-à-dire des Chinois. Une répression s'abat sur toute tentative d'affirmation identitaire. Comme au Tibet. Mais tandis qu'à Lhassa, la résistance est canalisée par le bouddhisme et symbolisée par le dalaï-lama, au Xinjiang, comme en Tchétchénie, elle est aspirée par un islamisme radical qui se reconnaît dans d'autres martyrs. Là encore, comme en Tchétchénie, on s'accorde le plus souvent pour dire que les méthodes répressives provoquent davantage ce qu'elles redoutent qu'elles ne le répriment!

La Chine a sans doute connu avant tout autre pays, même Israël, la hantise du moyen de transport collectif piégé, qui est, depuis lors, devenu la signature du terrorisme islamiste, son sceau d'authenticité.

Bus, trains, métros et avions – attendons les bateaux – sont devenus désormais à Pékin, New York, Madrid, Jérusalem, Karachi, Paris, Londres... ne poursuivons pas, des armes de destruction massive. C'était d'ailleurs bien là le sens des visites qu'ont effectuées respectivement, en avril 2002, en Turquie et en Iran, Zhu Rongji, le Premier ministre chinois, et Jiang Zemin, le président. Il s'est agi de chercher un soutien contre les mouvements séparatistes de la Chine musulmane. C'est dans la même perspective que les armées chinoises et pakistanaises ont opéré des manœuvres conjointes dans le Xinjiang en août 2004. L'exercice porte le beau nom d'«Amitiés 2004», mais l'agence Chine Nouvelle ne s'embarrasse pas de circonlocutions : le but est d'«améliorer la capacité à combattre ensemble le terrorisme et à contenir et réprimer les forces séparatistes, extrémistes et terroristes». Précisons que des militants islamistes chinois, ou accusés de l'être, sont retenus à Guantanamo. L'affaire est entendue : partageant les craintes du Nord, la Chine est bien un pays du Nord..., une des Chine(s) du moins.

On peut ainsi dire que la photo d'octobre 2001 a une portée historique aussi symbolique qu'une autre dont chacun garde la mémoire, celle qui fut prise à Yalta en 1945, sur laquelle figuraient Churchill, Roosevelt et Staline. Ce nouveau cliché pour l'histoire réunit les nouveaux alliés, ceux qui partagent la même crainte, qu'unit le même adversaire, quand bien même ils auraient chacun contribué par leur propre attitude à faire naître l'adversité, à radicaliser leurs adversaires. Le Nord est constitué de ceux qui se ressentent cible commune, ciblés identiquement. Dis-moi quelles sont tes terreurs, je te dirai à quel monde tu appartiens. Encore une fois, avoir provoqué, même partiellement, ce que l'on craint, n'enlève rien à la réalité des peurs.

PRENDRE DATE

Comme elles semblent lointaines, exotiques même, les angoisses des autres, chacun ne prenant conscience des dangers que lorsqu'ils se produisent chez lui... une occasion de vérifier la pertinence de la définition d'un égoïste : quelqu'un qui ne pense pas à moi. Gageons que si, prochainement, photo est prise du «club des pays qui ont la même peur en commun», des représentants européens y figureront. Car depuis le 11 mars 2004 et les attentats de Madrid, depuis le 7 juillet 2005 et les attentats de Londres, ils ne peuvent plus imaginer être des sanctuaires.

Dépêchons-nous d'écrire cette phrase avant que l'actualité ne la rattrape, ne la valide, ne la périme, peut-être…

Si la photo est bonne…

On aurait donc, par ordre d'entrée en scène, de prise de conscience successive par irruption domestique de l'adversaire, la Chine, puis la Russie et, enfin, bons derniers – à l'automne 2001 seulement, pourrait-on dire –, les États-Unis… Ce podium chronologique est cependant contredit par une autre photo, plus ancienne, dont la composition renvoie à une vieille mythologie, celle des posters affichés lors de la conquête de l'Ouest… On y voyait un visage, souvent patibulaire, et y lisait « *Wanted : dead or alive.* » Figurait aussi un *reward* en US dollars, un tarif de récompense… Or ce modèle d'avis de recherche, placardé dans les journaux et aéroports, avait repris du service dès le second semestre de l'année 1998 ! Le *murderer* recherché alors était un certain Oussama Ben Laden, dont la photo accompagnait celle des ruines du forfait pour lequel sa tête barbue était mise à prix pour un maximum de cinq millions de dollars : il s'agissait des deux attentats commis en août 1998 et qui avaient détruit les ambassades des États-Unis au Kenya et en Tanzanie. Deux cent vingt morts et cinq mille blessés à Nairobi et à Dar es-Salaam. Les informateurs étaient invités à contacter le site *heroes@heroes.net*… Le tarif semble bien modeste aujourd'hui, il correspondait à celui proposé pour le package des trois criminels de guerre serbes, Milosevic, Karadzic et Mladic, dont les visages ornaient dix mille posters placardés en l'an 2000 en Bosnie… Pour information du lecteur intéressé, il convient de savoir que la récompense a été aujourd'hui portée à vingt-cinq millions de dollars, comme l'avait été celle de Saddam Hussein. Il est utile de suivre attentivement le Dow Jones des criminels recherchés !

Comment peut-on dans ce cas comprendre que, pour les responsables américains, la prise de conscience du danger de l'islamisme radical semble n'apparaître dans toute son ampleur qu'à l'automne 2001, au travers du rapprochement avec la Russie et la Chine ? L'explication la plus classique est que la menace identifiée jusqu'alors ne concernait pas le territoire même des États-Unis, considéré comme un sanctuaire qui n'aurait été violé que le 11 septembre. Cette explication est certes une contribution à la compréhension mais elle ne me suffit pas, d'autant moins qu'il y eut un coup de semonce contre le World Trade Center de New York, avec un attentat dans les parkings des Twin Towers, dès

1993. Il conviendra que nous poursuivions ultérieurement nos investigations, en nous demandant quel a véritablement été l'impact de ce fameux 11-Septembre, dont tout le monde s'accorde à reconnaître qu'il constitue une rupture historique… À voir…

Quoi qu'il en soit, la ligne de partage est dorénavant clairement établie entre un Nord qu'il convient d'agréger autant que faire se peut – les Sudistes s'en chargent mieux que quiconque –, et un Sud, des Suds, dont il convient, bien au contraire, de tenter d'éviter qu'ils ne s'agrègent. De là à suggérer qu'il faudrait les désagréger, il n'y a qu'un pas sémantique que seuls des faucons franchiraient. Nordistes et Sudistes, nous voici revenus au langage de la guerre de Sécession. Poursuivons.

9

RÉFLEXIONS STRATÉGIQUES CHEZ LES FÉDÉRÉS

On s'emploiera à argumenter l'hypothèse selon laquelle les réflexions qui vont suivre sont d'un tel bon sens… qu'elles avaient déjà été formulées aux États-Unis, dans leur principe du moins, bien avant septembre 2001. Et reviendra en l'occurrence la question de la portée des attentats qui y ont été commis, ce qu'ils ont changé et la part de continuité dans laquelle ils s'inscrivent.

Nous constations à la fin du chapitre précédent combien les Nordistes étaient fédérés, davantage encore par leur crainte commune (la peur de la mort, dont l'image inversée s'incarne dans l'islamisme radical), que par leurs valeurs communes, lesquelles sont floues, inégalement et approximativement respectées. Nous précisions, en outre, que cette composante des Sudistes rejette les Nordistes : soit que ces derniers ne payent pas leur dette contractée pendant la Guerre Froide, soit que les premiers se sentent sous la menace de valeurs déstabilisatrices ou décevantes – il s'agit alors du noyau dur –, soit enfin qu'ils constituent un recours pour des indépendantistes réprimés, il s'agit alors d'un second cercle de compagnons de route, comme on aurait dit en d'autres temps.

Puisqu'il ne faut pas prendre le risque d'affronter tous les Sudistes simultanément, on en déduira tout naturellement qu'il convient de sérier les problèmes! Chaque fraction en son temps. Nous proposons de nous intéresser, dans un premier temps, à ceux d'entre les Sudistes qui rejettent le système de valeurs nordistes; nous nous pencherons, dans un second temps, sur ceux dont on disait plus haut qu'ils ont été rejetés. Répétons encore que les hypothèses présentées ici ne datent pas de l'automne 2001, elles sont vieilles comme le monde nouveau qui s'ébauche depuis la fin des années 1980.

FAIRE FACE AU REJET DU GREFFON CULTUREL

Face aux Sudistes agressifs, une première posture envisageable sera évidemment défensive. Certes, les mesures qui visent à renforcer les protections se sont multipliées depuis que l'évidence des menaces a sensibilisé chacun. N'importe quel voyageur ou visiteur a maintenant l'habitude de vider ses poches, voire de se déchausser devant les portiques détecteurs de métaux. Les caméras vidéo, les documents d'identité théoriquement infalsifiables, les *marshals* discrets dans les avions font désormais partie du paysage, et cela se traduit dans les budgets.

Depuis septembre 2001, le président Bush n'a bien entendu aucune difficulté à faire débloquer des dizaines de milliards de dollars pour lutter contre les menaces, celles qui se sont déjà réalisées comme celles qui sont identifiées – le bio-terrorisme, les containers piégés… on en passe et de pires. Le déficit budgétaire américain s'en ressent immédiatement, lui qui s'était résorbé jusqu'à se transformer en excédent pendant les mandats de Clinton, lorsque les États-Unis vivaient le bref entre-deux-guerres de la dernière décennie du XXe siècle. Un déficit de droits de l'Homme l'accompagne, avec des dispositions qui font régresser les libertés. «À la guerre comme à la guerre!», répondent les sécuritaires aux nostalgiques des temps de paix : «On ne défend pas la démocratie contre ses ennemis avec des méthodes démocratiques», font-ils observer… on avait déjà entendu ce discours.

Mais une surprise, à nouveau, apparaît lorsqu'on prend connaissance de quelques coupures d'archives… Prenons par exemple une déclaration du 22 janvier 1999 du président Clinton, lequel ne s'occupait pas uniquement des stagiaires de la Maison Blanche. Dans un discours prononcé devant l'Académie nationale des sciences, sous le titre «*Keeping America Secure for the 21st Century*», il estimait qu'«*il [était] hautement probable qu'un groupe terroriste [lance] une attaque ou une menace d'attaque bactériologique ou chimique sur le territoire américain dans les prochaines années*». En 1999 déjà, il se disait convaincu par les rapports des agences de renseignements que les États-Unis devaient, dans cette perspective, renforcer leurs défenses : «*Je souhaite attirer l'attention de la population sur ce point sans pour autant soulever une panique inutile. Il convient que les Américains ne soient ni effrayés ni endormis, ce serait là le piège.*» Dans un entretien donné au *New York Times* la même semaine, il avouait que ses nuits n'étaient pas seulement hantées par Monica, mais que si insomnies il y avait, elles tenaient au fait qu'il soupesait «*les nouveaux défis en terme de sécurité de l'après-Guerre Froide*». Il ajoutait encore «*avoir commencé à [se] préoccuper du terrorisme biologique et des autres menaces non conventionnelles six ans auparavant, en février 1993, après que des islamiques radicaux [avaient] fait exploser une bombe dans le World Trade Center de New York*». Cet attentat, qui s'était déroulé un mois après son accession au pouvoir, avait tué six personnes et en avait blessé plus de mille. Insistons bien sur la date : les propos du président ont été tenus plus de deux ans avant le 11 septembre 2001. Et pour qu'il n'y ait aucun doute quant à sa détermination, il annonçait qu'il allait demander au Sénat qu'un budget de 2,8 milliards de dollars soit consacré à des programmes de défense.

Fouillons encore les archives, non pas celles qui seraient secrètes mais celles auxquelles peut accéder n'importe quel lecteur de journal grand public. C'est en mai 2001 que celui qui est, depuis peu, le successeur de Clinton, annonce lui aussi son projet de renforcer le système de défense des États-Unis, en prolongeant et développant les projets de son prédécesseur : il s'agit ici du bouclier antimissile. Donald Rumsfeld prononce alors un discours devant la Conférence annuelle sur la politique de sécurité… Conférence qui se tient à Munich – mauvais présage – devant un aréopage de ministres de la Défense de nombreux pays : « *Les États-Unis ont l'intention de développer et de déployer un système de défense par missiles destiné à défendre notre population et nos forces armées contre une attaque limitée par des missiles.* » Il ajoute que « *les États-Unis sont disposés à prêter assistance à leurs amis et alliés qui seraient menacés par ce type d'attaque, afin qu'ils déploient le même mode de défense* ».

Ainsi donc, bien avant les attaques du 11-Septembre, les principaux responsables américains faisaient état de leurs préoccupations et de leurs projets défensifs. On est surpris de constater qu'une Commission d'enquête ultérieure se soit surtout interrogée sur le sort qu'a réservé George Bush à des informations transmises par la CIA en août 2001 – qui auraient dû l'alerter –, et qu'elle ne se soit pas livrée à un flash-back sur les années antérieures – lesquelles démontrent qu'il y avait déjà alerte depuis belle lurette. Et nous n'avons cité ici que quelques-unes, parmi les plus exemplaires, des informations qui prouvent qu'une prise de conscience existait, que des informations circulaient. Chaque semaine apporte ici sont lot de confirmation.

Nous voici, pour tout dire, à un tournant de la réflexion. Car plus on éclaire le champ de ce qui était prévisible, voire même semblait avoir été prévu, moins on comprend l'apparente stupéfaction qu'a pu représenter le coup de tonnerre du 11 septembre 2001…

PAS UN BOUTON DE GUÊTRE…

Commençons tout d'abord par (tenter de) tordre le cou aux abracadabrantesques élucubrations de ceux qui prétendent que l'Événement n'aurait simplement pas eu lieu, ne se serait pas déroulé comme on l'a dit, ou qu'il aurait été sciemment calculé par les victimes elles-mêmes. On en a déjà tellement entendu, des «historiens» de ces thèses révisionnistes qui tentent de faire leur miel, leur notoriété, leurs droits d'auteurs, leurs objectifs idéologiques, en butinant les crédules. Leurs homologues «géographes» trouveraient certainement, eux aussi, une part d'audience en affirmant que la terre est plate et que la France fait partie de l'archipel des îles Aléoutiennes. D'autant plus qu'ils affirmeraient qu'une conjuration chercherait à le nier.

Puisque les réalités qui vont sans dire vont encore mieux en les rappelant, sacrifions au truisme : oui, les attentats ont eu lieu; non les États-Unis ne les ont pas organisés eux-mêmes, comme les nazis avaient monté l'incendie du Reichstag. La réalité est plus banale, ordinaire, décevante peut-être, et si fréquente finalement… Le 11 septembre 2001, les États-Unis ont tragiquement découvert que Maginot n'est pas simplement le nom d'un sous-officier français devenu ministre de la Guerre, comme on disait alors – on n'avait pas peur des mots. Maginot, décédé en 1932 avant de voir son mode de pensée confronté aux faits, démenti par eux, est en réalité la figure emblématique d'un comportement et d'une propension universelle qui consistent à penser le futur avec les seules références du passé.

C'est dans cette tradition que se situait l'état-major français entre 1919 et 1940, lorsque dans les Écoles de guerres de l'Hexagone, on apprenait aux futurs officiers à gagner les conflits du passé, la guerre de 14. C'est ainsi que, puisque l'ennemi héréditaire avait pris l'habitude d'attaquer par l'Est, fut réalisée, entre 1930 et 1935, une infranchissable ligne de fortifications qui, de la frontière luxembourgeoise à la Méditerranée, devait rendre un *ter repetita* impossible. Il n'est sans doute pas anecdotique de rappeler que pour parfaire l'infranchissabilité de ladite ligne Maginot… son électrification avait été confiée à Siemens. Ce qui n'est finalement pas plus extravaguant que de donner des leçons de décollage à des apprentis pilotes sans vérifier qu'ils apprennent aussi à atterrir… Ce qui nous rapproche de notre sujet! On sait ce qu'il advint de la Ligne. Après ce qu'on a appelé, de manière antinomique, la drôle de guerre, le Reich a bien sûr simplement contourné la ligne de manière foudroyante dans les quelques semaines de la triste défaite du prin temps 1940. Ah! si la ligne Maginot avait existé en 1913… De la leçon maginesque, les États-Unis ont semblé se ficher… comme de l'an quarante. On le constate, conduire les yeux rivés sur le rétroviseur n'est pas une exception culturelle française.

Les États-Unis ont eux aussi développé, pour faire face à un nouvel ennemi, des systèmes de défense adaptés aux anciennes menaces, celles de la guerre précédente, dite froide. L'un des risques majeurs, ne disons pas LE risque majeur, était alors celui d'une attaque par le pays adverse localisé, l'URSS, attaque qui serait lancée de l'extérieur, à l'aide d'avions militaires ennemis ou de missiles bourrés de matériels sophistiqués et de nucléaire miniaturisé. Des décennies à vivre dans cette crainte ne pouvaient, nous l'admettons bien volontiers, que façonner, formater les esprits. Tous les systèmes de défense, ceux qui se mettaient en place sur le terrain mais aussi dans les esprits et les organisations, militaires et civiles, avaient été conçus, bandés et tendus dans cette perspective.

MORNE PLAINE

Or il apparaît que l'attaque du 11-Septembre n'a pas été lancée par un pays adverse mais par ce qu'on pourrait appeler une ONG. SDF, de surcroît, devrait-on ajouter pour désigner Al-Qaida. En outre, les avions utilisés étaient des avions civils, il faudrait préciser «amis», co-nationaux, puisqu'appartenant à des compagnies aériennes américaines. Les armes dont ils étaient chargés étaient de simples fournitures de bureaux, des cutters accessibles en VPC qui ont suffi à transformer ces avions en armes de destruction massive, *sui generis*. Et pourquoi – il faut le préciser également, même si ce dernier démenti n'a pas (encore) été asséné – les agresseurs auraient-ils entrepris d'embarquer à leur bord des ogives nucléaires miniatures, quand chacun sait qu'on survole du nucléaire gigantesque sous la forme de centrales électriques, ne serait-ce que dans l'immédiate banlieue de Manhattan, à Indian Point sur l'Hudson River?

Les attaques du 11-Septembre ont d'abord été un immense contrepied, le mot de révolution qui désigne un retournement pouvant même sembler ici légitime, si du moins l'on veut bien oublier qu'une révolution ramène généralement à son point de départ. Parlons donc plutôt d'un retournement ÉNT ou d'une terrifiante volte-face. Les États-Unis attendaient un Grouchy traditionnel et ils ont vu arriver un Blücher paradoxal. Ce n'est en rien minimiser les drames humains que de dire qu'il s'est d'abord agi des conséquences d'une immense défaite intellectuelle, d'une incapacité à imaginer l'avenir avec d'autres schémas de pensées que ceux dont on hérite du passé, d'un passé qui conditionne, enferme dans ses références. Comme si s'était vérifiée, une fois encore, cette grande propension qui conduit à chercher ses clés non pas où elles seraient perdues, mais là où il y a de la lumière.

DÉCHIFFRER...

Le 11-Septembre nous semble ainsi beaucoup plus proche d'une démarche d'auto-aveuglement, d'hallucination intellectuelle et culturelle – le syndrome de Maginot –, que de toute autre référence militaire, et notamment de Pearl Harbor (décembre 1941), auquel il fut souvent comparé au motif que dans les deux cas, des attaques surprises ont eu lieu sur un territoire américain.

Mais des différences considérables existent et le fait que Manhattan se trouve, pour les États-Unis, en métropole, soit même une, sinon La Métropole, et non point un îlot perdu d'outre-mer, n'est qu'un aspect secondaire. Et toutes les surprises ne se valent pas. Celle du 11-Septembre repose sur des processus mentaux d'une nature totalement différente de celle qui s'était produite soixante ans auparavant. Pour illustrer le processus révélé à l'automne 2001, nous proposons au lecteur de réfléchir quelques instants à la suite des chiffres que voici :

5	2	8	9	4	7	6	3	1	0

Que le lecteur m'autorise à le passer à la question... Selon quel ordre ont-ils été rangés? Il n'en manque aucun parmi les dix premiers. Nous pourrions laisser du temps, celui que les numérologues mettent à interpréter, celui des cabalistes, celui aussi des mathématiciens qui ne manqueront pas de retrancher trois puis de les ajouter, puis... À moins qu'ils ne préfèrent partir à la recherche de belles inconnues cachées dans des équations... Proposons plutôt, c'est le sous-titre de ce paragraphe, de déchiffrer, je veux dire dé-chiffrer, sortir des chiffres. Il convient en effet de prendre les chiffres proposés au pied de la lettre, puisque de savoir compter ne doit pas conduire à devenir illettré. Assez joué. Les chiffres ont été rangés par ordre alphabétique, celui dans lequel ils apparaissent dans le dictionnaire, où cinq précède deux, qui vient avant huit, auquel succède quatre, l'énumération se terminant naturellement par Z, comme zéro. Qui ne se laisse prendre? Et je parle d'expérience…

Défense et illustration du propos précédent : la manière dont nous posons les questions définit, balise le champ des réponses possibles que nous explorons. Lorsqu'il est question de chiffres, nous nous précipitons aussitôt sur les tiroirs dans lesquels sont rangés des souvenirs ou des références d'algèbre ou d'arithmétique, des réminiscences de dates ou, pourquoi pas, des numéros de téléphone. Si la réponse figure dans le champ, peut-on dire dans la question? nous ne manquerons évidemment pas, tôt ou tard, de l'y trouver. Toute question induit automatiquement, en elle-même, un territoire de réponses «explorables», qu'elle balise, et nous voici en quelque sorte bornés, dans les deux sens du mot, par la question qui nous préoccupe. Mais comme la réponse ne figurait pas dans la question de l'exercice, elle devenait dès lors introuvable à l'explorateur, par lui-même enfermé dans sa prison intellectuelle librement choisie. Seuls ceux qui «mettent en question la question elle-même» peuvent espérer chauffer dans ce jeu de cache-tampon intellectuel. Combien de fois chacun d'entre nous pourrait-il se prendre ainsi en flagrant délit où il se verrait construire lui-même le cul-de-sac contre lequel il irait buter? Et s'il ne s'agissait que de petits destins individuels… Mais l'Histoire, toutes les histoires regorgent de ces processus qui justifieraient que Paul Watzlawick ajoute un chapitre à son ouvrage intitulé *Faites vous-même votre malheur*, dont les plus récalcitrants peuvent poursuivre l'enseignement avec un second livre, *Comment réussir à échouer – Trouver l'ultrasolution.* (Éditions du Seuil)

Les problèmes les plus durs à résoudre sont ceux qui n'existent pas parce qu'ils sont mal posés, c'est-à-dire en des termes insolubles. La solution requiert d'abord une interrogation, mise en doute de la question elle-même, suivie d'une extraction, une sortie, toute recherche cessante, de l'énoncé formulé. Nous avons pourtant tous appris ce principe logique de base sur les bancs de l'école, lorsque nous nous proposions ce jeu de potache consistant à rejoindre neuf points par quatre traits, et ce, sans lever le crayon :

*   *   *

*   *   *

*   *   *

En fouillant dans nos souvenirs, on retrouvera que pour résoudre le problème apparemment insoluble, il convenait, déjà, de «sortir du cadre».

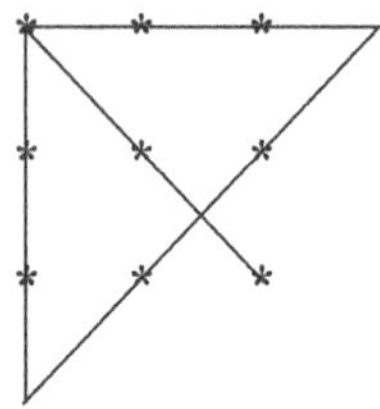

Sortir du cadre, du référentiel, comme il faut souvent sortir des questions si l'on veut amorcer une réponse. Tel est le défi que nous connaissons si bien et pour lequel, néanmoins, nous avons spontanément une répugnance intellectuelle. Comme il est difficile de changer de point de vue, déplacement qui, pourtant, ouvre les nouvelles perspectives, nous l'avons déjà vérifié.

C'est bien là le processus dans lequel se sont enfermés, avec tant d'autres conséquences, les États-Unis jusqu'en septembre 2001. Geôliers intellectuels d'une prison conceptuelle qu'ils construisaient eux-mêmes, les principaux responsables américains pensaient la Guerre d'Après avec les références de la Guerre d'Avant. Il ne saurait ici être question de tourner en dérision. Et que celui qui n'a jamais succombé au péché, mortel, de Maginot, lance le premier caillou. Il s'agit tout au plus de constater que la Guerre Froide opposait des adversaires qui avaient en commun de partager la crainte de mourir. De ce fait, la notion de dissuasion était opératoire et l'équilibre de la terreur en est résulté. Le bouclier antimissile conçu au printemps 2001 aurait été utile tant que durait la Guerre Froide. Les vainqueurs, prisonniers de la mémoire qui en résultait, ont été incapables d'imaginer ce dont pouvaient être capables de nouveaux ennemis… qui n'avaient pas peur de mourir, du moins que cette perspective ne dissuadait pas, motivait même.

On objectera peut-être que, déjà, les kamikazes japonais auraient pu constituer un précédent. Celui-ci ne me semble pas valide. Car il ne ressemble pas à la froide organisation du groupe de terroristes de Mohamed Atta, qui, de longue date, avaient prémédité, programmé leur mort commune et simultanée, la transformant en un assassinat collectif. Rappelons en effet que si les kamikazes japonais furent nombreux, on cite le chiffre de 3 450, il s'est surtout agi de milliers de destins individuels et non pas d'une conspiration. Précision supplémentaire : il semblerait que nombre d'entre eux manquaient singulièrement de spontanéité, drogués, sanglés sur le siège de leurs avions suicide – ils étaient menacés de recevoir la mort s'ils ne se la donnaient pas en se jetant sur les navires américains. De toute manière, ils ne disposaient pas du carburant nécessaire pour un voyage retour qui leur était interdit. Attentats suicide certes, mais commis par des agresseurs contraints de les commettre. Aucun point commun, donc, avec le volontarisme froid des terroristes du 11-Septembre.

LES CROYANCES ASSASSINES

Nous avons déjà eu l'occasion à plusieurs reprises, au fil des raisonnements, d'expliquer l'importance que nous attachons aux croyances dans l'écriture de l'Histoire dont nous ébauchons le récit. Retrouvons ce thème et notons donc dès maintenant ceci : alors que les États-Unis rencontrent en ce début de XXIe siècle tant de difficultés à renouveler leurs croyances mobilisatrices, que l'Europe balbutie encore les rudiments du processus, l'islamisme radical, lui, est capable de produire des croyances pour lesquelles certains sont prêts à mourir.

La machine américaine à produire des croyances est clairement encalminée, la machine européenne n'a pas encore démarré : seule la machine de l'islamisme radical semble actuellement avoir une efficacité telle que nombreux sont ceux qui sont prêts à mourir pour les croyances qu'elle diffuse. Je ne suis évidemment pas dans le jugement de valeurs, dans l'appréciation des croyances elles-mêmes, mais uniquement dans le constat des efficacités respectives des machines qui les produisent. Clin d'œil de l'Histoire, mais il ne fait pas sourire, le paradis des « fous de Dieu » les mobilise comme, jadis, le purgatoire avait joué son rôle historique. Ce paradis-là, et ses soixante-douze vierges, est un moteur historique qui réactive celui de la secte des Assassins, celui qu'avaient visité les *hachchâchi* du XIIIe siècle, dont le nom et sans doute les visions proviennent du haschisch dont ils avaient été abreuvés.

Les croyances assassines marquent des points contre les croyances aveuglées. Les assassins du 11-Septembre disposaient d'une seconde supériorité sur les cibles qui allaient être leurs victimes. Non seulement ils étaient mus par une croyance mais, en outre, ils disposaient, eux, d'une capacité de changement de point de vue. Aussi aveuglés par leur fanatisme qu'ils nous semblent, qu'ils aient été, ils n'étaient cependant pas aveugles au point de vue de l'autre, leur ennemi. Car, formés en Occident, maîtrisant sa culture, déçus, voire ulcérés par elle, ils étaient en quelque sorte bi-culturés, on l'a déjà constaté. Ils disposaient ainsi d'une vision bilatérale, celle, acquise de longue date, que leur procurait l'environnement dans lequel ils sont nés et celle, récemment acquise, de l'Occident, dont ils étaient capables de penser les faiblesses. Le 11-Septembre apparaît ainsi comme une victoire remportée par ceux qui pouvaient «sortir du cadre» sur ceux qui en étaient devenus incapables. Amère défaite.

LITTÉRATURE D'AÉROGARE

Il aurait sans doute fallu faire appel à d'autres, à des fous, à des artistes, à des enfants, à des consultants peut-être, toutes engeances dont la névrose, le talent, le statut, le fonds de commerce, prédisposent à penser hors des idées battues. On sait d'ailleurs que le scénario des Twin Towers, qu'un Pentagone héritier culturel de la Guerre Froide ne pouvait imaginer, avait été échafaudé, bien avant 2001, dans des romans sortis de l'imagination de Tom Clancy. On le retrouve également dans des caricatures de presse, certains dessinateurs pouvant ainsi apparaître comme des bouffons visionnaires. La guerre, les risques du futur, sont trop dangereux pour être confiés seulement à des militaires, dont la capacité d'imagination a la même taille, le même formatage, que la mémoire, celle de l'Histoire qui les a enfantés.

Les dangers majeurs ne proviennent pas seulement des risques qui ont été identifiés mais aussi, surtout peut-être, de ceux dont les hypothèses que l'on formule, dans lesquelles on s'emprisonne, excluent qu'on puisse les envisager. Rien n'est plus dangereux que s'enfermer dans une question sans la mettre en doute. L'heure est désormais à imaginer l'inimaginable.

LE REGARD DES CHAUVES-SOURIS

Il conviendrait de diffuser partout, dans les Écoles de guerre, mais aussi dans les Écoles de paix, dans tous les cénacles où l'on réfléchit et décide, si possible dans cet ordre, les conseils d'administration, les partis politiques, les laboratoires –, en fait en tous lieux et en tous temps, un insigne qui devrait devenir signe de ralliement de tous ceux qui veulent prendre la mesure de ce que nous apprend le coup de tonnerre de l'automne 2001 : en pin's, en poster, en t-shirt, il convient d'arborer une identité revendiquée, celle de Batman.

Ce ne sont certes pas ses «exploits» dont il conviendrait de s'inspirer, mais du riche message que véhicule son costume sur lequel figure un signe, on dirait aujourd'hui un logo, symbolisant le plaidoyer qui sous-tend mon argumentation. Chacun se souvient sans doute de l'avoir vu, et du trouble qui en est résulté. Au premier regard, on croit y voir des dents en or, un dentier scintillant qui attire l'œil et inclinerait à penser qu'un prothésiste design ou un bijoutier de la place Vendôme sponsoriserait le héros. Mais en réalité, en creux, se dessine, d'une noirceur qui ne la rend pas immédiatement visible, une chauve-souris stylisée qui est l'insigne du personnage. La symbolique est ici tellement riche que, reconnaissons-le volontiers, elle en devient pesante, du poids de nos aveuglements. Ce mammifère ailé, si décrié et à tort, voit dans la pénombre, l'obscurité de la nuit, lorsque nous-mêmes sommes handicapés. Il porte le phylactère sur lequel Dürer fait apparaître le titre de sa gravure *Melancolia 1*. Et l'animal ne répugne pas non plus à se pendre par les pieds en adoptant alors le regard renversé, aptitude au changement de point vue paradoxal que, bien entendu, nous ne possédons pas spontanément. Le piège visuel de l'insigne de Batman illustre notre propension à avoir les yeux attirés par le clinquant, une saturation chromatique, qui nous interdit de voir ce qui a du sens, ce qui est un signe, l'insigne. Il présente en fait une chauve-souris dessinée au pochoir, à la cire perdue, telle un batik.

De même qu'il existe des silences éloquents, des gens qui brillent par leur absence, des non-dits explicites, la chauve-souris du héros illustre la commune difficulté à échapper à l'apparente évidence de la perception initiale, induite par une surinformation, une «programmation» qui attire l'attention vers ce qui n'est qu'un aspect des réalités et, sans doute, sans aucun doute, pas la dimension principale, celle vers laquelle nous allons car nous sommes en quelque sorte conditionnés pour nous y diriger. Nous tombons toujours du côté où nous penchons. Nous cherchons toujours nos réponses là où nous posons les questions. Que ceux qui auraient du mal à se reconnaître dans Batman veuillent bien alors regarder le logo de Carrefour. Il tend le même piège. Nous avons, là encore, spontanément tendance à y voir des flèches, une bleue orientée vers la gauche, une autre rouge dirigée vers la droite... sans remarquer qu'elles dessinent, en creux, à nouveau, un C majuscule, celui qui permet d'identifier le nom de la chaîne de supermarchés. Aveuglement, quand tu nous tiens… Nous sommes spontanément nos propres prestidigitateurs, attirant notre œil vers un leurre, nos questions, alors que le tour se joue ailleurs. Or l'urgence est désormais, mais en a-t-il déjà été autrement, au changement de point de vue, au regard inversé, qui lui seul permet d'éviter les contresens et d'aller au sens.

Les extraterrestres, lorsqu'ils regardent notre planète, pourraient nous décliner d'une troisième façon la leçon. Outre qu'il est douteux qu'ils se définissent comme des «extra-nous» (je les soupçonne plutôt de nous percevoir comme des «extra-eux»!), ils ne considèrent pas que la terre est ronde puisque leur vision, légitime, les conduit à s'écrier que la mer est ronde dès lors que, sur terre, les deux tiers du globe sont constitués d'océans. De leur point de vue, nous sommes donc des «meriens» et il convient d'en prendre acte : cette appellation n'est pas illégitime et rend mieux compte de la réalité que celle que nous nous attribuons nous-mêmes, terriens incapables de sortir de notre référentiel, naturel certes, mais aveuglant.

L'heure est ainsi venue d'accomplir, jusqu'au plan intellectuel, la révolution qu'avait inaugurée Copernic, initiateur d'un des plus géniaux contre-pieds de l'Histoire de la pensée, un retournement de point de vue tellement difficile à accepter que les tenants du regard traditionnel ont conduit les «révolutionnaires» comme Galilée à abjurer, quand ils ne les ont pas tout simplement brûlés vifs, à l'instar de Giordano Bruno. Aujourd'hui, ils se brûlent eux-mêmes, les aveuglés du regard traditionnel, les borgnes du point de vue orthodoxe et unilatéral.

Les faits, et le 11-Septembre plus qu'aucun autre de l'actualité récente, lancent le défi de l'obligation de penser sur un mode paradoxal, en retournant les questions habituelles : quels sont les risques dont sont porteurs des ennemis qui n'ont pas la conception de la vie et de la mort que partageaient les anciens belligérants de la Guerre Froide? De part et d'autre, à l'époque, les adversaires combattaient finalement d'autres eux-mêmes, leur propre image à peine retouchée de différences idéologiques cosmétiques, comparées aux différences culturelles qui s'affrontent en ce moment. Le conflit des Nordistes avec l'islamisme radical confronte des ennemis qui se regardent comme dans un miroir aux visions du monde inversées. Je ne conteste pas que l'indispensable retournement des points de vue soit difficile à accepter… et, plus encore, à mettre en application. Comment, par exemple, pouvons-nous éviter de nous cabrer, de nous insurger même, lorsqu'un polygame excipe de sa propre tolérance vis-à-vis de notre conception monogame, pour exiger, de notre part, une tolérance symétrique pour ses propres pratiques?

La révolution des points de vue s'accompagne naturellement de révoltes. Mais c'est là le prix à payer pour comprendre et agir.

MONTREZ CETTE QUESTION QUE JE NE SAURAIS VOIR

Quelques-unes des plus grandes ruptures de l'Histoire de la pensée sont le fait de ceux qui ont été capables de changer les questions. Plus déterminantes ont été leurs contributions que celles des individus qui se sont contentés, reconnaissons toutefois leurs mérites, de trouver des réponses, jusqu'alors cachées, à des questions connues. Que Pasteur et ceux qui ont contribué à la découverte de la vaccination nous inspirent par leur innovation paradoxale : alors que, depuis que l'humanité existait, on tentait de protéger l'organisme contre les maladies en renforçant ses défenses extérieures, ils ont soupçonné la chauve-souris derrière l'évidente approche du «bon sens» : en inoculant les virus de manière délibérée, quel paradoxe apparent! certes sous une forme atténuée, ils ont permis que l'organisme développe son propre système de défense.

Peut-être pourrait-on ici proposer une réflexion sur une approche «pasteurisée» de la question de l'islamisme radical? Pour s'en protéger, faut-il donc uniquement qu'on repère les pestiférés, qu'on les identifie parce qu'ils agitent leurs crécelles, qu'on se terre, se barricade derrière des systèmes de défense sans cesse renforcés? Pourquoi ne pas envisager aussi d'injecter dans le corps qui se perçoit comme menacé, une forme atténuée, un islam qui ne se reconnaît pas dans l'islamisme? Le lecteur ne manquera pas de faire le parallèle avec le débat engagé, mal engagé, sur la question de la Turquie dans l'Union européenne. Il pourrait en l'occurrence s'agir d'une forme de vaccination contre la menace. Il arrive, on le sait, que certains vaccins provoquent des réactions, se révèlent même dangereux – on a parfois été conduits à en interdire, et, ici, rien n'autorise à affirmer de manière péremptoire que la prophylaxie serait, à coup sûr, efficace. Mais il est permis d'affirmer que le refus d'envisager la question sous cet angle est, lui, à n'en pas douter, pathogène.

Elle n'est évidemment pas spontanée, la démarche à laquelle il convient de s'atteler – le changement de point vue «révolutionnaire» – et, comme certaines greffes, elle peut conduire à des rejets. Pourtant elle est urgente… Si nous ne nous entraînons pas – une ardente obligation

– au changement de point de vue, les faits se chargeront, eux-mêmes, de multiplier les prises à contre-pied… Et cela ne concerne pas uniquement les États-Unis de l'après 11-Septembre!

BATMAN IS A FRENCHMAN

Maginot n'est toujours pas classé monument historique et il demeure prophète en son pays. De très nombreuses situations récentes montrent qu'en Hexagonie aussi on continue, assurément, à confondre le rétroviseur-dentier avec le collimateur-chauve-souris… Nous ne retiendrons que quelques exemples postérieurs au 11 septembre 2001, tant il est vrai qu'écrire une histoire exhaustive du processus d'enfermement dans des hypothèses convenues serait une tâche titanesque – l'auteur n'y est pas prêt – qui supposerait une culture encyclopédique – l'auteur ne la possède pas.

Quelques illustrations seulement, donc… Qu'on veuille bien, ce sera un premier exemple, se souvenir de la quasi-tétanie qui a abasourdi les responsables de la sécurité des centrales nucléaires françaises ou des usines de retraitement de combustible au lendemain des attentats qui ont frappé les États-Unis. Depuis des décennies, ils avaient en effet continuellement identifié, comme risque essentiel, celui qu'une fuite accidentelle se produise à l'intérieur d'une centrale… et se diffuse à l'extérieur. On peut d'ailleurs espérer, et à ce jour constater, que la plupart des éventuelles versions françaises du syndrome chinois, ces accidents qui se sont produits aux États-Unis, à Three Miles Island et à Tchernobyl dans l'Ukraine encore soviétique, sans parler du Japon, ont été envisagés, analysés, anticipés.

Mais ce fut un coup de tonnerre dans le ciel des hypothèses sereinement retenues lorsqu'il apparut, le 12 septembre, qu'un risque majeur était celui d'une perforation délibérée venue de l'extérieur, un avion détourné faisant office de perceuse. Certes le scénario de la chute accidentelle d'un avion, un petit, avait été pris en compte, mais pas celui d'une agression volontaire et massive. L'Autorité de sécurité nucléaire le reconnaît désormais (*Le Monde* du 11 septembre… 2005). L'hypothèse n'avait pas été prise en compte, au travers d'un des innombrables processus mentaux par lesquels on restreint le champ des questions auxquelles on tente de répondre, au motif que ce scénario ne s'était jamais produit, qu'il était statistiquement invraisemblable. Ou que le coût certain n'était pas justifié par l'hypothèse improbable. «Jamais» est souvent synonyme de «pas encore», et les statistiques sont une forme sophistiquée de l'art de l'auto-aveuglement puisqu'elles confèrent l'apparence d'une rationalité chiffrée à ce qui n'est qu'un consentement à l'aliénation. L'installation, dans l'urgence, de missiles Crotale pour protéger ce qu'on découvre pouvoir être des cibles potentielles est alors apparue comme une réponse à la carence des hypothèses qui sous-tendaient la construction des sites menacés.

MENÉS EN BATEAU

Proposons un second exemple de la cécité librement consentie, dans sa version française. Il s'est produit au large du Yémen, en octobre 2002, tandis qu'inspirés par la litanie des catastrophes allant de l'*Amoco Cadiz* au *Prestige*, on multipliait les dispositions réglementaires visant à éviter que de nouveaux pétroliers se fracassent sur des côtes avec leur cortège de marées noires. On en vint même à interdire les pétroliers monocoques. Il va de soi qu'en outre, de gigantesques lettres NO SMOKING se lisaient sur les pétroliers eux-mêmes, rappelant qu'une étincelle venue de l'intérieur…

C'est à ce moment-là que le pétrolier français Limbourg a été délibérément percuté par une vedette suicide, de même que l'*USS Cole*, un porte-avions américain qui, quelques mois auparavant, avait fait l'objet d'un terrorisme maritime. Un marin bulgare du Limbourg y trouva la mort et, de nouveau, il fut mis en lumière que les dentiers avaient une systématique propension à occulter les chauves-souris : les risques ne viennent pas uniquement d'un accident intérieur, hypothèse privilégiée, mais peuvent aussi surgir d'une agression délibérée et extérieure, éventualité sous-estimée.

CE N'EST QU'UN JEU…

Un troisième exemple, plus léger – il faut bien respirer un peu –, s'est produit lors de la Coupe du monde de football qui s'est déroulée en Corée et au Japon en juin et juillet 2002. La France venait y défendre son titre de 1998, sa gloire rehaussée par la victoire dans le Championnat d'Europe deux ans auparavant. L'équipe partait évidemment favorite. Notons incidemment que le qualificatif de «favori» entretient d'ailleurs l'ambiguïté puisqu'il tend à confondre celui dont on aimerait qu'il gagne et celui dont on pense qu'il possède des chances de gagner. Avoir les faveurs du cœur – chaque pays accorde les siennes à ses nationaux – n'est pas suffisant pour disposer de celles des pronostics. On peut ainsi rapidement prendre ses désirs pour des réalités. Personne, même les frénétiques parmi les supporters inconditionnels, n'aurait cependant affirmé que la France allait gagner à coup sûr. Mais le pire des scénarios envisagés était alors qu'elle puisse perdre, disons en demi-finale, contre un futur vainqueur : le Brésil aurait tenu sa revanche, l'Allemagne aurait été dans son rôle, et la défaite honorable.

L'action de la chaîne TF1, qui allait retransmettre les exploits, atteignait des sommets au début juin, ce qui montre qu'à la Bourse aussi, on peut rencontrer des fans-clubs, peut-être même des hooligans. En tout état de cause, le premier tour de la Coupe du monde n'allait être que tour de chauffe, mise en jambes, simple formalité, personne n'en doutait. Le titre, je veux dire l'action de TF1, fut vivement secoué lors des rencontres de ladite formalité : une expulsion de Thierry Henry et c'est comme si le carton rouge avait été adressé aux actionnaires, plus dure encore fut la chute en Bourse. Si l'élimination stupéfiante et prématurée de l'équipe de France n'a pas entraîné une radiation du titre, il est néanmoins apparu clairement que cette hypothèse n'avait pas un instant été envisagée, puisqu'on n'allait faire qu'une bouchée des demi-soldes que constituaient les adversaires du premier tour – le Sénégal, l'Uruguay et le Danemark. Citons Zidane : « *Nous n'avions pas imaginé cela.* » Aucun but marqué sur le terrain et le but des rêves était manqué. On se rappelle qu'une autre élimination « impensée » s'est une nouvelle fois produite au Portugal, en juin 2004, lors du Championnat d'Europe de football.

Il convient aussi d'ajouter l'arrogance à la liste des processus qui conduisent à exclure parmi les hypothèses qu'on envisage… que l'hypothèse de départ elle-même soit erronée, le scénario soit fantasme. Où l'on retrouve l'apologue de la peau de l'ours. Plus les chasseurs sont nombreux, plus ils ont tendance à s'auto-intoxiquer mutuellement et à surenchérir sur le prix. Il ne fait guère de doute que l'arrogance avait sa part dans l'auto-aveuglement des États-Unis, si confiants en leurs méthodes qui avaient vaincu l'URSS… Les terroristes du 11 septembre 2001 se sont bien entendu engouffrés dans les brèches qu'ouvre une confiance qui ne se met pas en doute. Pour sa part, l'équipe de France de football a remis en cause son arrogance paralysante, au point de considérer en 2005 comme de grandes victoires le fait de l'emporter sur les îles Féroé et Chypre. *Sic transit…*

Laisser rire les fous et s'obliger à interroger la pertinence des questions dans lesquelles ils s'aliènent, telle pourrait être la morale de notre voyage aux pays des aveuglés par eux-mêmes. Voyage qui n'est pas terminé…

JE ME VOYAIS DÉJÀ…

Je ne solliciterai pas Aznavour pour chanter l'ambition de ceux qui rêvent de se retrouver tout en haut, cependant il sera question d'affiche à la fin de ce passage. C'était pendant l'horreur d'une profonde soirée du 21 avril 2002. Depuis quelques années de cohabitation tendue, les candidats battaient en fait la campagne, et depuis plusieurs semaines l'affaire était entendue : le second tour des élections présidentielles françaises allait opposer le sortant et son Premier ministre. Chacun des finalistes inscrivait sa tactique, sa posture, ses mots dans cette perspective. Les électeurs tenaient tellement ce scénario pour écrit, inscrit dans du marbre, qu'ayant déjà arrêté leur final choix pour le 12 mai, ils se firent plaisir lors du premier tour. Plaisir parfois de ne pas voter. Plaisir aussi de choisir de donner sa voix à un candidat exprimant davantage une opinion qu'une ambition. Un candidat de premier tour, en quelque sorte, dont on ferait bien un ami mais quand même pas un président. On sait ce qu'il advint.

Une fois de plus devient coutume, c'est l'hypothèse elle-même, la question dont on croyait que la réponse serait «le duel Chirac-Jospin au deuxième tour», qui s'est révélée fausse. Et là encore, hélas encore, l'éventualité n'avait pas effleuré que ce soient les prémisses du raisonnement (dont la conclusion était logique) qui aient pu être erronées. Ce n'est aucunement le propos de suggérer un exercice d'autoflagellation collective, tout au plus aimerait-on qu'on y trouve un enseignement, afin que les mêmes causes ne reproduisent pas les mêmes conséquences. N'insistons pas sur la vérification du principe, déjà rencontré à l'échelle de ce vaste monde, que les batailles sont toujours gagnées par le camp le moins désuni. Ne martelons pas trop non plus qu'en démocratie représentative, il ne convient pas essentiellement de voter pour un candidat qui plaît mais pour quelqu'un susceptible d'être élu. Ces considérations nous feraient sortir de notre sujet, que l'événement a pourtant illustré. On peut également imaginer que Machiavel ait inspiré Jacques Chirac, qui a tant insisté pour que Charles Pasqua retire sa candidature, tout en poussant les radicaux de gauche à proposer la leur, laissant ainsi le camp de son adversaire plus divisé que le sien… Ce scénario apparaît, même avec du recul, tellement risqué qu'on peut douter qu'il ait été élaboré.

Avril 2002 a surtout confirmé que les plus grandes surprises, les plus grands déboires proviennent d'une erreur dans la formulation des interrogations, plus encore que de l'apport de réponses fausses à de bonnes questions. Que nous ayons été nombreux, innombrables, à nous enfermer ainsi dans une hypothèse démentie n'est pas une consolation, mais pousse plutôt à rechercher les ressorts du processus qui s'est refermé en piège à démocrates. On sait tout d'abord que plus on est de fous, plus l'aveuglement s'auto-alimente. Certes. Mais d'où est venu le mouvement de foule? Qui donc aurait ainsi contribué au rassemblement des aveuglés? Entre autres processus psychologiques classiques déjà cités, il faudrait ici citer la multiplication de sondages dont tous les résultats accréditaient le scénario d'une lutte finale circonscrite aux deux «principaux» candidats.

Il ne s'agit pas de participer à la curée qui a suivi le démenti, car je ne doute pas que les résultats des sondages aient été… exacts, c'est-à-dire qu'ils aient reflété correctement les réponses de l'échantillonnage choisi aux questions posées. On sait évidemment aussi qu'ils créent l'opinion autant qu'ils la reflètent, et c'est la raison pour laquelle leur publication est théoriquement interdite dans les jours qui précèdent les scrutins. Cet interdit les crédibilise davantage encore, et nul n'ignore qu'à l'heure d'Internet il est purement formel. N'importe qui, en un clic, peut accéder aux ultimes réponses formulées, par les échantillons sondés, aux questions posées par la Sofres, Ipsos et quelques autres.

Mais justement, parlons des questions! Elles consistaient bien entendu à demander aux personnes interrogées d'exprimer leurs intentions de vote. Ne pouvaient donc se prononcer, dans les premiers mois de 2002, que ceux qui jugeaient leur opinion «exprimable». Or, pour nombre de ceux qui envisageaient de voter pour Jean-Marie Le Pen, le contexte politique de l'époque rendait cette intention inavouable. Du fait de cette autocensure, les scores à venir du Front National se trouvaient sous-estimés, les sondés honteux, toute honte bue dans le secret de l'isoloir, glissant dans l'urne un bulletin en faveur d'une option politique indicible. Comme si Batman nous hantait de nouveau, lui qui nous avait déjà appris à «voir l'invisible», ce qu'on ne voit pas spontanément, il nous enseigne à présent que les sondages n'expriment que les opinions exprimables… De même que le crime parfait existe mais n'est jamais connu — il existe de ce caractère même d'être inconnu —, de même l'inavouable…

n'est pas avoué à Maître Sondeur. On ne peut sonder l'insondable. Tel est leurré qui croyait prendre le pouls de l'opinion.

Batman fut finalement le vrai vainqueur des élections de 2002, le seul en tout cas à ne pas être victime des jeux de dupes. Une bien belle défense, illustration supplémentaire, permet de justifier cette affirmation. Et il sera question d'affiches, de celles qui avaient été préparées pour la campagne de Lionel Jospin. Non pas les grandes, mais celles qui devaient être collées sur les panneaux officiels devant les bureaux de vote. On imagine combien de réunions ont soupesé le poids des mots, le choc désiré de la photo du candidat, le choix des couleurs. D'innombrables intelligences y ont certainement été conviées, et leurs commentaires sémiologiques ont vraisemblablement conduit à remettre l'ouvrage plusieurs fois sur le métier. Jusqu'à l'*imprimatur*. Que désormais les colleurs accomplissent leur basse besogne! *Damned.* Les affiches avaient été conçues au format «paysage» alors que les panneaux de présentation sont au format «portrait»... Et toute tentative pour coller «en largeur» sur un support «en hauteur» conduisait à un échec, version à peine corrigée de la fameuse quadrature du cercle... Il a fallu dans ces conditions apposer deux affiches, l'une au-dessus de l'autre, sur le même panneau. Mais une jolie alternative en est résultée car la superposition a conduit soit à dissimuler le patronyme du candidat, soit à cacher sa photo. Batman se charge lui-même d'adresser ses confraternelles félicitations à l'agence de communication concernée – ne communiquons pas son nom. Qu'importe le format pourvu qu'on ait le contenu, qu'importe la question pourvu qu'on soit persuadé d'avoir la réponse...

RETOUR AU 11-SEPTEMBRE

De tout temps, sans nul doute, les chercheurs ont été susceptibles d'être répartis en deux grandes catégories : ceux qui partent à la recherche des réponses et ceux qui s'interrogent sur les questions elles-mêmes. Il faudrait ici relire Bachelard pour trouver confirmation que les plus grands «trouveurs» se situent dans la seconde famille. Or, il n'est pas d'événement historique qui, autant que le 11-Septembre, requière que l'on sollicite les questionneurs de questions. Car toutes les réponses au défi lancé par les attentats existaient... Les agents des services de renseignements disposaient d'un très grand nombre d'informations sur les terroristes, leurs activités. Coleen Rowley, responsable du bureau du FBI à

Minneapolis avait établi, plusieurs mois avant les attentats, un rapport auquel il ne fut pas donné suite.

Mais pourquoi prêter attention à des clés quand on n'a pas conscience qu'on se trouve devant une serrure? Ce qui est en cause n'est pas principalement la collecte de l'information – elle existe –, ni même sa circulation – elle a lieu –, mais son traitement. Comme dans la parabole de *La lettre volée* : la lettre n'est dissimulée que parce qu'elle se trouve là où on ne la cherche pas, où elle crève les yeux. Admettons toutefois que subsistent des lecteurs sceptiques qui persisteraient à croire que les États-Unis ignoraient tout de ce qui allait se dérouler en septembre 2001, et d'autres encore qui s'en tiendraient au scénario contraire – ils savaient et auraient laissé faire… sans que l'on sache d'ailleurs dans quel but.

Voici alors une illustration, fournie *a posteriori*, qui montre combien des dysfonctionnements dans le traitement de l'information peuvent, à eux seuls, suffire à expliquer que le 11-Septembre ait été stupéfiant. On sait que Mohamed Atta et quelques-uns de ses complices avaient suivi des cours de pilotage dans une école d'aviation de Venice, au sud de la Floride, alors même qu'ils ne possédaient pas le statut d'étudiant – c'était là leur moindre défaut. Ils avaient par ailleurs déposé une demande de visa. On admettra que la délivrance de celui-ci ne leur était plus vraiment nécessaire après le 11-Septembre et que les impétrants avaient, pour le moins, cessé d'être clandestins ce même jour. Il n'empêche. En mars 2002, Mohamed Atta et Marwan al-Shehhi, un autre pirate, ont vu leur demande de visa satisfaite par l'INS, le service d'immigration américain! À titre posthume, en quelque sorte. On devrait traduire devant les tribunaux ceux qui ont élaboré les procédures administratives qui ont suivi leur cours. Le double chef d'inculpation serait «intelligence avec l'ennemi sans intention de la donner» et «crime contre l'intelligence»!

Courteline, Ubu et Kafka viennent ici prêter main-forte à Batman. Où l'on retrouvera toute l'ambiguïté du mot «intelligence» qui, en langue anglaise, désigne le renseignement. Préférons-lui cette autre acception : ce qui aide à rendre intelligible. L'intelligibilité requiert que l'on change de lunettes pour regarder les défis du monde nouveau. En haut de l'ordre du jour, il faut s'entraîner au changement de point de vue, s'obliger à envisager de nouveaux angles d'approches puisque ceux qui rendaient intelligibles le monde de la Guerre Froide sont dorénavant non opératoires. Pas plus que la carte n'est le territoire, la perception des dangers n'est le danger lui-même. La perception est façonnée par le passé, les dangers en gestation résident dans un futur radicalement différent. La Guerre Froide était une guerre entre des conceptions de la vie, le conflit actuel est un affrontement entre des conceptions de la mort. Une lutte entre ceux que leurs croyances poussent à accepter délibérément la certitude de périr et ceux que leurs doutes conduisent, tout au plus, à prendre le risque de mourir, en hésitant beaucoup. Celui qui pense disposer d'une martingale gagnante – l'accès au paradis – laisse-t-il une chance au joueur tourmenté par ses hésitations?

Nous revenons ainsi sur l'évolution, dans la seconde moitié du XXe siècle, de la relation que les «Nordistes» entretiennent avec la mort. Elle peut être décrite, expliquée et comprise – on a ébauché plus haut ce travail et il en ressortait que les Nordistes avaient cru pouvoir faire leur deuil de la mort collective. Survivants ou descendants de survivants, il n'est pas vraiment étonnant qu'ils aient été épouvantés ni même qu'ils aient cru que leur effroi les protégeait de la résurgence des dangers effrayants. Leurs dirigeants ont même dû, dans le dernier quart du siècle, brandir le slogan «zéro mort» afin de ne pas raviver leurs brûlures. Mais il n'est pas douteux qu'alors, d'autres aient vu comme une garde baissée l'expression de la montée de nos peurs. Voilà qui ne préparait pas non plus à penser «autrement», c'est-à-dire, on finirait par l'oublier, comme l'«autre» est susceptible de penser.

Comment s'obliger à imaginer ce dont sont capables des ennemis qui ne partagent pas la même angoisse que celle qui, par moments – des parenthèses historiques –, nous retient de commettre le suicide en groupe? Il est véritablement surprenant que l'Occident, qui a été capable de beaux suicides collectifs, notamment au XXe siècle, puisse être stupéfait du suicide collectif de quelques dizaines de personnes. D'un autre côté, il convient de s'efforcer de voir ce qu'on aurait tendance à qualifier d'invisible; l'intelligence de l'époque suppose que l'on tente d'imaginer ce que l'on croit spontanément inimaginable. Au risque de l'oxymore, affirmons cependant qu'il faut tenter de «penser l'impensable».

UN RISQUE PEUT EN CACHER UN AUTRE

Après avoir plaidé la nécessité du regard «renversé» pour faire face à des dangers renversants, il faut anticiper l'éventualité qu'on ait pu être convaincant, trop convaincant même… Et que les prosélytes de la chauve-souris, qui maintenant crève les yeux, ne jettent dorénavant aux orties le dentier qui leur obstruait initialement la vision…

Si le premier regard était certes réducteur, il ne mérite pas plus l'excès d'honneur qu'on lui faisait, que l'excès d'indignité d'un rejet rageur. Car on n'aurait alors rien gagné à passer d'une vision unilatérale à une autre, à changer d'obscurantisme en quelque sorte. En y regardant mieux, en effet, nous ne sommes en présence exclusive ni d'un dentier ni d'une chauve-souris. Laissons les intégristes de l'un s'opposer aux fondamentalistes de l'autre, Charybde et Scylla font la paire, symétriques larrons en foire d'empoigne. En effet, une tentative d'«intelligence de la réalité» doit conduire à préciser que chacun dessine l'autre, mutuellement et réciproquement, et que l'affrontement des tenants des deux visions unilatérales… oppose deux points de vue également exacts, et identiquement erronés s'ils excluent l'autre. La réalité est bilatérale et seule la vision double en rend compte.

C'est ainsi qu'il ne saurait être question de prétendre que seuls les nouveaux risques doivent être recherchés, ce qui reviendrait à changer le monocle d'œil, alors que doit être recherchée la vision binoculaire. Je ne développe donc pas ici un plaidoyer pour la seule vision paradoxale. Je revendique toutefois ma proposition de compléter la vision traditionnelle, spontanée, qui conduit aux problématiques connues, par un second regard, renversé, dont l'éventuelle fécondité mérite à tout le moins d'être recherchée. Quand on sait les culs de sac dangereux à laquelle conduisent l'approche «doxale» et ses rétrécissements de problématiques, on admettra qu'on puisse ouvrir de nouvelles pistes en tentant d'y adjoindre une approche paradoxale.

UN ÉTÉ 2003…

Qui ne se souvient de la prise à contre-pied à laquelle ont donné lieu les vacances de cette année-là? Vacances du pouvoir et de la pensée, aussi, peut-être. Depuis quelques mois, les pouvoirs publics s'employaient à prendre à bras-le-corps la seule véritable grande cause pour laquelle les Français semblent encore prendre des risques, à en mourir même : le droit de pouvoir circuler le lundi de Pentecôte, sans limitation de vitesse, tout en téléphonant et fumant au volant. À grand renfort de radars et de permis suspendus, les huit mille morts par an, deux World Trade Center cumulées annuelles, que les routes, les conducteurs surtout, fauchaient en France jour après jour, ont été enfin regardées en face.

Les résultats n'ont pas manqué de se faire sentir puisque la peur du gendarme est dans ce seul cas plus grande que celle de mourir. Et l'Observatoire de la sécurité routière pouvait annoncer début septembre qu'une baisse de 17,2 % des victimes avait été enregistrée le mois précédent – la décimale est à coup sûr importante pour la crédibilité du chiffre. Cinq cent vingt-cinq tués au lieu de six cent trente-quatre chez les août iens de 2002 ; certains indiquaient que « cent neuf vies avaient été ainsi sauvées », comme si leur décès avait été programmé. Et de surenchérir sur une tendance lourde puisqu'une comparaison sur huit mois permettait d'enregistrer une baisse de 19,4 % – il faudrait calculer combien de morts représente 0,4 %.

Triste mois d'août caniculaire où seul Batman devait être de garde au ministère de la Santé. Car si le dentier du carnage routier existe bel en bien, une hécatombe aussi invisible qu'une chauve-souris se déroulait dans le même temps : on dit que près de quinze mille vieillards, ayant remisé leur permis depuis bien longtemps, sont morts de manière anticipée, l'indifférence – une autre forme du refus de voir – précipitant des décès qui, en temps normal, se seraient étalés discrètement, normalement, sur de nombreux mois. « Il n'y a jamais eu autant de morts en France depuis la Libération », pouvait titrer *Le Monde* du 10 septembre 2003. Autant de drames humains individuels. Et une défaite collective de la pensée puisqu'ils résultaient de l'irruption d'une problématique sinon « impensable », du moins impensée.

LA FRANCE ET LES PARADOXES DE L'ÉTÉ 2004

Que de contre-pieds au cours du mois d'août de l'année suivante, mois de tous les démentis ! Maginot était pourtant aux aguets. Le réchauffement de la planète, dont la France se rappelle parfois qu'elle fait partie, ne nous la ferait plus. Cette fois.

Les brumisateurs avaient été distribués dans les « foyers de personnes âgées » pour qu'ils ne soient plus les mouroirs de vieux de l'année précédente. Les ventes de conditionneurs d'air avaient explosé, les ministres chapitrés devaient demeurer à moins de deux heures de Paris, prêts à s'exprimer en tenue contractée – surtout pas de polo –, au moindre signe. Ruée vers les côtes ouest tempérées des vacanciers fuyant le Sud torride. Tout était en place pour suivre tranquillement les Jeux d'Athènes – quel dommage que le principe de précaution ne soit pas une discipline olympique, la France aurait pu viser la médaille d'or ! On veillait aux grains; on en essuya plus d'un. Record de pluie battu, campings inondés, vacanciers rincés, hôteliers méridionaux dépités, ministres de garde pour un hommage tacite à la culture du rétroviseur. Soyons beaux joueurs, ce fut là une bien bonne nouvelle pour la nappe phréatique et pour les rescapés de la retraite par répartition : combien de vies ont-elles été «sauvées»?

Il convenait en effet de déguster la parenthèse estivale puisque la rentrée s'annonçait de tous les dangers pour le *melting-pot* à la française, sans cesse davantage malmené par la montée, de mois en mois, des pulsions communautaristes. Les affirmations identitaires allaient être confrontées, tout début septembre, au principe de réalité de la loi sur les signes religieux ostensibles, voire ostentatoires, à l'école. Et les manifestations de xénophobie, d'intolérance, de racisme, d'antisémitisme – dans une version toujours renouvelée –, d'anti-arabisme, d'anti-islamisme, se multipliaient, la conjuration des imbéciles étant la première à s'engouffrer dans la brèche ouverte par la fissure des tabous pour aller profaner les tombes.

Or il advint cet été-là que deux parmi les principales (numériquement parlant) composantes de la société française qui se sentent minoritaires, menacées ou marginalisées, ont été quasi simultanément prises à contre-pied dans le processus de constitution de communautés antagonistes qui se nourrit de lui-même. Déjà au mois de juillet, la Marie L. du RER D, puisqu'on la désigne ainsi, avait simulé une agression antisémite. Croyant son jour de gloire arrivé, elle avait suscité une hyper-réaction de tous : politiques, journalistes, vous, moi aussi. Si la baudruche en question fut prestement dégonflée, la réalité de l'agression raciste est demeurée, mais à l'encontre de ceux que la jeune débile narcissique avait accusés : les jeunes noirs et arabes qui vivent en «zone 3» de la Carte orange. Le loup existe mais on sait que crier son approche, tout le temps et trop vite, l'attire plus que cela ne le dissuade. Le même processus fut à l'œuvre quelques semaines plus tard lorsque Raphaël B., un simple d'esprit qui fréquentait le foyer juif de la rue Popincourt à Paris, y bouta lui-même le feu, tentant de dissimuler une petite vengeance personnelle en résurgence de la bête. Analphabète, trahi par son inculture et sa propre bêtise, il a pourtant contribué à stimuler l'espoir que l'on peut mettre dans les approches paradoxales.

Car Marie et Raphaël, en injectant leur vaccin-venin dans la société française, ont concouru à une sécrétion d'anticorps. Ceux qui redoutent, légitimement – est-il besoin de préciser –, la résurgence de l'antisémitisme, savent à présent qu'il convient également de contrôler leurs propres réactions puisqu'à force d'être instantanées, elles sont susceptibles de se retourner, une perversion paradoxale mais combien réelle. On peut imaginer, espérer, qu'un peu de prudence, juste le temps d'une vérification, précédera désormais les réactions de ceux qui sont attentifs à ne « rien laisser passer ». Une frange de ceux qui seraient tentés par de véritables agressions antisémites, ne pouvant plus compter sur une caisse de résonance médiatique immédiate, cherchera alors un autre terrain pour assouvir son narcissisme et sa quête de reconnaissance. Que la Star Ac' leur tende une main secourable.

Certains ne tolèrent pas les vaccins, et deux fausses agressions antisémites ont ainsi montré que la société française ne tolérait pas plus la fin du tabou qui refoulait cette forme de racisme-là, que le voyeurisme antiraciste qui lui a succédé. Peut-être une bonne nouvelle, finalement… qui n'arrive pas seule. Car une contribution symétrique a été enregistrée au même moment chez les musulmans de France. La minorité d'entre eux, d'entre elles, qui revendiquaient l'affichage de leur identité, de convictions religieuses et parfois idéologiques, se préparaient à cacher ces cheveux qu'on ne saurait voir dans les cours des écoles laïques et républicaines. Comment allait pouvoir s'appliquer la toute nouvelle loi sur la laïcité, face à des pratiques voilées? C'est alors que deux journalistes français furent pris en otage entre Bagdad et Nadjaf, en Irak, par une armée islamique qui subordonna leur libération à l'abrogation de la « loi sur le voile », puisqu'ils ne se préoccupaient évidemment pas des autres signes distinctifs. Deux journalistes menacés dans leur vie avec, même si ce n'est assurément pas l'essentiel, interdiction de transmettre de l'information. Mais leur quasi-mutisme contraint a connu un retentissement infiniment plus grand que leurs papiers publiés. Et a contribué aux changements plus que tout autre travail de correspondant de guerre français.

On sait que le Conseil français du culte musulman, à peine né et déjà très divisé, eut à connaître à cette occasion son baptême, si l'on ose dire, du feu. Conscientes des dangers que représentaient ces militants du voile venus de l'extérieur de France, pour ceux qui le revendiquaient à l'intérieur, les instances représentatives – ou du moins reconnues comme telles par les autorités publiques – de l'islam français se démarquèrent immédiatement et se mirent à plaider unanimement la cause républicaine d'une loi qui par ailleurs les fractionnait. (Cela inclut aussi l'Union des organisations de l'islam de France, pourtant en flèche dans les affirmations identitaires – on se souvient de l'accueil qu'elle réserva à Nicolas Sarkozy venu à son congrès en 2003, et on se rappelle qu'elle incita, pendant l'été 2004, les jeunes filles françaises à se préparer à rentrer au lycée habillées «comme elles le souhaitaient», c'est-à-dire non pas comme la loi s'apprêtait à le leur demander.) On vit même ces instances s'envoler vers Bagdad pour tenter d'y expliquer que ces dispositions n'étaient pas islamophobes, reprenant à leur compte la relative exception culturelle que représente la France laïque. Des jeunes femmes voilées se retrouvèrent place des droits de l'Homme pour réclamer la libération des otages. On entendit la Marseillaise chantée en arabe. Certaines filles qui s'apprêtaient à effectuer sous voile la rentrée scolaire estimèrent qu'il convenait de l'ôter et, moins d'une semaine plus tard, si les otages étaient toujours prisonniers, la France enregistrait un second coup d'arrêt au processus de «communautarisation»… Et les musulmans français d'être reconnus comme de bons citoyens.

En l'espace de quelques jours, le plaidoyer pour une approche paradoxale que je développe ici connut ainsi deux validations. À dire vrai, cette validation a surtout revêtu la forme d'une démonstration de la pertinence de la théorie de la «prescription du symptôme» dans laquelle se loge la démarche que je préconise. On sait que celle-ci, il faut vraiment lire ou relire Paul Watzlawick, prolonge la logique paradoxale que recèle la vaccination : c'est parfois en «injectant» le problème qu'on peut «provoquer» une solution. Les faits sont là : des attentats d'apparence antisémite peuvent se retrouver au service de la lutte contre l'antisémitisme. Et une violence islamique radicale venue de l'extérieur rend un immense service à l'immense chantier de l'intégration des musulmans français. Ces résultats paradoxaux ne doivent cependant pas dissuader les efforts de ceux qui, de la commission Stasi aux organisations antiracistes, poursuivent les mêmes objectifs au travers d'une approche «doxale»… D'autant que, on le constate de manière récurrente, un pas en avant s'accompagne bien vite de deux pas en arrière, comme le montre l'automne 2005.

Chaque année apporte son lot d'illustrations d'une Histoire observée d'un regard exclusivement doxal et que percutent des événements paradoxaux. Chacun poursuivra au gré de l'actualité… Il est cependant impossible, en terminant la rédaction de cet ouvrage à la fin de l'année 2005, de ne pas rappeler deux tragiques démentis que viennent d'enregistrer les regards unilatéraux. Depuis des années, l'attention était attirée sur les dangers que les hommes, par leurs pratiques, représentaient pour la mer, leur avenir commun. On ne saurait contester un tel signal d'alarme. On doit cependant faire revenir à l'esprit qu'il ne préparait aucunement, ne serait-ce qu'à imaginer, les dangers symétriques dont l'eau est porteuse pour les hommes. Et pourtant la mer a toujours été cruelle! Mais, là encore, on s'imaginait sans doute en avoir terminé avec le danger archaïque, Prométhée avait soumis Neptune... jusqu'au 26 décembre 2004, lorsqu'un tsunami a remis en mémoire que ce n'est pas l'homme qui prend la mer mais l'océan qui prend les hommes. Le drame n'était pas seulement où l'on regardait. Cruellissime, la mer s'est rappelée une seconde fois aux bons souvenirs de ceux qui ne parlaient que pollution de la mer par l'homme et ne voyaient pas se former les vagues et trombes qui, fin août 2005, allaient dévaster La Nouvelle-Orléans. Il convient du reste de constater que, dans le cas précis, le paradoxe a été à double détente puisque, finalement, ce n'est même pas le danger extérieur qu'on observait, le *hurricane*, qui s'est révélé le plus meurtrier, mais les digues du lac Pontchartrain qui, en cédant, ont inondé *New Orleans*. La catastrophe n'est pas essentiellement le résultat d'un phénomène naturel venu de l'extérieur, mais surtout de la faiblesse de constructions humaines de l'intérieur.

On croit lire, relire sans cesse la même histoire, celle des visions unilatérales meurtrières. Illustrations constamment renouvelées pour que doxaux et paradoxaux travaillent de concert en emboîtant mutuellement leurs pertinences respectives, leurs clairvoyances partielles mais complémentaires, remettent sans cesse l'ouvrage de l'intelligence sur le métier, cet ouvrage dont la trame se compose d'un regard à l'endroit et d'un autre à l'envers. Peut-être faudrait-il envisager, dans cette perspective, de condamner à vivre, et de manière épicurienne, ceux qui aspirent à mourir et que la perspective d'une condamnation à mort ne saurait évidemment dissuader? Alors seulement pourrait-on, peut-être, suggérer que la leçon du 11-Septembre a été entendue... dans sa dimension méthodologique, qui oblige à chercher une nouvelle question à de vieilles réponses défensives. Défendre, se défendre, parer les coups, tenter d'inventer de nouvelles parades – il ne saurait bien sûr être question de s'en tenir là, puisque...

LA MEILLEURE DES DÉFENSES...

Dont acte. L'adversaire est identifié depuis belle lurette. Les approches défensives pour s'en protéger sont contraintes à une révolution culturelle. Après tout, le succès, disait Churchill, c'est «*la capacité d'aller d'un échec à l'autre sans perdre l'enthousiasme*». Fera-t-on mentir le mythe de la lucidité churchillienne, sortira-t-il indemne des réflexions qui vont suivre? Dans un autre aphorisme, il déclarait en effet que «*les démocraties préparent les guerres après qu'elles ont été déclarées*». On sent bien ici les conséquences du complexe de Munich, qui peut conduire, quelques décennies coupables plus tard, à préconiser les frappes préventives…

Il faut donc attaquer! Et la démocratie américaine, on a pu le constater, ne s'en est pas privée bien avant le 11-Septembre. Quoi de neuf depuis lors – «là encore», aurait-on tendance à dire? Attaquer l'adversaire identifié, les missiles Tomahawk n'ont pas manqué de le faire au Soudan, aussitôt après les attentats d'août 1998 contre les ambassades américaines au Kenya et en Tanzanie. Une usine chimique en a fait les frais, dont on ne sait pas à vrai dire si elle fabriquait des engrais et/ou des explosifs. Et puis AZF a démontré de manière tonitruante que la frontière est des plus floues entre ce qui fait pousser la terre et ce qui rase le sol. En Afghanistan aussi, des camps d'entraînement des milices d'Oussama ben Laden ont dû subir le même assaut de missiles de croisières, bien avant septembre 2001.

Une question identique à celle que nous soulevions s'agissant des méthodes défensives revient donc encore. Quoi de neuf sous le soleil qui se lève, à partir du 12 septembre 2001, sur les décombres du World Trade Center? Faut-il se contenter de dire que les novations apportées aux approches offensives par les attentats de septembre 2001 porteraient sur l'intensité des moyens mis en œuvre? Certes, il n'y a aucune comparaison possible, au plan quantitatif, s'agissant des moyens déployés. Mais il ne semble pas que ce soit là l'essentiel et on peut aller au-delà, il faut même dépasser la simple mesure de l'échelle des intensités.

Lorsqu'il m'arrivait, avant septembre 2001, d'aborder ce point, je distinguais deux variantes dans les méthodes offensives auxquelles il était jusqu'alors fait appel. Une première méthode consistait à frapper l'adversaire, à distance, en appuyant en quelque sorte sur un bouton qui allait déclencher une attaque, laquelle ne frapperait sa cible que de nombreux kilomètres plus loin ou en dessous. Il s'agissait en réalité de ces frappes qu'on disait chirurgicales pour ne pas dire que le frappeur allait essayer de ne pas se faire mal lui-même. Nous étions alors au temps du «zéro mort», chez les assaillants s'entend. Une approche imprégnée des souvenirs du Vietnam, réactivés à Mogadiscio, qui privilégiait un résultat qu'on voulait spectaculaire – des ruines fumantes… –, en évitant par-dessus tout aux téléspectateurs la vision de corps, et plus particulièrement, il va sans dire, de victimes chez les soldats occidentaux devenus nordistes. C'est ainsi que la première guerre du Golfe a sans doute provoqué, sur le moment, peu de victimes américaines, et moins de morts, chez les soldats français de l'opération Daguet, qu'il y en aurait eus si, restés en France, on les avait laissés prendre le volant le samedi soir. Le paroxysme de cette approche a sans doute été atteint lors de la guerre du Kosovo, qui ne fit pas le moindre mort parmi les aviateurs bombardiers de la coalition. Le moins de victimes possible chez ceux qui attaquaient, répondaient aux attaques. Mais il fallait aussi éviter de se faire mal à l'âme. C'est dans cette perspective qu'on s'employait, évidemment sans toujours y parvenir, à éviter ce qu'on appelle les bavures. C'était là le sens de ces frappes qu'on voulait «chirurgicales», soucieux d'éviter autant que faire se pouvait les «dégâts collatéraux» – tous ces mots semblent dater, datent véritablement d'un autre siècle.

Cette première variante, «offensivement correcte», n'avait bien sûr rigoureusement rien à voir avec l'autre démarche offensive, celle qu'utilisaient les autres Nordistes qui venaient de l'ancien bloc de l'Est – nous parlons de l'armée russe qui n'hésitait pas, elle, à recourir à des méthodes d'une extrême brutalité. En l'occurrence, il n'était plus question de bavures mais d'une violence méthodique et assumée. «Terroriser les terroristes» fut le mot d'ordre dans le cadre de la deuxième guerre de Tchétchénie à partir du 1er octobre 1999. Quiconque a vu une photo de Grozny en ruines, a prêté ne serait-ce qu'une oreille aux innombrables témoignages, sait qu'il s'est agi alors d'un très classique processus visant à terroriser l'ensemble de la population dont étaient issus les terroristes. Au risque, avéré, de constituer un vivier élargi pour le terrorisme ultérieur. C'était aussi l'époque où les tenants de la variante «mains propres» critiquaient ceux qui ne répugnaient pas à avoir les mains sales. Le président Poutine faisait alors observer à ses détracteurs droits-de-l'hommistes qu'il était en train de se battre contre des adversaires qu'eux-mêmes, donneurs de leçons, auraient à affronter un jour. Ceux-là en doutaient et soulignaient qu'en tout état de cause, il convenait de mettre les formes et de contrôler les images. Pour un peu, on aurait conseillé à Poutine de recourir à un directeur de la communication. Ce distinguo subtil a vécu. Il n'aura pas survécu au 11-Septembre.

JADIS ET NAGUÈRE

Il n'a échappé à personne que désormais plus une âme sensée, nous excluons donc les intellectuels, ne trouve rien à redire aux méthodes de gougnafiers telles qu'elles sont employées pour répondre aux immondes prises d'otages, entre autres, qui se déroulent à Moscou, en Ossétie du

Nord ou ailleurs. Ce qui valait réprobation n'est dorénavant plus critiqué. On se souvient ainsi que le ministre néerlandais des Affaires étrangères a battu en retraite précipitamment, lorsqu'au lendemain du carnage de Beslan en septembre 2004, il s'est contenté de dire, au nom de l'Union européenne dont son pays assurait la présidence, que les modalités de prise d'assaut de l'école où des centaines d'enfants étaient pris en otage posaient question. Cette interrogation fut immédiatement jugée «blasphématoire» par son homologue russe. Repli et fin de partie.

On notera par ailleurs que la Russie illustre ici, et à sa manière, la propension méthodologique, soulignée précédemment à propos des États-Unis, à mettre en œuvre les méthodes du passé pour faire face aux défis du présent et du futur. Car ce n'est pas atténuer la portée des reproches de brutalité formulés contre les troupes russes que de dire qu'elles appliquent en outre des méthodes d'un autre âge. Elles donnent l'assaut aux lieux où s'enferment les preneurs d'otages avec les méthodes du Pacte de Varsovie, celles de Budapest en 1956 ou de Prague en 1968. Dans la grande tradition des armées russes, reprise à plusieurs occasions par les troupes soviétiques, il convient d'écraser un problème pour tenter de le résoudre. Maginot, pour ses méthodes en forme de rétroviseur passéiste, a sans doute été traduit en russe. Se pose toutefois la question de savoir si un adversaire peut être considéré, un jour, comme vaincu s'il vous a dégradé en vous poussant à recourir à ses propres méthodes? On y a toujours réfléchi sans jamais y répondre autrement que sur le mode d'une déclaration de principes. La question ressurgit donc. Vaincra-t-on l'islamisme radical en recourant à des moyens qui ressemblent aux siens? Il est sans conteste plus facile de poser la question devant son ordinateur que d'y répondre ou d'y réfléchir dans le feu des actions…

Tout donne donc à penser que la réponse froide sera toujours qu'il faut respecter les «droits de la guerre», les Conventions de Genève. Tout donne à penser également que la réponse de principe sera rarement, pour autant, respectée dans la chaleur des faits. Car non seulement plus personne – ayant charge de responsabilités en Occident – ne critique à haute voix les méthodes russes jadis réprouvées, mais en outre, on aura remarqué que ceux qui les critiquaient jadis ne répugnent plus désormais à y recourir. L'année 2004 aura à ce titre été celle de toutes les avanies; il faudrait parler d'avanies retournées car l'étymologie du mot renvoie au traitement que, au XVIe siècle, les Turcs infligeaient aux chrétiens! Et dans le cas précis, il s'agissait d'une simple demande de rançon.

Les temps ont bien changé : on voit à présent soldates et soldats, qui sont au service de la démocratie, s'abandonner, de Guantanamo aux prisons irakiennes en passant par des prisons «délocalisées», à leurs instincts sadiques et exhibitionnistes. Ceux qui ont été surpris, au cours de l'année 2004, par la résurgence des bas instincts et son organisation méthodique, auraient pourtant dû s'y préparer : dès l'automne 2003, le Pentagone avait organisé le visionnage d'un film du réalisateur italien Gillo Pontecorvo, *La bataille d'Alger*, afin que les militaires américains s'imprègnent des leçons françaises. L'exception culturelle remporte ici une victoire au goût acide. On pourrait dire ici que s'agissant des approches offensives, un Rubicon méthodologique vient d'être franchi, une véritable rupture culturelle qui conduit les anciens prêcheurs de vertu à se convertir à des pratiques où l'on perd son âme, pour ceux qui y croient. Où, en tout état de cause, on foule aux pieds ses propres valeurs. Il faudrait vraiment remettre à l'affiche *Les mains sales* de Jean-Paul Sartre. Dans les gravats du 11-Septembre, des croyances ont été enfouies, celles de valeurs qui ont été foudroyées par les attentats et auxquelles on espérait pouvoir encore se cramponner un temps.

De même qu'il faut désormais apprendre à «penser l'impensable», il semble qu'il faille aussi se préparer à «accepter l'inacceptable». Ce qui différencie les démocraties, et leurs préventions, des autres régimes qui ne répugnent à aucune turpitude, ne me semble pas être essentiellement les méthodes auxquelles recourent les unes et les autres, mais le traitement qui leur est réservé lorsqu'elles sont découvertes. La démocratie américaine l'a d'ailleurs illustré en 2004, elle dont les procédés ont été parfois abjects, mais qui se révèle capable de les mettre crûment en lumière, et quasiment sans délai, de les exposer à des opinions critiques, de les juger même. C'est dans cette perspective qu'il faut aussi situer certaines pratiques de l'armée israélienne, une ancienne icône des mains propres – le passé dont elle était héritière l'y obligeait. Dans un rôle de force d'occupation, elle se salit parfois les mains. Mais il arrive aussi que des victimes portent plainte et que la Cour suprême d'Israël leur donne raison. À l'aune de la vertu, les démocraties ne sont certes pas des parangons, mais du moins acceptent-elles qu'on puisse critiquer leurs propres pratiques non vertueuses. Ce commentaire fera en outre transition vers le chapitre suivant, qui aborde un sujet dont on peut s'étonner qu'il ait jusqu'à présent été comme esquivé… Il sera en effet question d'Israéliens et de Palestiniens. Et non pas seulement au détour d'une phrase.

UNE RÉVOLUTION « MANAGÉRIALE »

Renversant début de millénaire, le XXIe siècle sera révolutionné ou il ne sera pas… Et c'est sur un troisième terrain qu'une troisième révolution peut se lire. Non plus au niveau des méthodes mises en œuvre pour subir ou conduire la guerre de l'après-Guerre Froide, mais au titre du lieu et du cadre dans lesquels le conflit sera « managé », on peut préférer dire « géré ».

Le lecteur a peut-être conservé en mémoire un constat formulé dans les toutes premières pages de ce livre et qui prenait acte du fait que l'Histoire est écrite par les vainqueurs… On se limitera donc à rappeler que tous les conflits qui ont accompagné la Guerre Froide ont évidemment été gérés par les vainqueurs, et assimilés, de la Seconde Guerre mondiale.

On sait aussi que la gestion des conflits se déroula au sein de l'ONU et plus particulièrement dans son Conseil de sécurité. Le management y fut pour le moins heurté puisque chacun des deux grands utilisait son droit de veto quand bon lui semblait. La France, bien qu'elle disposât aussi du même droit, en arriva même à « traiter » – comme on dit aujourd'hui – l'Organisation, à la traiter de « machin » – comme disait à l'époque le général de Gaulle. La désinvolture condescendante avait peut-être une légitimité politique au moment où elle s'exprimait. Mais elle a présenté un inconvénient majeur pour la mémoire collective des Français – il en a déjà été fait état dans cet ouvrage –, constituée d'une dose d'amnésie mêlée à une pincée d'ingratitude pouvant mener à des conduites désordonnées et, vues de l'extérieur, incompréhensibles.

Conduite désordonnée lorsque les États-Unis ont entrepris de remettre en cause cette situation, entre l'automne 2002 et mars 2003, à l'occasion de la préparation de l'offensive contre Saddam Hussein. Les États-Unis avaient jusqu'alors continué à laisser les conflits de l'après-Guerre Froide se gérer, tant bien que mal, dans le cadre de l'ancienne organisation née dans les ruines de la seconde Guerre mondiale. Ils ont progressivement estimé que le mal finissait par l'emporter sur le bien. Soit l'ONU était à la remorque des événements, en Yougoslavie par exemple, soit elle était d'une passivité proche de la complicité – on peut citer le génocide rwandais –, soit elle leur apparaissait inefficace – l'impossible recherche, et pour cause, des armes de destruction massive irakiennes en étant la dernière illustration…

Mais il y avait pire encore puisque, après tout, l'inefficacité relative des Nations unies avait existé souvent au temps de la Guerre Froide elle-même, et on devait bien s'en accommoder… Le pire étant que subordonner des actions à une décision des Nations unies revenait à donner un droit de veto à des pays qui n'étaient pour rien, ou si peu, dans les résultats de la Guerre Froide, ou l'avait même perdue! Que la Russie, après la défaite de l'URSS, conserve un droit de veto apparaît aux États-Unis comme un anachronisme. Que la France menace de l'exercer est également scandaleux pour des Américains! Et pourquoi, en 1945, au sein de la nouvelle ONU, ne pas avoir laissé à l'Allemagne et au Japon les sièges que ces deux pays occupaient dans l'ancienne Société des Nations, pendant qu'on y était? Lorsque les États-Unis cherchaient à faire pression sur l'Irak, pour provoquer l'élimination de Saddam Hussein plus encore que celle de ses armes cachées, l'attitude française a été jugée incompréhensible. Tout apparaissait comme si la France se comportait tel un invité, à la table du Conseil de Sécurité, qui s'incrusterait et voudrait empêcher la maîtresse de maison de faire son ménage. Cette posture n'est compréhensible que par la convergence de deux explications.

Nous avons déjà évoqué la première : la France, oublieuse des circonstances de 1939-1945, peu glorieuses pour elle, en est arrivée à croire que l'Histoire est écrite par le droit et non pas sur les champs de bataille, ce que le droit officialise dans un second temps. Cette réalité est certes regrettable, mais elle est. La regarder contraindrait à regarder en face le passé mythifié d'une France victorieuse. Il n'est pas simple de vouloir se remémorer une amnésie de soixante ans.

On ne peut, d'un autre côté, imaginer un seul instant qu'un tel trou de mémoire ait pu frapper Dominique de Villepin. Que sa flamboyance ait été jugée irritante et incomprise, passe encore. Que lui-même ait été dupe n'est pas crédible. Essayons de raisonner logiquement, il en résultera une hypothèse… S'il s'agissait d'un ministre des Affaires étrangères qui s'exprimait au Conseil de sécurité, ses propos et la position défendue par la France deviennent incompréhensibles puisqu'il ne pouvait ignorer que la question des armes de destruction massive irakiennes n'était qu'un prétexte dont les Américains avaient besoin. Incompréhensible! Et l'homme qui s'exprimait est habituellement compréhensible. C'est donc que les propos tenus n'étaient pas ceux d'un ministre des Affaires étrangères! Mais alors? Mon hypothèse est que celui qui parlait le faisait en réalité avec un point de vue de ministre de l'Intérieur, rôle qu'il n'allait d'ailleurs pas tarder à endosser effectivement. Sa posture était la seule que la France pouvait adopter compte tenu de sa sociologie. Le pays européen qui comprend à la fois la plus importante population musulmane et la plus grande minorité juive ne pouvait prendre le risque de transformer des enjeux internationaux en conflits internes. Si on veut bien expliquer la position de la France, on la qualifiera de médiane, motivée par des considérations de politique intérieure... alors tout devient lisible et compréhensible.

Lorsqu'il est si difficile d'enseigner l'Histoire récente dans les écoles d'une France plurielle hyper-émotive, il n'est pas étonnant qu'à la tribune de l'ONU, la place Beauvau, Matignon bientôt, aient pu pointer sous le Quai d'Orsay.

Nous arrivons d'ailleurs à un point des réflexions qui peut aider à comprendre, d'une manière plus générale, de nombreux choix de politique étrangère faits par la France, et pourquoi ils sont malaisés à comprendre pour Washington. Depuis le milieu du XXe siècle, la France est constamment confrontée au risque de voir le principal conflit international de l'époque se transformer en guerre civile. Ainsi, durant la Guerre Froide, c'est en France, et en Italie mais avec d'importantes nuances, qu'existait la principale minorité qui, au sein d'un pays occidental, se reconnaissait dans un Parti communiste. La France pouvait-elle, dès lors, faire autrement que flirter avec le non-alignement? De même, dans le contexte de l'après-Guerre Froide, la France doit continuer à tenir le plus grand compte des éventuels retentissements intérieurs de ses choix de politique dite «étrangère», qui l'est si peu en fait. Il y a là une énorme différence avec les États-Unis, pour qui la Guerre Froide a été exclusivement un conflit extérieur. Quant au conflit avec l'islamisme radical, s'il est susceptible – c'est le moins que l'on puisse constater – de se dérouler sur le territoire américain, il ne risque en aucun cas d'y dégénérer en guerre de Sécession. De ce fait, en France, un ministre des Affaires étrangères est toujours peu ou prou un ministre de l'Intérieur qui parle de ce qui se passe hors de l'hexagone.

Il n'est sans doute pas de meilleure confirmation de cette hypothèse que ce qui s'est produit, en septembre 2004, dans la gestion par Michel Barnier et Dominique de Villepin – son prédécesseur provisoirement transféré place Beauvau – de la crise ouverte par la prise d'otages de deux journalistes français en Irak. Ils ont agi comme titulaires d'un secrétariat d'État aux Affaires étrangères rattaché au ministère de l'Intérieur. Les émeutes qui ont éclaté à l'automne 2005 dans ses banlieues confirment la fragilité sociologique de la France, qui peut à tout moment traduire en français des conflits extérieurs. Cette fragilité intérieure dessine ce qui n'a que l'apparence d'une politique étrangère.

On en conviendra peut-être, la position américaine consistant à vouloir court-circuiter les Nations unies avait sa logique. Celle de la France avait la sienne. Les tensions entre les deux alliés ne se résument donc pas à une animosité personnelle, qui n'arrange rien, entre George et Jacques – elle risque fort de se prolonger, avec des nuances de forme, quels que soient les locataires de la Maison Blanche et de l'Élysée. Logique, la position des États-Unis? Pas totalement cependant. Car s'ils allaient au bout de leur logique, ils devraient proposer de remplacer le Conseil de sécurité «froid», celui qui est né en 1945 et est anachronique depuis le début des années 1990, par un nouveau Conseil où siégeraient les covainqueurs de la Guerre Froide : c'est-à-dire eux-mêmes et des représentants de l'islam radical. Impensable, n'est-ce pas?

En finira-t-on avec le 11-Septembre par une synthèse lapidaire? Cet événement est encore plus marquant pour l'histoire des prises de conscience que pour l'Histoire elle-même. Il révèle ce qu'implique la fin de la Guerre Froide. Face à un conflit dont le principe était acquis avant les attentats, une triple remise en cause est en chantier. Penser l'impensable. Accepter l'inacceptable. Gérer l'ingérable. Les croyances de la guerre de Quarante Ans sont devenues anachroniques, les nouvelles croyances restent à inventer, sur trois terrains – un triple défi qui est naturellement loin d'être relevé. Et puis, réaffirmons-le, l'histoire des prises de conscience, des croyances en gestation, est partie intégrante de l'Histoire.

Les considérations qui précèdent, à propos de l'exception sociologique française, conduisent tout naturellement à aborder une autre problématique, consciencieusement esquivée jusqu'à maintenant. Rendons-nous donc dans au Proche-Orient, un si proche orient, surtout pour la France.

ISRAËL ET ISMAËL
SONT DANS UN BATEAU...

Deux motifs principaux, tout d'abord, pour justifier qu'un traitement spécifique soit réservé dans ce livre aux conflits qui opposent Israéliens et Palestiniens.

Il s'avère en premier lieu, et je l'admets bien volontiers, que les affrontements, guerres et Intifadas semblent prendre à contre-pied la grille de lecture qui est proposée dans cet ouvrage. Juste retour des choses, après tout, pour celle-ci qui plaidait pour la fécondité des approches paradoxales... En effet, ce qui sous-tend l'ensemble des chapitres qui précèdent est une conviction – ne pas confondre avec une certitude! – que la fin de la Guerre Froide est une clé de compréhension majeure, un quasi passe-partout qui permet de comprendre les réalités du monde qui se met en place. Or les conflits dont nous allons traiter ont clairement précédé la Guerre Froide, l'ont accompagnée, ponctuée même parfois, et ne se sont pas arrêtés avec elle, bien au contraire. Tout se passe comme si nous nous trouvions en présence d'un conflit irréductible à la matrice de traitement des informations que nous utilisons...

Il m'est ensuite apparu, au fil de rencontres et voyages, qu'en réalité, la méthode préconisée au fil des pages – penser autrement, changer de point de vue – pouvait précisément offrir de nouvelles perspectives d'analyse qui nourriraient au moins l'espoir de renouveler les innombrables réflexions que ce conflit suscite. Un peu. Peut-être... L'entrée dans la réflexion se fit à partir du constat qu'en dépit de toutes ces réflexions, des non moins innombrables efforts pour sortir de l'affrontement, celui-ci semblait renouveler sans cesse les conditions de sa pérennité et demeurait, dans sa folie, pour partie incompréhensible. Comment tant de gens peuvent-ils ainsi, en apparence, aller aussi clairement à l'encontre de leurs intérêts, provoquer ce qu'ils craignent et sembler n'être d'accord que pour une fuite en avant suicidaire? Certes, on en a vu d'autres, et en Europe même, de ces courses à l'abîme... mais justement Israël a été construite sur ces ruines. Est-ce là une perception qui souffre d'être extérieure, donc mal informée? Le regard extérieur, on l'a vu, s'il pêche pour sa méconnaissance de la complexité de la réalité, peut offrir l'opportunité du changement de distance focale, voire autoriser la révolution des points de vue.

LE CHOIX DES MOTS...

Comme tout le monde, je ne cessais de regarder le conflit comme un affrontement historique, depuis 1948, entre Israéliens et Palestiniens. Mais cette formulation me gênait déjà aux entournures. Et les mots sont d'une importance cruciale, ce sont eux qui servent à se comprendre ou à mentir. Le choix des mots peut conduire à créer d'insolubles problèmes ou, au contraire, à orienter vers leur résolution.

Qu'on s'intéresse, par exemple, nous sommes en plein dans notre sujet, à la résolution 242 des Nations unies, qui demande à Israël de ne pas figer la situation créée par la Guerre des Six-Jours, en 1967. La version anglaise de la résolution est ainsi formulée : «*to withdraw from occupied territories.*» Elle fut adoptée par toutes les parties. Mais elle peut faire l'objet de deux traductions françaises : «se retirer de territoires occupés» ou bien «se retirer des territoires occupés». De certains d'entre eux? Israël fait valoir qu'elle a respecté la résolution. De tous? Et notamment de Jérusalem? Israël s'y refuse absolument.

La formulation «conflits israélo-palestiniens» me posait un autre problème dès lors qu'elle ne rendait pas compte du fait que les conflits existaient sous une autre forme, avant que, en 1948, les Juifs locaux ou venus d'ailleurs, qui étaient alors eux aussi palestiniens, ne deviennent israéliens; des Arabes de Palestine accédèrent aussi à la même nationalité, tandis que d'autres Arabes de Palestine se retrouvèrent apatrides, dans l'errance puis la fixation à l'étranger. En réalité, il aurait donc été plus rigoureux de parler de conflits intrapalestiniens, concernant les Juifs et les Arabes, qui, par ailleurs, ne sont pas tous musulmans puisqu'une minorité chrétienne ne saurait être négligée. En outre, la formulation «conflits Israéliens-Palestiniens» ne rendait pas davantage compte des trois guerres israélo-arabes avec des pays arabes, dont on peut cependant dire qu'elles se sont greffées dessus, qu'elles les ont au minimum pris pour prétexte.

Et depuis que les guerres avec les États arabes ont cessé, le conflit reprend, s'arrête – croit-on à Oslo en 1993 –, reprend encore. Et une, et deux Intifadas... Et la perception d'un «conflit Israéliens-Palestiniens» de reprendre du service, à moins qu'il ne faille dire Israélo-Palestine, ce qui renverrait au fait que deux États s'affrontent, l'un réel, créé par la volonté des Nations unies en 1947 (résolution 181 du 29 novembre), proclamé le 14 mai 1948. Et l'autre, la Palestine arabe, prévue elle aussi comme devant voir le jour au même moment, mais dont les Arabes de Palestine et des pays arabes n'ont pas voulu, contestant le premier État qui amputait le territoire du second. Commencèrent alors la guerre d'Indépendance pour les uns, la Catastrophe (*Nakba*) pour les autres, la violence et les drames pour tous… J'ignore comment se dit «cul-de-sac» en hébreu et en arabe. C'est le moment de se souvenir que lorsqu'un problème apparaît insoluble, il faut changer de problème. Ou plutôt lorsque sa formulation est sans issue, c'est peut-être la formulation elle-même qui est en cause…

À MOI, FIDÈLE BATMAN…

Et si d'aventure nous n'étions pas uniquement, essentiellement, face au conflit Israéliens-Palestiniens, dont l'apparente évidence pourtant saute aux yeux – mais on sait qu'il peut en résulter un aveuglement? Non pas que ce conflit n'existerait pas, cela s'entend. Mais il ne serait ni unique ni celui qui aurait le plus de sens.

Ce sont des amis libanais qui m'ont suggéré une hypothèse qui, comme un bout de fil qui dépasse, peut conduire vers une piste… Les Libanais savent mieux que quiconque que certaines guerres civiles, certaines guerres dont toutes les apparences sont celles de guerres civiles, peuvent en fait être des guerres étrangères «importées» localement. Les Libanais ont vécu cette réalité – beaucoup n'y ont pas survécu – à partir de 1975, et, d'une certaine façon, la paix civile froide qui prévaut actuellement dans ce pays est également «importée», notamment de Damas. Il conviendrait d'ailleurs de dater le propos, l'assassinat de Rafic Hariri en février 2005 confirmant la réalité de l'hypothèse et la fragilité de ses applications…

Ce n'est pas là le seul exemple, disons qu'il s'agit de l'un des plus récents et des plus spectaculaires. Pourquoi, dès lors, n'existerait-il pas des guerres qui semblent, mais semblent seulement, «étrangères», comme celle qui nous préoccupe ici? Conflits qui apparemment confrontent les Israéliens et les Palestiniens, qui auraient les apparences de guerres étrangères, mais les apparences uniquement. Autre chose, en creux, se trouverait là, essentiel, malaisé à apercevoir tant est clinquante l'apparence trompeuse, telle une chauve-souris occultée par un dentier qui attire l'œil. Je propose de nommer «guerres civiles exportées» cet autre chose. Et il me semble, après rencontres, discussions, lectures et voyages, que nous tenons là une hypothèse qui mériterait d'être validée ou infirmée. D'autant que des précédents existent : la guerre de 1870 lancée par Bismarck ne se comprend-t-elle pas aussi à la lumière des divisions internes de l'Allemagne, que la Prusse voulait cicatriser?

Le fait est que chacune des deux sociétés qui s'affrontent, l'israélienne et la palestinienne, est en réalité traversée de clivages, tensions, contradictions qui les mènent chacune au bord de l'implosion violente. Une véritable guerre civile latente menace chacun des protagonistes, dont ils ont tous deux une telle peur qu'ils ne l'évitent que grâce à l'existence d'un adversaire extérieur, commun aux différentes fractions, qui solidarise donc les forces centrifuges et ainsi les agrège. Chaque société aurait par conséquent intérêt à la pérennité de son adversaire. Cette hypothèse peut être soumise aux réalités de chacune des deux sociétés belligérantes. Je ne suis spécialiste d'aucune, mais un observateur, même profane, ne peut pas manquer de constater des réalités évidentes.

Pluralités palestiniennes

Parler des «Palestiniens» comme d'une entité homogène ne rend aucunement compte des innombrables clivages qui les traversent. Des différences de culture, d'intérêts et de projets sont radicales, par exemple entre les Palestiniens de Cisjordanie, ceux du Sud Liban et ceux de la bande de Gaza, et il faudrait sans doute être encore plus nuancé. Il n'y a guère de points communs non plus entre ceux qui ont toujours vécu, sur place, les réalités locales, l'occupation, les Intifidas, et ceux qui ne sont rentrés qu'après un exil qui les a conduits à Beyrouth puis à Tunis, et n'ont fait leur come-back qu'après les accords d'Oslo. Les premiers jugent souvent que les seconds sont venus, après la bataille, toucher la mise, c'est-à-dire souvent détourner les aides que, notamment, l'Union européenne déversait. Ainsi, les victimes obscures de la quotidienneté considèrent que certains hiérarques de l'OLP, héros de la vingt-cinquième heure, sont rentrés pour se pavaner et s'enrichir. Ce n'est pas seulement chez les Palestiniens qu'un conflit de générations oppose les jeunes, les encore jeunes et les toujours jeunes, mais chez les Palestiniens, il est des réalités locales plus violentes que d'autres et qui exacerbent davantage encore les tensions.

Est-il besoin de préciser qu'un autre clivage majeur permet de distinguer, d'opposer, même, les Palestiniens qui revendiquent leur laïcité et ceux qui affirment leurs convictions religieuses? Celles-ci ressortent en outre d'obédiences multiples car on rencontre aussi bien des chrétiens, et de plusieurs églises, que des musulmans que traverse aussi la ligne de partage entre chiites et sunnites. Et puis certains se considèrent simplement croyants, tandis que d'autres se conçoivent comme militants de leurs croyances. Ne parlons même pas des choix idéologiques ou partisans qui naturellement conduisent à opérer d'autres classements : certains viennent du marxisme, la plupart d'ailleurs. Il y aurait encore bien d'autres subdivisions, notamment familiales ou territoriales, que voudraient ajouter les bons connaisseurs. Sans oublier ceux qui sont plus proches de la Syrie, et d'autres qui entretiennent davantage de liens avec l'Iran ou l'Égypte. Les spécialistes de la société palestinienne préciseraient également à juste titre que la première typologie que je viens de dresser doit prendre compte que les sous-catégories peuvent se chevaucher, se juxtaposer, se cumuler, puisqu'on peut avoir, en Palestine comme ailleurs, plusieurs appartenances. Tout donne à voir que les tensions entre les fractions n'ont cessé de monter avec l'ensemble des différents ingrédients de ce qui finit par s'apparenter davantage à une bombe à fragmentations.

La déception et l'amertume qui sont résultées de l'avortement du processus d'Oslo n'ont fait qu'aviver les affirmations et radicalisations des uns et des autres. Au point même de pouvoir dégénérer en affrontement violent, c'est-à-dire en guerre civile palestinienne. Après tout, il y eut des précédents : le Septembre noir des Palestiniens de Jordanie en 1970 y ressemble, les innombrables règlements de compte entre gens d'armes viennent étayer le fait qu'il ne s'agit pas là d'un risque théorique. Et la fragile mosaïque palestinienne – osons l'expression – ne parvient à éviter, sur le fil du rasoir, son implosion que parce qu'elle se cimente, se ressoude régulièrement, grâce à sa confrontation à un adversaire : celui-ci, en quelque sorte, renouvelle régulièrement l'enduit qui maintient l'apparence fragile d'une unité de façade palestinienne des plus fragiles.

Le premier des deux ennemis a ainsi besoin de son adversaire. Des événements terribles peuvent être cités à témoin pour corroborer l'hypothèse. On se souvient, par exemple, de la première vague d'attentats suicide qui a été conduite en Israël par des miliciens du Djihad Islamique et du mouvement Hamas. Deux branches militaires de mouvements religieux aux convictions et méthodes proches de l'islamisme radical, ce qui ne signifie pas pour autant qu'elles fassent partie de la nébuleuse Al-Qaida. Ces assassinats commis dans des lieux publics, des autobus, avaient sans conteste pour objectif premier de faire le plus de victimes civiles israéliennes au travers d'un geste qui, pour la culture dont je ressors, est incompréhensible. Mais qui après décryptage des motivations des terroristes du 11-Septembre devenait plus ou moins intelligible, quoiqu'inacceptable, puisque l'accès au statut de *chahîd* permet à tout le moins d'atteindre à des délices paradisiaques. Or une prise à contre-pied se produisit lorsqu'en janvier 2002, Wafa Idris se fit exploser dans un centre commercial de Jérusalem. Car il s'agissait, pour la première fois, d'une action commise par une jeune femme de vingt-huit ans. Dont les photos, les témoignages, la biographie renvoient bien davantage à l'itinéraire de quelqu'un que les valeurs des femmes occidentales attiraient plus que celles des pieuses fondamentalistes. L'attentat fut revendiqué par le Mouvement des Martyrs d'Al-Aqsa, un mouvement considéré comme lié au Fatah de Yasser Arafat. C'est-à-dire laïc.

La grille de lecture laborieusement apprise depuis l'automne précédent ne parvenait alors plus à traiter l'information. Il apparut en fait que l'action s'inscrivait dans le cadre de ces rivalités intrapalestiniennes dans lesquelles nous voyions des ferments de guerre civile, celle qui risquait d'éclater par exemple autour de la question de la succession de Yasser Arafat. En effet, depuis le déclenchement de la seconde Intifada (septembre 2000), et encore davantage depuis qu'ils avaient lancé des attentats suicides, le Hamas et le Djihad Islamique étaient en train de gagner une légitimité incomparable auprès des «masses palestiniennes», si elles existent. Légitimité qui pouvait bien leur permettre de toucher les dividendes politiques lorsque le président de l'OLP, plus encore discrédité et malade qu'âgé, passerait la main, de gré ou de force. C'est pourquoi, dans cette perspective, et pour ne pas laisser le monopole de la «légitimité» à leurs adversaires des mouvements religieux, les jeunes laïcs proches du Fatah se sont alors mis à utiliser les mêmes moyens qu'eux, dans un but qui n'était pas essentiellement de tuer des Israéliens mais de rester crédibles auprès des Palestiniens. Si le résultat était le même, si les moyens mis en œuvre étaient identiques, l'objectif, lui, était d'une nature totalement différente. Les Israéliens, ce qui ne consolera personne, ont ainsi été victimes de conflits intrapalestiniens qui se sont exportés vers eux, avant peut-être un jour de se manifester localement.

LES TRIBUS D'ISRAËL

Il fut un temps où l'on dénombrait douze tribus en Israël. Il ne serait pas difficile aujourd'hui d'en identifier bien davantage, ou plus exactement de recenser tellement plus de fractions, de sections qui se fonderaient sur la mémoire, le statut, les opinions, les intérêts, entre autres. Là encore, il faudrait laisser à de plus savants le soin d'élaborer une typologie rigoureuse et scientifique, en admettant que ce soit possible. Contraint au regard superficiel, il ne m'a toutefois pas échappé que la société israélienne n'est pas moins divisée que la société palestinienne dont nous venons de parler. Certains clivages sont anciens, voire archaïques, d'autres plus récents. Certains sont classiques, d'autres plus spécifiques. Il est d'ailleurs assez troublant de constater aussi que l'on retrouve, avec leur tonalité propre, certaines des différences qui traversaient la nébuleuse palestinienne. Sans même parler des Israéliens arabes, qui sont plus qu'une minorité, nous nous intéresserons seulement aux Israéliens juifs.

Il y a d'abord, on le sait, d'importantes différences, qui conduisent parfois à de vives tensions, entre Ashkénazes et Sépharades. Il y a ensuite des Israéliens qui sont nés dans le pays, ou sont arrivés il y a tellement longtemps qu'ils partagent la mémoire des guerres auxquelles ils ont été confrontés – auxquelles ils ont peut-être participé –, qu'ils se souviennent des attentats, d'une vie rythmée par la crainte diffuse. Ils n'ont évidemment pas la même mémoire que ceux qui viennent d'arriver en Israël, une grande majorité d'entre eux ayant appris à vivre et à survivre en URSS. D'autres encore sont originaires de toutes les diasporas du monde : autant d'origines, autant de mémoires, autant de comportements. Est-il besoin de rappeler que les survivants de l'Holocauste et leurs descendants n'auront jamais le même regard sur la vie, les inquiétudes et la mort ?

On retrouve aussi une ligne de partage entre les religieux, ceux qui se qualifient ainsi et ceux pour qui il s'agirait simplement de croyances et de pratiques, sans que cela définisse un statut. Certains, parmi eux, sont militants d'un Israël expansionniste, d'autres ne se reconnaissent même pas dans le pays. Nombreux sont aussi les citoyens israéliens qui affirment leur laïcité, pour qui la judéité serait d'abord une culture, parfois apprise dans le regard des autres, au contact de l'antisémitisme. Et chez les religieux eux-mêmes, il en est de fondamentalistes, d'autres pas. On ne dit pas assez qu'un hiatus majeur divise, oppose même, ceux qui ont fait leur service militaire et ceux qui ont demandé à en être dispensés – il s'agit ici de certains religieux. Les premiers connaissent des réalités qu'ignorent les seconds, lesquels ont surtout le savoir des livres qu'ils étudient sans relâche. Il me semble qu'en Israël, plus que nulle part ailleurs, on a d'abord l'âge de la guerre qu'on a vécue, comme d'ailleurs les Palestiniens sont de la génération de leurs guerres ou Intifadas. Les modes de vie et intérêts sont également tout à fait différents entre ceux qui vivent en villes, les anciennes, et ceux qui en créent, dans les colonies. L'environnement et les projets sont à ce point dissemblables qu'il n'est pas étonnant que les points de vue se croisent plus souvent qu'ils ne se rejoignent. Sans parler de ceux qui vivent à la campagne.

Chacune des pièces qui constituent le patchwork de la société israélienne, et là encore certaines pièces se chevauchent, se retrouve dans des options politiques : le Likoud, les Travaillistes, chacun traversé de tendances, de sous-fractions et d'innombrables autres partis plus petits. On trouve des progressistes et des conservateurs, des faucons et des colombes, toute la palette des catégories intermédiaires ainsi que des hybrides, comme il sied finalement en démocratie, dans ce qui apparaît même comme une démocratie caricaturale. Et qui est surtout une démocratie malade de ses contradictions, ne parvenant pas toujours à les régler comme il conviendrait en démocratie. N'est-ce pas en Israël qu'un Premier ministre a été assassiné par un concitoyen, coreligionnaire de surcroît, en novembre 1995? Singulière régulation des conflits pour une démocratie! Mais, dira-t-on, la Suède a connu, elle aussi, de tels agissements – l'assassinat d'Olof Palme par un dément –, de même que la France, mais c'était il y a plus longtemps. Et les assassins ne représentaient guère qu'eux-mêmes, tandis que celui d'Itzhak Rabin a accompli le projet qu'une frange importante de la société israélienne appelait alors de ses vœux.

Disons-le sans ambages, Israël est une démocratie aux lisières de la guerre civile. Comme son adversaire, qui découvre, lui, les effets parfois «impensables» de la démocratie. Il est ainsi toujours apparu que le démantèlement de certaines colonies risquait de conduire à la guerre civile puisqu'il contraindrait à recourir à la force : bon nombre de colons n'ont en effet cessé d'affirmer leur détermination à s'y opposer par la violence armée. On l'a vu dans la tension qui régnait, en août 2005, lors du démantèlement des colonies de la bande de Gaza. Là encore, l'unité entre les Israéliens ne se fait, ne se reconstitue, que lorsque la violence des attentats palestiniens aveugles, qui les frappent tous sans distinction, solidarise les différences. Resserrement des composantes aussi lorsqu'il est répondu violemment à ces attentats, mais en réalité, sur ce point, l'unité ne se fait pas toujours.

JE NE T'AIME PAS, MOI AUSSI…

Entremêlées, elles-mêmes et entre elles, sur une même terre qu'elles ne parviennent pas à partager en deux États, chacune des deux sociétés ne maintient une coexistence pacifique interne toute relative que parce la violence de l'autre lui permet de ne pas s'embraser elle-même. Les pièces de puzzle se réunissent grâce au patchwork qui ne se raccommode qu'au contact du puzzle qui… Chacune des deux parties au conflit finit par avoir intérêt à sa persistance et tend par là même à renouveler sans cesse les conditions de sa pérennité. Nous sommes bien alors en présence de ce que j'appelais plus haut deux «guerres civiles exportées» fondues en une guerre étrangère unique. Israéliens et Palestiniens se retrouvent ainsi en danger de paix, identiquement. Non pas que la guerre «externe», évidemment, leur plaise; il vaudrait mieux dire qu'elles s'y complaisent, la préférant encore aux affrontements internes auxquels conduirait la mise en œuvre d'un processus de paix. Puisque les modalités du passage à la paix risqueraient de déchaîner les conflits civils redoutés, la guerre extérieure est alors finalement préférée, dans un consensus des deux parties sur ce qui est perçu comme un moindre mal. Tout relatif ! C'est sans doute là qu'il faut chercher une clé de compréhension de l'enchaînement qui semble conduire chaque camp à faire le jeu de ceux qui, dans le camp adverse, sont en réalité ses principaux adversaires, les plus irréductibles.

Comment comprendre autrement, pour ne regarder que des faits récents, que Yasser Arafat ait pu contribuer à faire trébucher les négociations qu'il conduisait, à la fin de l'année 1990 et au début de l'année 1991, avec Ehoud Barak, Premier ministre israélien qui avait accepté des concessions, peut-être insuffisantes mais sans précédent? Juste avant des élections législatives qui en Israël allaient de ce fait, et il ne pouvait l'ignorer, porter au pouvoir son pire ennemi, Ariel Sharon, il a formulé, *in extremis*, de nouvelles exigences concernant le droit au retour des Palestiniens, exigences dont il savait que son interlocuteur ne pouvait les accepter. De même, sans l'hypothèse selon laquelle chacun aurait besoin de son adversaire, comment comprendre qu'Ariel Sharon, à partir de son élection en 2001 et jusqu'en 2004, ait semblé, par ses actes, vouloir rétablir sans cesse la crédibilité de Yasser Arafat… que simultanément il stigmatisait comme interlocuteur infréquentable? Ne serait-ce qu'en le contraignant à une réclusion à vie, c'est-à-dire jusqu'à sa mort en novembre 2004, qui a rehaussé son image, écornée par ailleurs par un entourage compromis.

Comment expliquer par une autre hypothèse qu'Israël ait pu, un temps, jouer du Hamas, laissant s'opérer sa montée en puissance dans le dessein d'affaiblir l'OLP, jouant un ennemi intransigeant contre un autre qui semblait davantage disposé aux concessions? On a déjà rencontré, dans le cadre de ce livre, une destinée comparable, la destinée de celui qui sort ainsi le diable de la bouteille sans plus pouvoir l'y réintroduire. Abandonner Gaza à cette organisation ne procéde-t-il pas de la même démarche? Le vieux couple Arafat-Sharon, haineux depuis des décennies, nous a ainsi rejoué, sur le mode pervers et pathétique, la relation d'interdépendance autodestructrice qui a fait le succès de la pièce *Qui a peur de Virginia Woolf?*. Mais il n'y a ici personne qui puisse se croire au spectacle; tout un chacun, acteur contre sa volonté peut-être, contre ses intérêts certainement, risque fort d'être emporté par une violence échappant aux contrôles. Peut-on croire à un coup de théâtre? La mort des deux acteurs en constituera-t-il un?

ÉLÉMENTS POUR UN MANAGEMENT
DU SADOMASOCHISME

Rien n'est assurément plus difficile à gérer que la relation avec des interlocuteurs qui jouent, semblent sans cesse jouer, contre leurs intérêts. La relation entre deux partenaires qui se fournissent mutuellement les pistolets pour se tirer respectivement dans le pied n'est, à coup sûr, pas aisée à manager, à interrompre.

Ils ont pourtant été nombreux à s'y employer. Le dernier d'entre eux, au jour où ces lignes sont écrites, a été Bill Clinton, à la fin de son mandat. Il tentait alors de passer à l'Histoire pour des épisodes moins futiles que des affaires d'alcôve, anecdotiques quand bien même elles se tiendraient dans un boudoir ovale. Nous disposons d'un quasi-verbatim de ces négociations au cours desquelles le président en préavis et Madeleine Albright ont fait un forcing sans précédent entre Camp David et Taba en Égypte, en passant par Paris, enfermant même Arafat et Barak jusqu'à ce qu'ils parviennent à un accord. Le correspondant de France 2 en Israël, Charles Enderlin, a été autorisé à accompagner les négociations, caméra au poing. Le journaliste est critiqué par ailleurs, mais son témoignage, un film, est sans équivalent. Le document exceptionnel qui en est résulté s'appelle *Le rêve brisé*, et je ne sache pas qu'il existe pièce à conviction de première main plus fascinante pour une autre négociation historique. Il apparaît que la relation entre les parties est évidemment parfois tendue, mais jamais haineuse. Barak et Arafat semblent même se respecter, on perçoit par moments de la complicité empreinte de cordialité. Leurs collaborateurs respectifs ont derrière eux plusieurs années d'échanges, clandestins ou officiels, qui semblent avoir créé une langue commune, une capacité à comprendre l'autre, complicité, là encore, des vieux routards de la même odyssée.

À plusieurs reprises, en 1990 et janvier 1991, les deux parties ont été sur le point de parvenir à un accord, après que chacune d'entre elles a bien entendu cherché à optimiser ses gains et à minimiser ses concessions. Un soir, même, le président Clinton ayant grondé, chacun finit par donner son accord de principe sur un texte, et s'en retourne auprès de ses conseillers prendre un peu de recul dans une aile de la résidence de Camp David qui les héberge tous. C'est alors que, presque simultanément, Ehoud et Yasser reviennent vers William Jefferson Clinton pour se raviser, en tenant pratiquement le même discours : «Si je signe cet accord, je suis assassiné dans les semaines qui viennent.» Où il apparaît clairement que le plus difficile n'est donc pas, finalement, d'obtenir un accord entre les deux adversaires, mais bien que chacun des leaders puisse le faire accepter par son propre camp, sans prendre le risque, quasiment certain, d'aller jusqu'à l'affrontement interne qui peut enclencher la guerre civile.

Time out. Exit Clinton. Battu Barak. Reclus dans la Mouqata'a, Arafat. Tous désormais sont morts, au moins politiquement. Je vois dans ce dénouement une confirmation de mon hypothèse selon laquelle le conflit Israéliens-Palestiniens aurait sa dimension «dentier» ostensible – celle qui lui donne son nom –, mais, surtout, une dimension «chauve-souris» d'autant plus essentielle qu'elle est moins visible : la crainte de l'implosion de chacun des protagonistes s'il entreprend une conciliation avec l'autre. Si cette hypothèse est valide, il n'est alors plus étonnant que le conflit ait toutes les apparences d'un cercle vicieux qu'on ne parvient pas à rompre, un engrenage qui s'auto-alimente dans la perversion de toutes les tentatives faites pour l'arrêter. La plupart des tentatives pour parvenir à la paix ayant fait porter les efforts sur le conflit apparent, il est tout à fait compréhensible qu'elles aient toutes échoué…

On ne manquera pas de remarquer que ce type de situation s'est rencontré, se rencontre encore fréquemment dans l'Histoire et même l'histoire, la plus petite, celle qui agite par exemple des conflits franco-français. Se souvient-on par exemple d'un préavis de grève qui à l'automne 2002 a manqué de paralyser le pays? Les apparences étaient celles d'un classique conflit du travail opposant les salariés des transports routiers et leurs employeurs. Toute tentative pour résoudre le conflit avant qu'il n'éclate en grève aurait cependant été vaine. Car la réalité de l'affrontement se jouait, au-delà des apparences, dans une rivalité entre les organisations syndicales qui participaient à un jeu de surenchère dans la perspective des élections prud'homales qui devaient se tenir peu de temps après... Le même phénomène s'est répété à l'automne 2005 à la SNCF où les grèves visaient moins la direction qu'elles ne s'inscrivaient dans la perceptive d'élections où s'affrontaient la CGT et Sud Rail. Aucune négociation ne pouvait arrêter le conflit! Il est d'autant moins utile de tambouriner sur une porte afin de tenter de l'ouvrir qu'il n'y a pas de mur autour.

S'il existe une piste à explorer pour échapper à la vaine tentative de résoudre des problèmes qui n'existent pas, ou qui du moins ne sont pas ceux qui bloquent les issues, c'est en se tournant vers les conflits «latents», ceux qui en creux paralysent et mènent à l'échec des négociations. Dans le cas du conflit Israéliens-Palestiniens, il y aurait ainsi lieu de se pencher, en toute priorité, sur les raisons qui conduisent chacun des leaders des deux camps à être dans l'incapacité d'imposer à son propre camp les conditions et concessions d'un accord de paix, puisque ce n'est pas l'élaboration de celui-ci qui finalement pose les problèmes les plus insurmontables.

Une preuve de cette affirmation peut d'ailleurs être trouvée dans le fait que certains négociateurs israéliens et palestiniens, en l'occurrence Yossi Beilin et Yasser Abed Rabbo, qui ne se résignaient pas à l'échec de 2001, ont souhaité poursuivre leurs négociations. Sans mandat, certes, mais avec la crédibilité que leur conférait leur ancien statut officiel, et avec la – relative – sérénité que confère le fait de n'être pas contraints de mettre en œuvre un éventuel accord. Il s'agit de l'initiative dite de Genève, qui a confirmé, en décembre 2003, qu'un accord est possible entre les deux parties... mais qu'il est à ce jour impossible d'imposer au sein de chacune. S'agissant des Israéliens, l'imposition interne d'un accord de paix suppose probablement un Premier ministre qui ne soit pas prisonnier de la fragile coalition qui lui donne une majorité composite à la Knesset. Une majorité qui est à la merci de la défection d'un ou deux députés d'un tout petit parti, éventuellement extrémiste, en tout cas charnière, et qui dispose d'un pouvoir hors de proportion du courant qui l'a élu. Il apparaît ici que la paralysie des Premiers ministres israéliens successifs tient à l'existence d'un mode de scrutin proportionnel qui rend impossible l'irruption d'une majorité claire qui puisse tenter de mettre en œuvre ses choix politiques.

La situation n'est pas sans rappeler celle qui prévalait en France à la fin des années 1950 et qui conduisait à l'enlisement de la Quatrième République dans la Guerre d'Algérie. Les circonstances de 1958, dont chacun connaît les grandes ambiguïtés, ont cependant eu un mérite : l'introduction d'un scrutin majoritaire, sans même parler des référendums plébiscites, qui a permis à de Gaulle de disposer des moyens d'imposer progressivement sa politique, sa conversion à l'indépendance, de l'imposer aux Français eux-mêmes et à son propre camp en particulier. On sait aussi que l'existence d'une majorité électorale ne dispense pas nécessairement de devoir aller aux affrontements violents – quasiment à la guerre civile entre 1960 et 1962 –, mais elle donne alors une «légitimité» dans le cadre de ses affrontements.

Peut-être Israël devra-t-elle en passer par un processus d'une nature proche : un homme fort, issu des opposants à la paix, élu par eux et leur imposant ensuite le prix de la paix. Au risque de la violence, de l'irruption d'une OAS israélienne, peut-être. En se souvenant que pour de Gaulle, le plus difficile ne fut sans doute pas l'obtention des accords d'Évian avec le FLN algérien mais de survivre aux attentats, barricades et tentatives de putsch français. C'est précisément ce qui s'est produit en août 2005, lorsque, avec l'appui d'une coalition qui comprenait ses adversaires travaillistes, Ariel Sharon a fait le choix de démanteler les colonies de la bande de Gaza. Il a d'abord affronté son propre camp puis pris le risque que des soldats israéliens aient à tirer sur des citoyens israéliens. Un faucon qui décide d'avancer vers la paix n'est pas devenu colombe pour autant, il est tout au plus un homme politique mutant, se rêvant homme d'État. Il apparaît d'ailleurs, en écrivant ces lignes en février 2006, qu'il pourrait atteindre son objectif alors même qu'il n'est plus en état de rêver, mais une mythique statue de Commandeur !

S'agissant des Palestiniens, il n'a jamais été certain qu'Arafat souhaitait, pouvait être le de Gaulle de service, l'homme de guerre converti à la paix et l'imposant, celui qu'il avait donné l'impression d'être au moment des accords d'Oslo. Il était plus facile d'obtenir un prix Nobel de la paix que d'imposer ladite paix à son propre camp. Les temps ont ensuite changé, qui ont érodé sa crédibilité d'autant plus que son entourage a été associé à des compromissions qui ont éclaboussé indirectement Arafat lui-même. Et puis deux Intifadas sont passées par là. Ce qu'il lui restait alors de légitimité lui étant surtout conféré au titre de sa victimisation par Israël, il était douteux qu'il dispose des moyens d'affronter ses propres opposants, l'âge et la maladie rendant cette posture encore moins vraisemblable. Il a sans doute fait le choix de passer à l'Histoire comme guerrier mythique. Il a alors rejoint son destin en novembre 2004. Les guerriers ont-ils une âme? Paix à la sienne s'il en possédait une.

Mahmoud Abbas ira-t-il jusqu'aux affrontements entre factions palestiniennes, qui constituent un passage obligé – l'octroi à payer – du chemin de la paix? Il l'affirme, et certains de ses actes depuis son accession au pouvoir au sein de l'Autorité palestinienne, en novembre 2004, sont en accord avec ses déclarations. Adepte, sans doute, de la théorie de la prescription du symptôme, il a ainsi choisi d'intégrer des miliciens proches du Mouvement des martyrs d'Al-Aqsa dans la police palestinienne. Vous voulez participer à une lutte armée? Battez-vous! C'est alors qu'on a vu, en octobre 2005, des policiers palestiniens armés interrompre une séance du Parlement et manifester dans les rues de Gaza, dorénavant sous leur autorité, pour réclamer qu'elle ne soit pas seulement théorique et pour être autorisés à faire rentrer le Hamas dans le rang. En faisant usage de leurs armes le cas échéant. Les factions palestiniennes sont ainsi au bord des affrontements. Faisons le pari que ceux-ci n'opposeront pas seulement le Fatah au Hamas mais se produiront au sein de ce mouvement même entre réalistes et jusqu'au-boutistes.

Si Mahmoud Abbas renonce, échoue, est vaincu ou éliminé, quelle pourrait être la solution de remplacement? Peut-être faudrait-il alors penser à un homme comme Marouan Barghouti, un des responsables de la seconde Intifada en Cisjordanie, condamné et emprisonné à vie par un tribunal israélien. Car il dispose, de ce fait même, d'une légitimité qui rappelle celle que Mandela avait acquise dans les geôles de l'apartheid, grâce à laquelle il a pu imposer à l'ANC un accord de paix avec De Klerk, qui lui-même a su l'imposer aux extrémistes de son propre camp. Mais n'est pas Mandela qui veut, qui peut se garder de ses amis…

LES MOTS POUR LE DIRE

Il n'est pas possible de quitter la région, le chapitre qui lui est consacré, ses paradoxes et ses contradictions sans les illustrer d'un petit récit qui rapporte une expérience exemplaire. J'ai testé les hypothèses qui précèdent auprès d'auditoires multiples, certains acquis à des thèses palestiniennes, d'autres proches de points de vue israéliens. Tous convaincus. Certains dépités, voire résignés par le cul-de-sac apparent d'un conflit apparemment sans fin et irréductible. Je dois dire que si le regard paradoxal que je proposais à mes interlocuteurs ne les a évidemment pas tous convaincus, il ne m'est pas arrivé qu'il soit rejeté en bloc, comme il serait advenu si on avait perçu chez les uns que j'adoptais la posture des autres.

Un soir cependant, la complexité de la situation m'est apparue avec un éclairage que je n'avais pas soupçonné auparavant. J'évoquais les attentats suicides commis par des Palestiniens. Un interlocuteur qui connaissait les réalités de l'islam de l'intérieur m'a alors interrompu pour faire observer qu'on ne pouvait ici parler de suicides… Je rétorquais, avec mon référentiel, qu'il n'était pas niable qu'il s'agisse de suicides s'agissant de gens qui se donnent la mort délibérément. Qu'on pouvait éventuellement engager une discussion sur la question de savoir s'il s'agissait de héros ou d'assassins, et la probabilité était forte que nous soyons alors en désaccord, mais qu'on ne pouvait pas contester qu'il s'agisse de suicides. Mon interlocuteur persista en soulignant que le fait de se donner la mort soi-même n'implique pas pour autant automatiquement le statut de suicide. Tout dépend, précisa-t-il, des raisons qui motivent celui qui met fin à ses jours. Certaines causes lui confèrent en fait un statut de martyr, et l'on sait le destin paradisiaque qui doit en résulter. Je me suis alors permis de faire observer, culture contre culture, que, dans mon référentiel, le mot de martyr désigne plutôt les victimes, qui subissent un martyre. Nous fûmes obligés de concéder que le même mot désignait alors celui qui donne la mort, se la donne en l'ayant désirée, et ceux qui la reçoivent sans rien avoir demandé.

Sinistre polysémie encore rehaussée quelques instants plus tard lorsque fut abordée la question de l'attitude à adopter vis-à-vis de ceux que je désignerai, dans une tentative de synthèse, comme «martyrs suicidaires assassins d'eux-mêmes et des autres». Car il s'est alors agi de savoir s'il fallait tenter de les identifier avant le passage à l'acte ou se résigner à vivre dans la crainte. Et là encore un même mot a fait irruption, porteur de deux sens : l'appréhension. En effet, appréhender quelqu'un consiste aussi bien à s'emparer de lui qu'à le redouter. Nous voici au cœur du nœud de vipères : faut-il appréhender les martyrs? À moins qu'il ne faille appréhender les martyrs? Chacun lira ce qu'il voudra : craindre de nouvelles victimes? Arrêter de futurs terroristes? La folie guète, celle des jeux de miroirs dans lesquels on risque de se perdre. Celle-là même qui conduit les Israéliens à envisager de disposer du saindoux dans les autobus pour dissuader un candidat au martyr-suicide, lui qui ne pourrait accéder à son paradis s'il devait être maculé, non pas du sang de ses victimes, mais de graisse de porc. Si dans le cochon tout est bon, faut-il en rire, faut-il en pleurer – je n'ai pas le cœur à le dire? Eh bien continuons, ainsi s'achève *Huis clos*, la pièce de Jean-Paul Sartre…

Voici peut-être le lecteur désorienté, c'est-à-dire ayant perdu l'Orient, comme on avait appris à dire lorsque les regards s'orientaient vers Jérusalem… Mais il ne faudrait pas pour autant qu'il s'en trouve déboussolé, qu'il perde le Nord. Revenons-y.

11

OBJECTIF NORD

Reprenons un peu notre souffle, résumons et prolongeons ensuite le fil des réflexions. On se souvient peut-être que notre chemin nous a conduits à distinguer deux grandes catégories de «Sudistes» dans le cadre de cette manière de guerre de Sécession qui, au lendemain de la Guerre Froide, les oppose aux Nordistes. Si ceux-ci ne sont pas homogènes, ne sont en fait unis que de partager les mêmes craintes, les Sudistes eux-mêmes n'ont guère de points communs.

Avant de réserver un chapitre aux spécificités du très proche Orient, nous avons consacré de longues pages à ceux d'entre eux qui rejettent le système de valeurs et de croyances des septentrionaux. Rappelons aussi que le danger qu'ils représentent serait d'autant moins gérable qu'il faudrait les affronter en même temps que d'autres Sudistes qui, eux, ne demanderaient qu'à accéder au statut de Nordistes. On a déjà évoqué ce scénario de tous les dangers qui verrait une simultanéité de la violence des uns et des autres. Il faudrait être sur tous les fronts en même temps! Celui des moudjahidin suicidaires, d'une part. Celui qu'ouvriraient également des guérilleros latino-américains avec des méthodes inspirées de *desesperados* zapatistes mexicains, d'autre part. Les Nordistes ne sauraient alors ou donner du Casque Bleu ou de leurs propres troupes.

L'évidence des choix s'impose : il faut tenter de gagner au camp du Nord le maximum de Sudistes possibles, ceux qui rêvent de ce Nord, en ont été rejetés beaucoup plus qu'ils ne le rejettent. Il faut constituer de nouvelles alliances avec des Sudistes «nordisables» en quelque sorte. Tout donne à penser que ce schéma, son principe, ont été formulés, eux aussi, dès le milieu des années 1980 aux États-Unis. Et puisque nous ne sommes plus à cette époque, à quelque chose malheur est bon, nous allons pouvoir regarder où en est le projet, quelque deux décennies après qu'il a été ébauché. Nous disposons à présent, me semble-t-il, de pays et d'informations symboles qui permettent de prendre la mesure du chemin parcouru… comme de celui qui resterait à parcourir, des difficultés rencontrées et du traitement qui leur est réservé. Deux zones géographiques font ici l'objet d'une attention toute particulière…

À LA RECHERCHE DU SERPENT À PLUMES...

S'il est un pays qui résume les nouveaux enjeux, il n'est pas nécessaire, pour le trouver, d'aller bien loin des frontières des États-Unis, cette fédération dont l'un des États s'appelle le Nouveau-Mexique, et qui s'est étendue en convertissant une créance sur son voisin du sud en une conquête territoriale, puisque la Californie est devenue membre de l'Union dans le cadre d'une sorte de saisie-arrêt. Bien entendu, nous parlons des États-Unis du Mexique, les autres États-Unis qui supportent mal que ceux du Nord monopolisent cette appellation... Nous distinguerons donc dorénavant les *U.S. of America* des *U.S. of Mexico*.

L'au-delà du Rio Grande, ou du Rio Bravo, question de point de vue là encore, est l'objet de soins constants. Dès janvier 1994, le Mexique a inauguré la liste des «agrégés» puisqu'il s'est même vu proposer de devenir signataire de l'Accord de libre-échange Nord-américain, ou Alena (Nafta pour l'acronyme anglais), ce qui équivaut pour le moins à une inclusion sémantique. Adoubé nordiste, le Mexique! On sait aussi que dans l'année même qui a suivi cette promotion interne, le Mexique a connu une très grave crise financière – une de plus pourrait-on ajouter –, qui s'est traduite par une chute brutale du peso, d'autant plus violente qu'elle avait été retardée trop longtemps, afin de permettre à des élections locales de se dérouler dans une apparente stabilité. Il s'agissait aussi d'éviter que les élections présidentielles américaines de novembre 1994 ne soient polluées par des critiques concernant une irrésistible concurrence commerciale méridionale, qui aurait été d'autant plus compétitive que les produits locaux auraient pu bénéficier de l'avantage d'une monnaie dépréciée. Les syndicats américains, déjà très critiques vis-à-vis de l'Alena, n'auraient pas manqué d'en tirer argument pour dénoncer ses conséquences en termes d'emplois.

La situation financière a été telle, les risques de contagion à ce point accrus, que les États-Unis n'ont pas hésité longtemps pour mettre en œuvre, en quelques jours de janvier 1995, un véritable «plan Marshall» afin d'éviter la faillite du néo-nordiste. Quarante-sept milliards de dollars ont ainsi été mobilisés sans délai pour soutenir le plan Zedillo, du nom du nouveau président mexicain. Il s'est agi en réalité d'un véritable rééchelonnement de la dette à court terme du pays, destiné à calmer les marchés financiers prompts à céder à la panique. Mais ce n'était que l'apparence économique flagrante d'une intervention dont le but principal était d'éviter que les déficits financiers du Mexique n'aggravent son excédent démographique, qui ne manquerait pas de tenter de se déverser vers le nord d'une frontière de six mille kilomètres, que rien ne pourrait parvenir à rendre étanche.

Il faut en outre y voir une dimension symbolique : le Mexique joue dans la nouvelle alliance un rôle aussi symboliquement crucial que celui que pouvait jouer l'Allemagne dans l'alliance qui avait été mise en place pendant la Guerre Froide. Un pays dont il est inconcevable qu'il bascule dans l'instabilité. Pour éviter que la République fédérale ne se trouve déstabilisée, les États-Unis avaient mis en place un pont aérien sur Berlin soumise à blocus en 1948. Pour éviter que le Mexique ne s'effondre, une véritable transfusion financière a été mise en œuvre. Et le fait est que le Mexique ne s'est pas effondré. Une nouvelle occasion de méditer sur l'utilité d'une monnaie, le dollar, qui permet de dissoudre des problèmes géopolitiques – disons d'en repousser les échéances – qu'on ne saurait résoudre dans les faits. Voilà qui ne peut que renforcer la motivation des Européens pour que l'euro leur permette de faire face, dans la même logique, à leurs propres responsabilités géopolitiques et aux difficultés de leur propre environnement. Rien ne vaut, on le sait, la capacité à diffuser sa monnaie, des créances, pour tenter d'écrire l'Histoire.

On a déjà noté les approches différentes, inversées même, que peuvent avoir les États-Unis et l'Union européenne face à des pays dont ils ne peuvent prendre le risque qu'ils deviennent instables. Les États-Unis tentent de se protéger en «incluant» sans délai le pays porteur de risque, dans l'espoir d'atténuer l'intensité des dangers. Les Européens, qui disposent de leur propre Mexique, c'est évidemment la Turquie – une vraie fontanelle par sa situation fragile –, suggèrent que l'intégration se fasse après que la Turquie aura résolu ses problèmes, lesquels nous posent, légitimement, problème. Mais le risque est que cette approche dilatoire accentue ces problèmes plus qu'elle ne les atténue. De l'approche «dentier» ou de la démarche «chauve-souris», laquelle doit être privilégiée? Rappelons de surcroît que les choix faits par une Administration démocrate au milieu des années 1990 ont été validés par le nouveau président républicain de 2001 qui, à peine investi en janvier, a effectué son premier voyage à l'étranger, trois semaines plus tard, dans le pays mitoyen de l'État dont il avait été Gouverneur. C'était l'époque où il pensait encore ne pas avoir trop à se préoccuper des cartes du monde sur lesquelles figuraient l'Afghanistan ou l'Irak. *Sic transit…*

CROIX DU SUD

C'est précisément George Walker Bush qui a parlé de l'«hémisphère Amérique», une expression géographiquement légitime dès lors qu'il n'est pas obligatoire de découper le globe en suivant les pointillés imaginaires de l'équateur. La division par les méridiens vaut après tout autant que celle, plus traditionnelle il est vrai, par les parallèles. Cette formulation correspond assez bien à la forme que revêtira la version bushienne du projet d'alliance avec le Sud de l'Amérique. Car elle ne se limitera pas au Mexique. En avril 2001, lors du troisième Sommet des Amériques qui se tient à Québec, George W. Bush lance l'idée d'une zone de libre-échange qui irait de l'Alaska à la Terre de Feu, englobant trente-quatre pays et huit cents millions de consommateurs.

Il n'est pas question de nier les motivations économiques de ce projet de Zone de libre-échange des Amériques (ZLEA), initialement destiné à voir le jour au milieu de la première décennie du XXIe siècle. Mais la dimension politique ne saurait être perdue de vue, à preuve le fait que Cuba soit exclue du projet. Il est certes question de gagner de nouveaux consommateurs, mais aussi de nouveaux adeptes d'une «société de consommation», comme on disait jadis dans l'Europe prospère – et l'on sait bien qu'il s'agissait beaucoup plus d'un mode de vie que de commerce, l'expression vient d'ailleurs d'un sociologue. La ZLEA est une tentative pour greffer le modèle des «années glorieuses» de l'Europe sur de nouveaux bénéficiaires dont la stabilité est désormais tout autant requise que pouvait l'être jadis celle du Vieux Continent. Ce projet est relancé à la fin de l'année 2003, sans qu'il soit possible d'affirmer que sa mise en place se fera selon le calendrier prévu. En effet, il soulève réticences et résistances dans plusieurs des pays latino-américains, comme l'a bien montré la rencontre de novembre 2005 : George Bush s'est heurté à des oppositions multiples, celles du Vénézuélien Hugo Chávez et du Brésilien Lula notamment.

Un effort tout particulier est fourni envers le Brésil, le géant régional dont les éternuements éventuels enrhumeraient tout le continent. Lorsque le Brésil est confronté à des difficultés financières, le Fonds monétaire international se montre compréhensif. Ce fut le cas en août 2002 : il lui accorda trente milliards de financements. Et de nouveau en septembre 2004, lorsque le pays se vit autorisé à engager des dépenses d'infrastructures au-delà des limites prévues, le directeur général du Fonds saluant même alors les succès du président brésilien. On a bien oublié, de part et d'autre, les discours militants du candidat Lula qui parlait de ne pas rembourser la dette extérieure du Brésil…

Le Chili également est bien traité, peut-être dans une tentative, de la part des États-Unis, de se déculpabiliser par rapport à la grande maltraitance qu'ils avaient encouragée au début des années 1970. Il se voit même qualifié d'élève modèle, mais on sait que ce statut est des plus fragiles. Toujours est-il qu'on lui a proposé une adhésion à l'Alena, illustration supplémentaire, s'il en fallait, que la notion d'Amérique du Nord est plus métaphorique que géographique. Cette adhésion a été retardée lorsque le Chili est devenu un élève dissipé, au début de l'année 2003, en ne s'alignant pas sur les positions des États-Unis lors des débats au Conseil de sécurité précédant leur intervention en Irak. Une nouvelle preuve est ainsi apportée que l'enjeu est bien davantage politique qu'économique.

TANGOS ET MILONGAS

On ne peut esquiver plus longtemps le cas de l'Argentine. Déjà au début du XXe siècle, on l'avait qualifié de pays d'avenir et qui le resterait toujours. On prête cette formule à Clemenceau, mais on ne prête qu'aux riches… et à l'Argentine. Le pays consume – ou consomme – le jour ce que la nature lui donne la nuit, à moins que ce ne soit l'inverse… ce qui ne change rien aux résultats. Un mauvais élève type pour lequel a même été créé le Club de Paris dans lequel se gère, en fait se rééchelonne, la dette des pays incapables de faire face à leurs engagements extérieurs.

Le pays s'était acheté un temps une conduite sous la férule du Fonds monétaire international, il fut même intronisé bon élève durant les années de la fin du siècle dernier. Las, une rechute fut enregistrée au début du suivant. Et en 2001, des négociations s'engagèrent pour un rééchelonnement. Le FMI donna son accord de principe le 20 août pour débloquer un crédit d'urgence de huit milliards de dollars, destiné à enrayer un emballement de spéculation. «Comme d'habitude», s'autorise donc à penser le blasé, la mousse carbonique de vraie fausse monnaie américaine permettant d'éviter l'embrasement financier. C'est alors que survint un coup de tonnerre déroutant même pour les plus désabusés : peu avant Noël 2001, l'Argentine fut contrainte de reconnaître son incapacité à payer sa dette de 132 milliards de dollars. Ce fut même le premier acte accompli par le nouveau président élu, Adolfo

Rodríguez Saá. Et de pompier de service point, d'extincteur secourable pas davantage. On ne vit nulle intervention financière des États-Unis.

On conçoit la surprise de ceux qui ont constaté que les mêmes causes cessaient de produire les mêmes effets. Que s'était-il donc passé entre août et septembre de cette année 2001 qui permette de comprendre une indifférence inhabituelle? Certes l'Argentine ne s'était pas comportée avec l'élégance financière qui sied aux débiteurs mais, après tout, ce n'était pas la première fois. Je me permets de suggérer une autre hypothèse : cette année-là, entre la fin août et le début de l'été austral, est survenu le 11-Septembre! Or je m'efforce de montrer depuis le début de cet ouvrage que la clé de compréhension de la politique des États-Unis est la peur; la crainte de l'instabilité de pays qu'ils considèrent comme leurs alliés, et à l'effondrement ou aux déchirements desquels ils ne pourraient se résigner, assister sans réagir… Et le drame de l'Argentine est qu'en trois mois, elle a cessé de faire partie des pays dont l'instabilité rend les États-Unis insomniaques, ce qui les pousse à les secourir. Car en trois mois, que dis-je, en quelques minutes et quatre avions, la liste des pays qui inquiètent les Américains a été considérablement revue et corrigée.

S'il faut être plus explicite, soyons le! L'édition 2001 du drame argentin, désigné sous le titre *Mémoires d'un saccage* par le cinéaste Fernando Solanas, comporte des causes internes et d'autres venues de l'extérieur. Inutile d'insister sur la contribution des Argentins à leur propre malheur, elle est établie. Mais les raisons «externes» sont au moins au nombre de trois, que je propose de présenter par ordre d'importance croissante :

- La faillite de l'Argentine ne risque plus d'entraîner par contagion celle du Brésil, qui est désormais étanche aux éclaboussures.
- L'Argentine n'a pas de frontières communes avec les États-Unis qui, par conséquent, ne craignent pas une émigration de masse de *piqueteros* ou de *gauchos desesperados.* Si émigration il doit y avoir, elle sera minoritaire, ce sera celle d'une élite qui préférera l'Europe à Miami. Ne dit-on pas que les Argentins sont des Italiens qui parlent espagnol et se prennent pour des Anglais ? Qu'iraient-ils faire dans la galère dorée de Floride ?
- L'Argentine n'a pas davantage de frontière commune avec l'Afghanistan ou l'Irak. Car je suis convaincu que si tel avait été le cas, le pays aurait bénéficié d'une assistance financière ! Je suis même disposé à prendre le pari que si des pots de gomina sont un jour découverts dans des grottes d'Al-Qaida, les crédits reprendraient sur l'Argentine.

Une fois de plus, il devient possible, par cet exemple, d'argumenter l'hypothèse d'une politique des États-Unis fondée avant tout sur la peur et dont les enjeux géopolitiques pèseraient beaucoup plus lourd que les intérêts économiques. Il s'agit de la peur que leur inspire (ou ne leur inspire pas) l'instabilité d'États qui représentent un intérêt stratégique. Je souhaite ici me démarquer de ceux qui estiment que leur politique est d'abord conduite par une volonté de puissance. Il ne fait dans ces conditions guère de doute que si mon hypothèse est exacte, il convient pour un pays désireux d'obtenir un accompagnement financier… de faire peur aux États-Unis, la peur d'une instabilité qui constituerait, pour eux-mêmes, une menace. Peut-être faut-il alors s'inscrire dans une école de pilotage d'avions et faire clairement savoir qu'on s'entraîne aux seuls décollages. Tragique destin des Argentins, trop loin des États-Unis pour les inquiéter et trop près d'eux pour échapper à leur influence.

FAR EST

Ce n'est pas seulement dans l'Amérique parlant des langues latines qu'il convient de rechercher de nouvelles alliances avec ces «Sudistes» susceptibles d'être séduits par le système de valeurs, espoirs et peurs, qui regroupent les «Nordistes». L'Asie, elle aussi, comprend d'innombrables autres alliés potentiels… Comme au bon vieux temps de la Guerre Froide lorsque des alliances avaient été conclues avec le Japon – de petits morceaux de diaspora chinoise ayant conquis une indépendance apparente, Taïwan, Singapour, Hong Kong –, ainsi qu'avec l'ensemble de ceux qui craignaient le communisme, réunis au sein de l'Asean. Le premier nom qui vient immédiatement à l'esprit est bien sûr celui de la Chine. Mais il faut se reprendre aussitôt et corriger, car il conviendrait plutôt de parler d'une des Chines – je ne suis pas le premier à évoquer un seul pays et plusieurs régimes, autre formulation pour désigner la pluralité.

L'alliance concerne ici la partie de la Chine continentale, essentiellement côtière et méridionale, en cours d'urbanisation, celle que Hong Kong et Taïwan sont en train d'absorber. Il est vrai que, sur un plan politique, la République populaire a absorbé en juillet 1997 un confetti de l'Empire britannique, puis, en récupérant Macao, quelques casinos mafieux portugais; il est sans doute également vrai qu'elle rêve de phagocyter Taïwan. Il n'en demeure pas moins que, sur un plan économique, financier et surtout culturel, nous assistons bien davantage à une absorption de la *Mainland* par les *Islands* qu'à un processus inverse. Quand les successeurs de Mao Zedong, on ne peut vraiment pas parler d'héritiers, deviennent adeptes du «communisme de marché», quand les entrepreneurs chinois peuvent adhérer au Parti communiste, on ne peut plus douter que la réponse à la question «qui absorbe qui?» soit double.

On traite donc de la partie de la Chine et des Chinois dont les valeurs sont compatibles avec celles qui constituent le patchwork des Nordistes. Ceux qui se reconnaissent dans les espoirs et les peurs qui forment Septentrion : ascension sociale, enrichissement personnel, aspiration à la consommation, aspiration par la consommation… et crainte que le processus ne s'interrompe par la crise, la maladie ou la mort. Quand on sait que la plus importante introduction en Bourse de l'année 2003 a été celle de China Life (trois milliards de dollars placés à Hong Kong et New York), une compagnie d'assurance-vie chinoise, on mesure que nous partageons la même relation à la mort… L'alliance se forme entre ceux qui craignent la mort, par opposition à ceux qui n'en ont pas peur, voire y aspirent… La nouvelle Internationale pourrait se retrouver sous le slogan «Inquiets de tous pays, unissez-vous!». Et méditer sur les progrès qui seront accomplis le jour où des contrats d'assurance-vie seront proposés à Djenine, Nadjaf ou dans les zones tribales afghanes… on peut rêver… En attendant que le titre d'un des premiers films de Marco Bellochio retrouve son actualité : *La Cina è vicina* – on pourrait traduire par «La Chine, notre voisine». Mais, *traduttore, traditore*, traduire, c'est trahir un peu.

Ce n'est rien trahir en tout cas que de remarquer que depuis près de quinze ans une nouvelle alliance est née. Elle se situe dans le prolongement du détachement d'avec le communisme, en réalité amorcé par Nixon et qui revêt aujourd'hui la forme d'un «partenariat stratégique», l'expression avait déjà cours à l'époque de Clinton. Alliance qui perdure malgré des escarmouches – bombardement de l'ambassade de Chine à Belgrade, arraisonnement d'un avion militaire américain au début du premier mandat de G. W. Bush –, péripéties qui démontrent davantage la solidité d'un lien qui résiste aux secousses, que sa fragilité. Cette alliance n'exclut pas la méfiance, elle s'emploie même à y répondre! Comme d'autres alliances, les bagues au doigt scellent parfois davantage des relations de craintes partagées, d'intérêts mutuels bien compris, que des relations d'amour. Et puis comme parfois vient le désamour, il arrive que les intérêts finissent par diverger. Mais s'agissant de la Chine désunie et des États-Unis, nous n'en sommes pas là, les altercations ne mettent pas en péril le PACS, pacte américano-chinois de solidarité.

Les États-Unis redoutent tout autant que les dirigeants chinois une instabilité du pays qui maintient calmes, tout est relatif, 20 % de l'humanité. Les uns comme les autres ont un intérêt commun à ce que l'exode rural chinois se déroule sous contrôle, autant que faire se peut. Imagine-t-on, en effet, que ne serait-ce que 10 % des Chinois des campagnes – cela ferait près de cent millions de personnes – se laissent séduire par les lumières des villes côtières? D'ores et déjà, personne ne sait vraiment combien sont à Pékin, Shanghai et ailleurs, ceux qui tentent de vendre leurs bras sur les chantiers des nouvelles métropoles. Un emballement du processus serait ingérable par la Chine et son instabilité risquerait fort de ne pas être confinée à son territoire : un exode incontrôlable en serait la conséquence.

Après tout, la France ne devrait pas éprouver de difficultés à comprendre le risque, elle qui a bien connu un processus voisin : celui qui l'a conduite à laisser venir, à faire venir même, ceux qui ont participé à une reconstruction à bas coûts, et qu'elle ne sait comment occuper dès lors que le processus est accompli; circonstance aggravée par le fait que les enfants multiples des bâtisseurs se retrouvent désœuvrés, plus encore que leurs parents… Les dirigeants chinois sont hantés par ce scénario et leur inquiétude est partagée. C'est sur elle que se fonde la nouvelle alliance. Il est dans ces conditions peu vraisemblable que soit sincère la demande formulée par certains responsables occidentaux, à savoir que la Chine respecte les droits de l'homme. Imagine-t-on que Pékin réponde « tope là ! » et commence par respecter la liberté de circulation, c'est-à-dire d'émigration? Plutôt que de voir des *China towns* proliférer dans le monde, l'alliance, au minimum tacite, s'oriente vers l'accompagnement d'un développement contrôlé – croisons les doigts – de la Chine. Avec tentative de contenir le débit de la fuite des campagnes et/ou de l'accès aux métropoles. Et tant pis pour les droits de l'homme, tant pis si la Chine exhume une version renouvelée du contrôle de la fuite des campagnes vers les villes. On reconnaîtra sans doute que la Ville inaccessible n'est pas sans rappeler la Cité interdite.

NEW COMERS

Nous avons déjà rencontré la règle du jeu des alliances lorsque nous voyagions au Sud de l'Amérique; elles s'établissent en fonction de ce que l'on pourrait dorénavant appeler les insomnies géopolitiques de la Maison Blanche, dont les évolutions doivent plus à des variantes conjoncturelles qu'aux biorythmes ou à la personnalité des locataires successifs. Les alternances comptent moins en effet que les événements auxquels sont confrontés les présidents américains – des personnalités qui diffèrent davantage par leur style, ce n'est pas rien, que par leur mode de réaction qui, lui, demeure quasi constant –, qui doivent forger des alliances avec des pays dont l'instabilité constituerait une menace pour les États-Unis.

De ce point de vue, le 11 septembre 2001 est une grande date, et finalement, peu importe celui qui n'en a plus dormi à Washington les nuits qui ont suivi. À ce moment précis, le Pakistan s'est transformé en un pays charnière dont la déstabilisation est instantanément devenue inacceptable. L'Histoire ne se souviendra peut-être plus qui de Bush ou de Gore avait obtenu le plus de voix aux élections de novembre 2000. On oubliera que le leader pakistanais, dont le 43e président américain ne parvenait pas à mémoriser le nom quelques semaines auparavant, s'appelait Musharraf, et qu'il s'agissait d'un général putschiste que Clinton tançait vertement un an auparavant – une éternité. Le Pakistan, ne serait-ce qu'en raison de ses frontières perméables – et ô combien poreuses – avec l'Afghanistan, devient donc zone de tempête. Comme si la théorie des dominos reprenait du service. En dépit ou à cause de ses services secrets compromis avec l'islamisme radical, à moins que ce ne soit le contraire, ce pays se retrouve objet de soins constants. Le président Musharraf, bon gré mal gré, choisit l'alliance avec les États-Unis alors même que ceux-ci viennent à peine de célébrer leurs retrouvailles avec l'Inde. Cette dernière était alliée de l'URSS aux temps de la Guerre Froide, le Pakistan ayant choisi le camp occidental. Le court laps de temps entre la fin de la Guerre Froide et le 11-Septembre a vu un bref retournement d'alliances.

Les cartes sont donc de nouveau redistribuées : ne pas perdre l'alliance récente avec l'Inde et renouer celle interrompue l'espace d'un instant avec le Pakistan. Et par là même peser de tout son poids pour éviter que les deux nouveaux alliés, belligérants récurrents, ne se fassent la guerre, se malmenant eux-mêmes et, plus encore, maltraitant les nouvelles alliances. Avait-on accepté que la Grèce et la Turquie laissent leurs tensions dégénérer en conflit? De même, la pomme de discorde que constitue le Cachemire sera mise hors d'état de pourrir au début de l'année 2004. Les critiques contre le général putschiste se taisent, on l'encourage même à démontrer sa poigne lorsque des attentats le visent. Le Pakistan présente des difficultés financières à l'automne 2003? Elles seront vite aplanies. Les États-Unis accorderont même au pays, en mars 2004, le statut d'«allié majeur non Otan», étrange expression qui signifie surtout que la coopération militaire est privilégiée, qu'elle sera renforcée et étendue.

Au gré des menaces et des attentats qui leur donnent corps, l'Indonésie également a vu sa cote remonter au hit-parade des pays dont l'instabilité justifie que les États-Unis les considère comme alliés prioritaires. Il est vrai que les forces centrifuges sont à l'œuvre dans cet archipel aux îles innombrables. Et tout particulièrement depuis que le général Suharto, le Mobutu local – on a suggéré plus haut qu'il ressemblait aussi à un Saddam Hussein asiatique –, a été écarté du pouvoir, son CDD s'achevant avec la Guerre Froide. Quand on sait que la mouvance islamique ne saurait bien entendu être absente du «plus grand pays musulman du monde», comme on dit généralement pour désigner le plus peuplé, on conçoit les risques que pourrait représenter son développement dans une zone où se trouve aussi «l'un des plus grands ports du monde», Singapour; il s'agit de surcroît d'une base américaine qui se trouve à proximité de «l'une des routes maritimes les plus importantes», où la tradition de piraterie est répandue, confinée pour le moment à des motivations crapuleuses, mais sait-on jamais? L'Indonésie se verra donc décerner à son tour le diplôme d'alliée, cette peau d'âne virtuelle dont le recto comporte des craintes inspirées et le verso des aides accordées.

Lorsque l'encre de ce livre aura séché, chacun pourra actualiser la liste en fonction des événements survenus depuis. La matrice du raisonnement demeurera quand son application désignera de nouveaux alliés.

FORGER LES ALLIANCES

On conçoit bien que dans la logique des États-Unis il faille constituer de nouvelles coalitions… mais de la volonté à la mise en œuvre, il faut des outils. Point d'alliance sans alliage. Les États-Unis ont déjà connu, dans le passé, cette situation : des pays dont ils ne pouvaient accepter qu'ils soient instables, au risque de menacer la stabilité de leur coalition… Ce fut même le statut de l'Europe occidentale, tout spécialement de la République fédérale allemande, mais aussi du Japon, de la Corée du Sud et de Taïwan, pendant la Guerre Froide. Les États-Unis avaient alors utilisé pour forger leur coalition un outil qui avait donné d'assez bons résultats puisque les alliés de l'époque s'étaient retrouvés stables et fiables.

On a même proposé, dans cet ouvrage, de rassembler sous le nom de « syndrome coréen » les moyens mis en œuvre pour stabiliser les pays, ainsi que les dangers que ces derniers représentent. Il n'est que temps de revisiter le syndrome… Comme on a déjà rencontré la propension des États-Unis à recourir à de vieilles tactiques pour faire face à de nouvelles guerres, on y trouvera la source d'inspiration pour les temps présents, les nouvelles alliances… Le syndrome coréen est en fait, on s'en souvient, un modèle de développement à base d'industrialisation et d'exportation. C'est lui qui a fait la fiabilité de la Corée. C'est également lui qui a expliqué les années paisibles – certains ont même cru pouvoir les qualifier de glorieuses – qu'ont connues la France, l'Europe occidentale et le Japon à la Belle Époque de la Guerre Froide. On se rappelle sans doute que le moment paroxystique de la mise en œuvre du syndrome a été la première moitié des années 1980, lorsque la hausse du dollar par rapport aux monnaies européennes et asiatiques a conduit les États-Unis à jouer le rôle de pompe aspirante des exportations de leurs alliés, d'autant plus prospères, d'autant plus fiables…

Le syndrome coréen, qui n'a plus sa raison d'être avec les anciens alliés, va reprendre du service : il va être mis, sans attendre, au service des nouvelles alliances, celles que requièrent les guerres de l'après-Guerre Froide. Abordons donc la deuxième vie du syndrome, qui tel un Phénix renaît dans le nouveau contexte géopolitique.

Vieux pots et nouvelle soupe

Ne soyons pas étonnés de découvrir qu'au lendemain de la Guerre Froide, les États-Unis qui, nous l'avons vu, n'échappent évidemment pas au tropisme de Maginot – penser le futur avec les références du passé –, soient tentés d'employer la vieille médication pour mettre en place leurs nouvelles alliances ! Que se mette en place, avec les nouveaux coalisés, le modèle de développement industrielo-exportateur qui avait donné de si bons résultats avec les anciens alliés privilégiés…

De même qu'ils avaient eu tendance à utiliser les vieilles méthodes guerrières avec de nouveaux adversaires, ils recourent aux anciennes méthodes pacifiantes avec leurs nouveaux partenaires. C'est ainsi qu'est fait, au lendemain de la Guerre Froide, le choix de procéder à une tentative de greffe du vieux syndrome coréen sur de nouvelles régions. Option est prise d'encourager, d'accompagner une industrialisation des nouveaux pays, objets de soins constants, de les encourager même à exporter, en achetant si besoin leurs produits… Mais nous ne sommes plus à la fin du XXe siècle quand ce projet de faire du neuf avec du vieux voit le jour…

Chacun a pu constater que ce processus est celui qui a donné naissance à la notion d'«émergence». L'émergence n'est que le syndrome coréen revisité dans une conjoncture géopolitique renouvelée : nouvelles guerres, nouveaux adversaires, nouveaux alliés – le monde nouveau qui se met en place dans l'après-Guerre Froide. Je ne souhaite pas pour ma part recourir à cette notion d'émergence, ni même à l'expression de «pays émergents». Cette prise de distance ne concerne pas la réalité mais les vocables qui la désignent : on en conviendra peut-être, les mots eux-mêmes ont quelque chose de l'aveu tardif de ce qu'avait d'hypocrite l'expression de «pays en voie de développement». Car si on n'avait pas, en son temps, galvaudé cette expression pour désigner des pays qui n'étaient pas en voie de développement, mais en voie d'endettement et de décrépitude croissants, on pourrait l'employer aujourd'hui pour qualifier des pays qui sont clairement en train de se développer. En outre, l'expression pourrait laisser croire que l'émergence est le fait des pays eux-mêmes, elle pourrait les conduire à l'aveuglement, à cette auto-hallucination euphorique et autocentrée que nous-mêmes, récemment dégrisés, avons bien connue, et qui consiste à ne pas voir que le statut géopolitique des pays explique l'émergence mise en œuvre par les efforts des populations.

Mais trêve de naïveté, les mêmes efforts, fournis par les mêmes pays, sans que ceux-ci bénéficient du même statut géopolitique, ne donneraient rien ! Il n'est pas douteux non plus que le statut sans les efforts conduirait à l'échec. Pour que le succès soit envisageable, il faut la rencontre des deux : une position géopolitique externe conjointement avec des choix et efforts internes, une alchimie entre le subi et le voulu, comme doivent se rejoindre l'inné et l'acquis.

Dans la tradition du temps jadis, la première moitié des années 1980, les États-Unis n'hésiteront pas à servir d'aspirateur – on préférera ce mot à celui de déversoir – des exportations de leurs nouveaux alliés, se transformant ainsi en locomotive de leurs projets géopolitiques. En achetant des produits mexicains ou chinois, ils n'achètent pas simplement des objets, ils achètent l'ascension sociale de ceux qui les produisent, c'est-à-dire la tentative de pacification des pays dont les exportateurs sont citoyens. Nous disposons maintenant des premiers retours d'expériences et il est bien possible que les historiens considèrent que l'année 2000 sera l'année symbole de la mise en œuvre du projet. Car c'est cette année-là que les États-Unis ont enregistré, pour la première fois, avec la Chine et le Mexique, nouveaux alliés symboliques, un déficit commercial plus important que celui qu'ils enregistraient avec leurs anciens alliés privilégiés, le Japon et l'Allemagne.

DÉFICIT D'INTERPRÉTATION

Il ne faut jamais perdre de vue que le déficit commercial des États-Unis n'est que l'excédent commercial des états désunis, les pays qu'ils souhaitent choyer pour des raisons stratégiques. Et si l'on veut connaître les projets géopolitiques américains, point n'est besoin de cacher des micros à la Maison Blanche, il suffit d'observer quels sont les pays avec lesquels ils acceptent délibérément d'être déficitaires… en des technologies qu'ils jugent sans grand enjeu du point de vue de cette «guerre de l'innovation» dont nous avons longuement parlé – c'était à de nombreux chapitres d'ici…

Les États-Unis, leurs responsables, les citoyens aussi – mais en ont-ils conscience? – préfèrent que les enfants américains jouent avec des jouets *Made in China,* soient habillés de t-shirts mexicains, se baladent avec des Nike fabriquées en Indonésie (et ils seraient bon qu'ils en changent souvent pour compenser les pertes de l'industrie touristique balinaise), jouent prochainement au basket avec des ballons produits à Karachi, plutôt que, devenus grands, ils ne soient obligés d'aller faire le coup de feu pour maintenir ou rétablir l'ordre dans le détroit de Formose, sur la frontière du Rio Grande ou dans d'autres zones devenues tempétueuses. Quel dommage qu'on n'ait pas songé à remplacer plus tôt les moquettes des maisons américaines par des tapis persans – il est peut-être encore temps d'en acheter!

On observe souvent que le déficit commercial américain n'aurait pas vraiment été réduit depuis une grosse quinzaine d'années… Si l'on s'en tient aux chiffres bruts, demeurés aux alentours de cinq cents milliards de dollars par an, la continuité semble l'emporter sur les changements.

Cette apparence de quasi-identité dissimule des réalités fondamentalement différentes. Si les chiffres sont précis, leur interprétation n'est pas pour autant exacte.

Il convient d'abord de noter que les dollars actuels valent plus ou moins la moitié de ce qu'ils valaient au milieu des années 1980. C'est-à-dire que si les importations américaines sont demeurées, en valeur, proches de ce qu'elles étaient, les exportations par leurs fournisseurs… ont néanmoins diminué de moitié. Alors que pour dix mille dollars les États-Unis achetaient deux Toyota modèle 1985, ils n'achètent plus, pour la même somme, qu'un seul modèle 2005. On peut donc dire qu'ils continuent à reconquérir leur marché domestique avec des productions *Made in USA*… mais il est vrai que, désormais, les constructeurs japonais produisent aux États-Unis et y vendent ce qu'ils ne peuvent plus exporter de l'Archipel.

En outre, les fournisseurs des États-Unis ne sont plus les mêmes, l'origine des plus grandes importations n'est plus ce qu'elle était : les nouveaux alliés se substituent progressivement aux anciens. La roue tourne, n'est-ce pas le nom de l'association qui vient en aide aux anciens artistes?

Enfin, et ce n'est pas le moins important, la nature des produits importés n'est plus la même. Au temps jadis, les États-Unis importaient du *high-tech* eurasiatique et perdaient leur leadership technologique au fil de la persistance de leurs déficits. À présent, ils importent surtout du *low tech*. Si les dommages en termes d'emplois sont susceptibles d'être comparables, les enjeux n'ont plus rien à voir à l'aune de la maîtrise des technologies clés. Un dollar consacré à importer des chips de maïs du Mexique remplace un dollar qui servait à acheter des *chips* au silicium au Japon. Et les *nachos* ne représentent pas le même enjeu que les microprocesseurs. Bien qu'ils acceptent toujours d'être les plus grands importateurs du monde, les États-Unis sont en train de rattraper le terrain perdu dans la guerre technologique.

AUTRES TEMPS, AUTRES MŒURS COMMERCIALES

Accepter d'importer pour tenter de stabiliser les pays exportateurs, telle est l'antienne des États-Unis, avec de nouveaux partenaires, géopolitiques d'abord, commerciaux ensuite. Comment peut-on expliquer, autrement que par un choix géopolitique délibéré, le fait que les présidents américains successifs, Bush père et fils, ainsi que Clinton, se soient employés tous les ans, qu'ils soient démocrates ou républicains, à faire en sorte que la Chine se voie renouveler la «clause de la nation la plus favorisée», c'est-à-dire le droit de vendre aux États-Unis dans des conditions tarifaires privilégiées?

Une continuité d'analyse, un consensus, prévalaient pour faciliter l'industrialisation de la Chine, car plus nombreux seraient les Chinois qui travailleraient pour exporter vers les États-Unis, plus nombreux seraient les Chinois qui progresseraient, auraient quelque chose à perdre… et moins nombreux seraient ceux, qui n'ayant rien à perdre, seraient prêts à se suicider pour reconquérir Taïwan! Chaque année la bagarre se répétait qui consistait à convaincre un Congrès, invariablement réticent car sensible aux conséquences en termes d'emplois, de renouveler la clause, valable une année seulement – un contrat d'alliance à durée déterminée. On a remarqué que le rituel annuel n'a plus cours : en effet, la clause est maintenant accordée de manière pérenne. Depuis que la Chine est membre de l'Organisation mondiale du commerce, on peut dire que l'alliance est devenue un CDI. A-t-on remarqué la date à laquelle se sont enfin débloquées les négociations avec la Chine au sujet de son entrée dans l'OMC? Depuis quinze ans, elles traînaient en longueur, et elles ont abouti le 18 septembre 2001 – La Palice aurait observé : la semaine même qui suivait celle qui la précédait! C'est-à-dire au moment où l'alliance stratégique avec la Chine devenait d'autant plus impérative que l'islamisme radical venait de frapper trois fois. La politique commerciale américaine n'est que l'ombre portée par des priorités géopolitiques.

Les industriels européens du textile qui ont semblé stupéfaits de voir se déverser les importations chinoises à partir de janvier 2005 n'ont pas voulu croire que la fin des quotas, annoncée pourtant depuis dix ans, surviendrait. Ils pensaient sans doute que les Européens parviendraient encore à jouer la montre, à les prolonger. Mais la «guerre du soutien-gorge», puisqu'on l'a ainsi nommée, a eu lieu. Ils l'ont perdue. Les exportations chinoises étaient inscrites à l'agenda, comme priorité géopolitique, depuis le 11-Septembre. Étrange clin d'œil : les Twin Towers, en s'écroulant, entraînent dans leur chute l'industrie française des sous-vêtements. Produire de la lingerie ne requiert pas seulement une connaissance des fantasmes intimes mais également une dimension géopolitique.

On ne peut pas douter que le dollar soit donc, encore et toujours, un instrument de cette politique. Si les États-Unis provoquent sa chute face aux monnaies des anciens fournisseurs, le yen, l'euro, devises des alliés répudiés, ils s'accommodent en revanche, même s'ils la critiquent, de voir la parité du yuan chinois, et des pays nouvellement promus au rang d'alliés, rester fixe vis-à-vis du dollar, c'est-à-dire maintenir la compétitivité de leurs nouvelles amours, disons plutôt des nouvelles favorites. (Une petite concession symbolique a été demandée à la Chine, et acceptée en 2005, pour qu'elle réévalue, *a minima*, son yuan. Il fallait ce geste pour faire taire ceux qui, aux États-Unis même, critiquaient le choix ou plutôt souffraient de ses conséquences en termes d'emplois…)

Il ne faudrait plus se contenter de parler de clause de la nation la plus favorisée, mais évoquer un statut de pays le plus privilégié, cajolé, choyé. On devra de nouveau en convenir : il s'agit d'un privilège inouï que de pouvoir ainsi disposer de la possibilité de payer ce que l'on achète, des «produits d'appel» pour un projet géopolitique sous-jacent, avec la monnaie que l'on imprime! Quel statut hors du commun que celui qui permet, en faisant varier à la hausse ou à la baisse la valeur de sa monnaie, d'influer sur le niveau de prospérité ou de difficulté des alliés, anciens ou nouveaux, et des adversaires! Ce statut est la conséquence du fait que les États-Unis ont gagné le grand chelem des guerres mondiales du XXe siècle. Si en d'autres temps les vainqueurs obtenaient en tribut des populations ou des territoires, les États-Unis ont retiré de leurs victoires le privilège de réaliser leurs projets géopolitiques en diffusant de la monnaie, d'écrire l'Histoire à crédit. Tant que les créanciers des États-Unis accepteront de receler des créances, l'Histoire continuera de s'écrire ainsi.

Nouveaux pots et meilleure soupe?

Revenons un instant sur l'analyse, déjà évoquée mais à peine effleurée, que développe Emmanuel Todd dans son ouvrage intitulé *Après l'Empire – Essai sur la décomposition du système américain*. Il montre limpidement combien les États-Unis créent ainsi une étouffante relation de dépendance avec leurs fournisseurs, lesquels deviennent aussitôt leurs créanciers. Mais si les dollars que la Chine obtient en exportant vers les États-Unis sont, ne serait-ce qu'en partie, recyclés en bons du Trésor américain, la relation de dépendance n'est pas univoque. Nous sommes en présence de la relation d'interdépendance classique entre les marchands et les guerriers, les premiers finançant les seconds, qui se retrouvent ainsi dans une situation de mercenaires.

Nous rencontrons de nouveau une vieille histoire, une nouvelle sauce pour un vieux ragoût. Car c'est précisément le schéma qui s'était mis en œuvre à la fin de la Guerre Froide lorsque les excédents commerciaux japonais furent recyclés, dans d'autres circuits économiques – on parle de blanchiment –, en financement des déficits budgétaires américains, c'est-à-dire en effort de guerre. Les Japonais, contraints au pacifisme après 1945, utilisaient les Américains comme des samouraïs. Mais dans ce jeu, qui est dépendant de qui? Les uns dépendent des autres, et réciproquement! Nous nous trouvons en présence d'une très classique relation d'interdépendance dont on a souvent constaté qu'elle pouvait être parmi les plus stables et durables qui soient… Car si Pince-mi et Pince-moi sont dans le même bateau, celui des deux qui fera le premier des trous dans la coque entraînera l'autre.

Une récession chinoise ferait certes apparaître combien les États-Unis ont lié leur sort à celui de la Chine réveillée. Il serait d'ailleurs préférable d'écrire «fera apparaître» car la question n'est pas celle de l'éventualité, du «si», mais celle du moment, du «quand». Cette récession trouvera son origine dans une surchauffe, des sur-investissements, une réévaluation du yuan d'autant plus brutale qu'elle aura été davantage retardée, une révolte sociale des laissés-pour-compte, une agitation politique, ou une combinatoire de tous ces ingrédients. Les Chinois en souffriraient les premiers, à l'évidence. Mais les Américains en seraient également contaminés, à nul doute. Et le reste du monde industrialisé ne manquerait pas d'en être éclaboussé aussi. Ceux qui s'inquiètent aujourd'hui de la montée en puissance de ce qu'ils voient comme l'atelier du monde trouveront d'autres motifs de se préoccuper lorsque la Chine passera par des trous d'air. De même, ceux qui s'insurgent ou se préoccupent du déficit commercial des États-Unis, leur talon d'Achille disent-ils, ne doivent pas pour autant perdre de vue que si le premier importateur du monde s'employait à le résorber… il réduirait en fait l'excédent commercial de ses fournisseurs, c'est-à-dire ce qui assure sinon leur prospérité du moins leur activité. Mais pas de crainte inutile, ce n'est pas à l'ordre du jour… Les nostalgiques de feu l'équilibre de la terreur devraient trouver motif à se réjouir. Il reprend du service.

Cela dit, ce ne sont plus dorénavant les têtes nucléaires des missiles stratégiques enfouis dans des silos qui garantissent la MAD, *mutual assurance destruction*, mais les têtes de gondoles de Wal-Mart, ou de Carrefour, sur lesquelles se retrouvent des produits *Made in China*. Sous l'apparence d'un objet de consommation, on découvre, au-delà du paquet, un concentré de relations géopolitiques qui conduit à un ouvrier de Shenzen, emblématique de la classe moyenne chinoise qui aspire au mieux-vivre, à la consommation et à l'enrichissement paisible. C'est aussi lui dont le travail sert à financer la présence en Irak d'un immigrant latino enrôlé dans l'armée américaine, dans l'espoir d'une naturalisation, non posthume si possible.

La nouvelle soupe est-elle meilleure, interrogeait-on au début de ce passage? Je l'ignore à vrai dire. Mais j'en reconnais la recette, grande classique de l'art d'accommoder les restes. Et je sais qu'il en est de plus indigestes, en l'occurrence de plus dangereuses, puisque personne ici n'a intérêt à cracher dans la soupière.

C'EST EN FORGEANT...

Si l'alliance avec la Chine est la plus importante, qu'il s'agisse de sa taille ou de ses enjeux géopolitiques, elle n'est pas exclusive, et d'autres partenariats se mettent en place. Procédons à une revue d'effectifs en recherchant davantage l'exemplarité que l'exhaustivité.

La taille n'étant pas moindre, examinons d'abord l'Inde. Mais il faudrait parler des Indes et définir celle ou celles avec qui un partenariat stratégique est conclu, puisqu'il s'agit, là encore, d'un pays continent, qu'on désignait, il n'y a pas si longtemps, par la pluralité. Nous voici en présence d'une des rares démocraties, on l'identifie souvent sous le cliché stéréotype de «la plus grande du monde», qui s'est retrouvée dans le camp des battus de la Guerre Froide – si l'on veut bien faire abstraction des démocraties populaires qui n'étaient guère plus démocratiques que populaires. Car l'Inde avait conclu avec l'URSS une alliance qui comportait, entre autres, des volets militaires et commerciaux, notamment des accords de compensation dits «de *clearing*», qui comptabilisaient les échanges respectifs, les Migs vendus par les uns, les textiles exportés par les autres.

Dans le même temps, et il ne s'agit évidemment pas d'une concomitance mais d'un lien de cause à effet, le Pakistan était allié aux États-Unis. Retournement d'alliances lorsque la Guerre Froide s'achève : les Indiens redécouvrent l'Amérique et, en 2000, lors d'un voyage du président Clinton dans la région, la réconciliation est célébrée... tandis que le Pakistan, République de droit divin (*sic*), est tancé pour comportements non démocratiques. (On a déjà noté que le général Musharraf, putschiste dénoncé de l'époque, a été très rapidement absous après le 11-Septembre.) Alliance avec l'un, alliance avec l'autre, l'Inde démocratique délaissée puis retrouvée, le Pakistan dictatorial répudié puis amnistié… Versatilité idéologique mais continuité méthodologique pour des temps géopolitiques qui changent. Les États-Unis se retrouvent désormais, et pour la première fois, alliés avec tous les pays issus des guerres de sécession qui ont divisé l'Empire des Indes… D'où la nécessité, tout d'abord, de réconcilier Caïn et Abel, qui sont toujours sur le point d'en découdre, et avec des moyens nucléaires à présent, ne serait-ce qu'à propos du prurit permanent que constitue, on l'a déjà évoqué, le Cachemire. Mais il faut surtout mettre en œuvre les nouvelles alliances avec chacun des deux partenaires; chacun selon ses moyens et ses besoins.

Avec l'Inde, la dimension économique n'est pas sans rappeler le schéma chinois. Elle consiste à acheter en Inde pour injecter de la richesse dans le pays en pariant sur un effet stabilisateur. Acheter mais ne pas acheter n'importe quoi! Il faut souligner ici ce qui est beaucoup plus qu'une nuance! Si les États-Unis achètent des produits chinois, ils vont acheter des services indiens. Le premier géant vend, du moins pour le moment, sa main-d'œuvre, tandis que le second vend ses cerveaux-d'œuvre. Ces exportations de matière grise se font sous deux variantes que chacun connaît bien. Soit les États-Unis sous-traitent en Inde, à des entreprises indiennes ou filiales de sociétés américaines, des fonctions de gestion à forte dimension intellectuelle, tels les services informatiques. Et l'Inde, où des quasi-prix Nobel coûtent moins cher que les ingénieurs de la Silicon Valley, devient alors un gigantesque back-office des États-Unis. Soit des ingénieurs indiens sont attirés, aspirés par des entreprises aux États-Unis, dont ils constituent dorénavant une proportion non négligeable des intelligences.

Où l'on constatera que, finalement, les deux débats qui font florès en France, sur les délocalisations et les quotas d'immigration, débats le plus souvent déconnectés alors qu'ils sont liés, conduisent à revisiter la vieille alternative : faut-il déplacer le tabouret ou le piano? On notera que les États-Unis ne tranchent pas le débat, pratiquent les deux, mais qu'en tout état de cause la musique jouée est désormais transnationale – un hymne à l'alliance américano-indienne.

PEUT-ON ÉTEINDRE DES INCENDIES AVEC LE COMMERCE INTERNATIONAL?

La dialectique peut-elle casser des briques? – se demandait-on jadis. La réponse n'a jamais été convaincante. Les importations des États-Unis conjureront-elles les dangers du monde nouveau? Telle pourrait être la nouvelle devinette. Bien entendu, personne ne peut se prononcer, fournir une réponse péremptoire à cette question. L'avenir seul… Même les États-Unis se contentent de faire le pari que la méthodologie qui avait si bien fonctionné avec l'Europe occidentale et le Japon opérera de nouveau. Ils se montrent importateurs et se veulent démineurs. Pour ce qui est des résultats, rien n'est moins sûr car si l'essai est marqué – les États-Unis importent –, rien ne garantit sa transformation : les pays exportateurs sont tout sauf stabilisés.

On reconnaîtra peut-être, dans le choix des États-Unis, un écho moderniste du vieux cri lancé par Guizot pendant la monarchie de Juillet : « *Enrichissez-vous!* » Il espérait que les révoltes des ouvriers, et la nostalgie amère de la noblesse, seraient solubles dans l'espoir de prospérité matérielle. Les résultats ont été alors moins convaincants que ceux de la variante du même processus qui a été mise en œuvre dans la France des années 1970, lorsque l'accession des classes moyennes à la propriété immobilière a sans nul doute drainé vers les bureaux du Crédit Foncier une partie de ceux qui auraient pu regarder vers la place du Colonel Fabien.

Dans les cas qui nous concernent, ceux que la géopolitique des temps présents nous propose d'observer, le bilan sera probablement contrasté, fait de réussites et d'échecs. Si en Chine ou en Inde, la greffe donne l'impression de prendre, le danger réside dans sa trop rapide réussite auprès d'une minorité d'élus qui pourrait bien devoir affronter la majorité de ceux qui sont exclus. Il serait même surprenant que ceux-ci ne finissent pas par se révolter, au risque de déstabiliser le système… Une course de vitesse est ainsi engagée entre une digestion du processus d'urbanisation et l'industrialisation des campagnes.

Nous sommes témoins des dangers qu'implique, en Chine et en Inde notamment, une immense transfusion où l'on pourrait opposer les grues qui bâtissent les villes nouvelles et les moissonneuses-batteuses qui vident les campagnes. Il est aisé d'identifier les dangers de la course, mais personne ne peut préjuger ses résultats ou les réponses politiques que les dirigeants chinois ou indiens inventeront lorsque des craquements – ils sont inévitables – se feront entendre. On a déjà indiqué que la mouvance islamique radicale recrutait précisément chez les déçus d'un développement personnel auquel ils avaient pourtant eu accès. Dans ce cas précis, à l'évidence, la greffe n'a pas pris, pour des raisons qu'on a précédemment qualifiées de culturelles – le mot gagne du temps –, l'enrichissement matériel proposé s'accompagnant d'une ruine des valeurs.

Si les croyances peuvent faire naître des créances, les cartes de crédit, à l'inverse, ne permettent pas toujours d'acheter l'adhésion à un système de croyances. Et il convient de se demander si la réaction de rejet est susceptible d'intervenir dans les autres zones de tempête auxquelles les États-Unis tentent de donner l'accolade. On retrouve ainsi le même danger à l'œuvre en Indonésie. Là encore, le pays n'est aucunement protégé contre les risques d'un rejet qui peut revêtir toutes les formes déjà envisagées, révolte des exclus, expulsion du greffon pour incompatibilité culturelle, auxquelles il faut rajouter des spécificités propres à l'archipel : les tensions intracommunautaires qui se combinent parfois avec des forces centrifuges – plus personne, depuis le 26 décembre 2004, ne peut ignorer que l'Indonésie est confrontée à d'innombrables séparatismes que même les tsunamis ne réduisent pas.

La recette de Guizot, réécrite par les États-Unis, se lit aussi derrière des projets mis en place en Jordanie (1999) et en Égypte (2004), au travers de QIZ (*qualified industrial zones*), zones de libre-échange où l'on voit des industries se mettre en place qui ont la possibilité d'exporter vers les États-Unis sans droit de douane ni quotas, sous réserve qu'elles comportent un certain pourcentage de produits… israéliens. Pourquoi, en Europe, s'étonner d'une tentative de cicatrisation des vieilles blessures par le baume de l'interdépendance économique? Ne retrouvonsnous pas une logique proche de celle qui sous-tendait les accords de la CECA (Communauté européenne du charbon et de l'acier) par lesquels l'Allemagne et la France ont tenté la cautérisation de leurs plaies? La France, pour sa part, avait essayé d'appliquer la recette dans les années 1980, en acceptant de surpayer le gaz algérien qu'elle importait… Il n'a pas été démontré que cette démarche ait pu contribuer à développer le pays, et moins encore à le stabiliser.

JUMBOGREFFES

Quel sera, dans cette perspective, le destin des deux tentatives qui s'ébauchent d'appliquer, à grande échelle, la vieille recette, et ceci non plus vis-à-vis d'un pays, même gigantesque, mais à l'échelle de régions entières? Les deux ensembles concernés sont ce que les Américains évoquent sous le nom de Grand Moyen-Orient, et l'Afrique, concernée au travers d'un Africa Growth and Opportunity Act (Agoa).

On connaissait le Grand Orient. On ignorait le Grand Moyen-Orient. Il s'agit probablement du concept géopolitique qui ressemble le plus à l'ornithorynque puisqu'il englobe une zone qui s'étend de la Mauritanie au Pakistan, en passant par les pays du Maghreb, l'Égypte, la péninsule arabique, la Turquie, l'Iran… Il faut reconnaître que le seul point commun à ces pays est que la religion musulmane y est majoritaire. En effet, à part quelques pays d'Afrique noire, l'Indonésie et la Malaisie, tous les autres pays que les islams influencent se retrouvent réunis dans un concept qu'on qualifiera d'espagnol, à l'image de ces auberges où l'on trouve de tout, tout ce qu'on veut bien y apporter. En dehors du «Grand Moyen-Orient», on ne rencontre pareille hétérogénéité que lors des assemblées générales des Nations unies, aux Jeux olympiques… et lors des pèlerinages à La Mecque. Si la zone concernée est pour le moins hybride, l'objectif qu'y poursuivent les États-Unis est clair, même simple, voire simpliste, mais les caricatures ont leur mérite. Les États-Unis veulent créer une zone de libre-échange avec la région. Il s'agit du premier étage d'une fusée qui doit assurer la mise à feu des deux suivants: le développement d'abord, une démocratisation ensuite. Et si tout va bien, le satellite d'une occidentalisation damant le pion à l'islamisme radical sera sur orbite… Le président des États-Unis s'est donné dix ans pour réussir le lancement. On n'attendra pas cette échéance pour exprimer des doutes.

Vient ensuite le cas de l'Africa Growth and Opportunity Act (Agoa) dont la destinée tumultueuse est exemplaire pour l'argumentation proposée ici: le commerce international est au service d'une vision géopolitique. L'Afrique noire est si mal partie, il y a plus de quarante ans, que l'affirmation avait été écrite et qu'elle ne s'est toujours pas démentie… Elle est si mal, si peu traitée dans les ouvrages géopolitiques, celui-ci ne fait pas exception, qu'il ne faut pas délaisser une *opportunité* de parler d'Afrique, et tout particulièrement s'il s'agit de son éventuelle *croissance*, puisque tels sont les mots clés qui se trouvent dans Agoa.

Cet Agoa, donc, concentre dans son histoire toutes les caractéristiques du pas de deux chaloupé que dansent géopolitique et commerce international. Tout avait commencé en 1998 sur fond de culpabilité, famines, guerres et massacres négligés, en Éthiopie, au Rwanda, en Angola, pour n'en retenir que trois parmi tant d'autres. Culpabilité mâtinée du souvenir amer d'une intervention en Somalie qui tourne au fiasco. Le président Clinton, empêtré par ailleurs dans ses pantalonnades, entreprend un voyage de douze jours en Afrique qui se veut doublement exceptionnel. Par sa durée et le nombre des pays visités, d'abord, l'investissement est symbolique. En outre, figure dans les bagages le fameux projet d'Agoa par lequel les États-Unis s'engagent à importer des produits africains sans quotas ni droits de douane, sous réserve que les pays concernés acceptent de mettre en œuvre un double processus : libéralisation politique et privatisations de leurs économies, avec, on l'imagine, ouverture aux capitaux étrangers. À bon entendeur des principes démocratiques, salut commercial.

La nouvelle Afrique du Sud est au cœur du voyage et du montage, et l'Afrique anglophone est privilégiée : le président n'entendra parler français qu'au Sénégal, les pays qui ne sauvent même pas les apparences de la démocratie sont boudés, comme le Nigeria, géant infréquentable, du moins à l'époque. Et une partie de l'Afrique de rejoindre, de croire pouvoir rejoindre le camp de ceux qui peuvent espérer que la pompe aspirante des importations américaines pourra amorcer le processus du décollage économique. Il est intéressant de comparer, pour faire apparaître analogies et symétries, la démarche américaine et celle que, depuis quarante ans au moins, la France mettait en œuvre : l'ancienne puissance coloniale privilégiait, sous le nom de coopération, les transferts de fonds du Nord vers le Sud, tandis que les dotations financières des États-Unis sont, à l'inverse, la contrepartie d'importations du Sud vers le Nord. La France prêtait aux pays africains en prétendant aider à leur développement, en réalité pour qu'ils achètent en France. Les États-Unis disent vouloir acheter des produits africains pour que leur éventuelle industrialisation contribue à leur stabilisation.

À l'heure du bilan, il faut reconnaître que la France a surtout acheté des droits de vote aux Nations unies, ses obligés se rangeant à ses côtés, tandis que les Américains tentent d'acheter la stabilité, dont leurs projets géopolitiques comme leurs investisseurs ont besoin : une dose de démocratie injectée, une giclée d'investissements, quelques parts de marché sécurisées, le prix à payer étant d'acheter des produits locaux. Remarquons en outre que lorsque la France a cessé d'avoir les moyens de ses ambitions, quand il lui est devenu impossible de continuer à financer simultanément la solidarité politique du pré carré africain et l'unification de l'Allemagne, elle a cessé de défendre la zone franc qui gelait, depuis plusieurs décennies, une parité fixe entre le franc CFA et le franc métropolitain. Ce taux de change artificiel surévaluait le prix des produits africains exportables – de fait il y en avait peu. En revanche elle facilitait les exportations françaises. Lorsqu'en 1994, la décision a été prise, enfin prise, de dévaluer le franc CFA de 50 %, les apparences pouvaient bien être celles d'une décision monétaire, mais la réalité était, une fois encore, celle de l'expression monétaire d'une réalité géopolitique. Puisqu'à l'époque le franc français était arrimé au deutschmark, quasiment son clone, pour cause de financement de l'unification allemande, la dévaluation équivalait à une dispense accordée aux pays africains de se ruiner eux aussi un peu plus pour y contribuer. Ladite dévaluation de 50 % ayant doublé mécaniquement les prix des produits français, elle a limité leurs exportations vers les pays africains concernés et a dopé symétriquement la compétitivité des produits africains exportables. Une compétitivité d'ailleurs toute théorique puisqu'il faudrait que lesdits produits existent, ce qui aurait supposé des investissements en Afrique… qui n'ont pas été effectués. Échec et mat.

Où l'on retrouve, non accomplie dans ses conséquences, la logique qui, au printemps 1998, sous-tend l'Agoa. Las! Le printemps est une saison fugitive et, dès le mois d'août, le projet d'Agoa, que du reste le Congrès américain traînait à approuver, est remisé. Car deux ambassades américaines, au Kenya et en Tanzanie, sont soufflées par des attentats commis par la mouvance islamique… et les États-Unis fuient alors aussitôt une Afrique vraiment incontrôlable. En outre, ce même mois d'août 1998 éclate la guerre pour le dépeçage du Zaïre, celle que nous avons appelée la «guerre mondiale africaine», tant sont nombreux les pays qui s'en mêlent… Et la mêlée oppose, dans des camps ennemis, certains de ceux sur qui, précisément, les États-Unis comptaient s'appuyer : Zimbabwe et Angola d'un côté, Ouganda de l'autre. Le décollage de l'Afrique est donc renvoyé à une date ultérieure.

On a pu croire, trois ans plus tard, qu'une deuxième fenêtre de tir s'était ouverte. Ambassades reconstruites, tensions intra-africaines sous contrôle relatif, Colin Powell entreprend à son tour, en juillet 2001, un voyage au cours duquel il propose de relancer l'Agoa avec signature solennelle à Washington. Rendez-vous est pris pour le milieu du mois d'octobre suivant. Mais la fatalité poursuit l'Agoa! Survient le 11 septembre 2001, et les États-Unis ont à la mi-octobre d'autres priorités qu'illustre la photo précédemment montrée et qui a été prise à ce moment précis. Cette photo vaut donc autant par ceux qui y figurent… que par ceux qui n'y apparaissent pas. J'ignore si l'habit fait le moine mais je constate qu'il fait les alliés : des vestes en soie chinoise certes, mais point de poncho argentin ou de boubou africain!

Ter repetita… l'Agoa va enfin voir le jour lors d'un déplacement de George W. Bush en Afrique, en juillet 2003. Mais sa nature aura bien changé au cours de sa gestation de cinq ans… à l'image du monde et des craintes géopolitiques des États-Unis. Leur préoccupation essentielle s'agissant de l'Afrique est désormais que les conflits qui s'y multiplient ne développent des zones de non-droit, incontrôlables par ce qui resterait d'autorité étatique. Et que, dès lors, la mouvance Al-Qaida ne s'y installe comme ce fut le cas, dans le passé, en Somalie ou en Afghanistan. Si la nature a horreur du vide, l'islamisme radical l'adore. À nul doute, certains responsables africains ont su jouer cette carte, la peur du terrorisme est bonne conseillère des États-Unis. Certains autres, en bordure du Golfe de Guinée, ont bien entendu également fait valoir qu'ils possèdent des ressources pétrolières offshore, c'est-à-dire doublement éloignées des zones de tempêtes, celles du Moyen-Orient, grand ou petit, et celles du continent africain en proie aux désordres. À suivre.

Quatre leçons géopolitiques – il ne serait pas décent de parler de morales – peuvent être retenues des premiers épisodes du feuilleton Agoa :

- Il se vérifie, tout d'abord, que le commerce international est subordonné à un projet géopolitique, une confirmation dont il va falloir à présent tirer toutes les conséquences.
- On constate ensuite que la réalité des actions passées d'Al-Qaida a, par deux fois, contribué à enfoncer l'Afrique dans ses crises… mais que la crainte de ses éventuelles actions futures peut contribuer à l'en sortir.
- Il apparaît également que le réalisme des intérêts géopolitiques des États-Unis, consistant à prévenir les guerres de l'après-Guerre Froide, est susceptible de contribuer davantage au décollage de l'Afrique que la volonté, non moins réaliste, de la France elle-même durant la Guerre Froide, qui visait à garantir son poids aux Nations unies en portant à bout de bras sa zone d'influence.
- Peut-on observer enfin, sans encourir le reproche du cynisme, qu'il est plus que probable que la même *realpolitik* nord-américaine fasse plus pour l'Afrique que n'en a jamais fait la générosité des tiers-mondistes?

12

LES CADDIES
DE CLAUSEWITZ

Les synthèses sur lesquelles s'est clos le précédent chapitre vont rebondir au début de celui-ci.

CAVE CANEM

Dans le trousseau des clés explicatives qui permettent de comprendre la vision que les États-Unis ont du monde, la peur qui motive leurs choix ouvre plus de serrures que la volonté de puissance, idée reçue classique. L'image de la superpuissance, de l'hyper-puissance disent certains, ne s'en trouve pas écornée, mais ses choix ne s'expliquent plus essentiellement par une volonté d'exercice de ladite puissance. Le moteur est d'abord la crainte que quelqu'un d'autre ne l'exerce. On peut trouver le distinguo subtil, voire spécieux. Comme on peut considérer secondaire, après s'être fait mordre le jarret par un chien, une déclaration de son maître prétendant qu'il ne s'est pas agi de méchanceté ou de rage mais simplement de peur. La distinction n'aide pas à la cicatrisation des morsures, mais elle n'est pas anodine pour qui veut comprendre et éventuellement se protéger.

De même que les citoyens américains redoutent l'exercice d'un pouvoir étatique qui s'imposerait aux individus, de même les États-Unis craignent-ils qu'une autre puissance, État ou Organisation, ne dicte sa loi. Mais le moteur à craintes qui met en mouvements les États-Unis utilise un second carburant dont la formule chimique semble inversée : nombreux sont leurs choix qui s'expliquent par la peur d'une instabilité extérieure qui les menacerait tout autant qu'un adversaire trop puissant. Ni excès de puissance, ni instabilité. Le besoin d'intervenir apparaît dans l'une et l'autre situation. Les États-Unis ne s'intéressent qu'aux seuls pays, aux seules situations qui leur inspirent la crainte, que ce soit du côté pile, la puissance, ou du côté face, l'instabilité. La nouvelle frontière américaine est plus que jamais faite de territoires dangereux à explorer, il s'agit de nouvelles peurs à défricher. Les enjeux ne sont en rien futiles, ils sont féconds pour les comportements ultérieurs. Et cette leçon vaut bien une morsure.

FAIS-MOI PEUR!

Les tranches d'histoires qui ont été découpées depuis le début de cet ouvrage font partie d'une histoire de l'évolution des craintes des États-Unis au fil des temps récents. L'histoire de ces craintes serait elle-même partie intégrante de l'Histoire des croyances des Américains, celles qu'ils élaborent eux-mêmes, celles qu'ils reçoivent de l'extérieur, celles qu'ils métissent, ainsi que celles qu'ils diffusent. Notre propre histoire est comme imprégnée de l'évolution de ces croyances, elle en porte tous les stigmates, que nos propres croyances soient sous influence, créolisant celles des Américains, ou que les choix mis en œuvre par les États-Unis pour gérer leurs croyances façonnent notre vie. Dis-moi quelles ont été, dans le passé, leurs inquiétudes, quelles sont celles qui, aujourd'hui, les tenaillent, et je te dirai leurs comportements.

Deux grandes périodes, radicalement différentes, peuvent être distinguées du haut de notre observatoire des peurs des États-Unis. Une première typologie de leurs inquiétudes constituait la trame du monde occidental qu'ils avaient tissée pendant la Guerre Froide. Il y avait, tout d'abord et bien évidemment, un adversaire redouté qu'il fallait vaincre ou, du moins, dont il fallait éviter qu'il ne gagne. On sait qu'il a fallu l'épuiser pour y parvenir, et que les moyens successifs de cette course harassante ont contribué à écrire le monde pendant quarante ans. Il n'est pas besoin d'insister sur ce point. Mais prévalait aussi, en ces temps de Guerre Froide, la crainte d'une instabilité de leurs alliés, notamment en Europe occidentale, au Japon et en Corée du Sud. Et la vie de ces régions en a été comme sculptée, l'ensemble des choix américains – politiques, militaires, financiers, commerciaux, idéologiques, on pourrait continuer l'énumération – étant imprégné de la nécessité de fiabiliser, sécuriser leur coalition. Qu'il était doux de faire partie de ceux dont les États-Unis pouvaient redouter qu'ils ne basculent! Si du moins la tranquillité de ces pays était susceptible de mieux s'épanouir dans un cadre démocratique. Car sinon, la crainte du désordre faisait soutenir… les régimes d'ordre, martial le cas échéant. Mais l'Europe occidentale n'était pas l'Amérique latine.

Avec la Guerre Froide qui se termine, les temps changent, et les anciens dépositaires des vieilles craintes ne peuvent plus jouer la même scène du «retenez-moi ou je vire au rouge!» qui avait si bien fonctionné à leur plus grand bénéfice. La fin de la Guerre Froide modifie totalement la carte des inquiétudes américaines. Un nouvel adversaire, de nouveaux alliés, élaborent un jeu complet de nouvelles peurs, lesquelles s'accompagnent naturellement d'une répudiation de ces vieilles craintes qui faisaient le lit douillet des bénéficiaires de l'ordre ancien.

On croyait, plus haut dans cet ouvrage, pouvoir regarder les malheurs de l'Argentine, délaissée puisque désormais non inquiétante, comme un spectacle exotique. Il n'était en réalité que caricature, amplification de ce qui arrive à l'Europe occidentale et au Japon, la Corée du Sud bénéficiant d'une rémission puisqu'elle a la chance d'être mitoyenne de sa jumelle, qui joue les arrêts de jeu de la Guerre Froide. (On comprend qu'elle n'attende pas trop impatiemment une réunification qui non seulement la ruinerait, mais ferait aussi disparaître la carte maîtresse du jeu, celle qui indique «Attention allié fragile».) Il faut d'ailleurs noter que les Nord-Coréens ont compris les règles tout aussi bien que leurs voisins méridionaux, puisqu'ils jouent une autre variante du petit jeu de l'épouvantail. Sur la carte spécifique qu'ils brandissent est écrit «retenez-moi ou je fais une apocalypse!». Personne, de part et d'autre du 37e parallèle, n'est finalement très impatient de redevenir un pays du Matin calme. Donnez-nous encore longtemps des temps agités!

Aujourd'hui comme hier, la politique des États-Unis est l'ombre portée par leurs craintes. Celles-ci sont finalement toujours d'une même nature, qui comprend deux familles principales : les craintes que véhiculent des adversaires ou des ennemis, et celles que représentent des «alliés» dont ils ne pourraient accepter qu'ils soient instables. S'agissant des premières, un *aggiornamento* des réponses est en cours, qui tient compte, surtout depuis le 11-Septembre, de l'inadéquation des vieilles méthodes. Le syndrome de Maginot a déjà frappé. Et il est maintenant clair qu'on ne gérera pas un adversaire qui revêt la forme d'une mouvance apatride et insaisissable, comme on affrontait un système implanté dans des pays identifiés et qu'on pouvait surveiller, survoler. D'autant plus, et c'est même l'essentiel, que le nouvel adversaire ne saurait être sensible à la dissuasion à laquelle réagissaient ceux qui partageaient la peur de la mort. La guerre entre les croyances que la mort inspire succède à l'affrontement de ceux qui, partageant la même crainte de la mort, s'opposaient sur des croyances vitales, des conceptions de la vie.

Avec les alliés d'aujourd'hui, la réponse est, à ce jour, la même que celle pour laquelle les États-Unis avaient opté avec les alliés de la Guerre

Froide : acheter des produits dans l'espoir d'exporter de la croissance, de la paix sociale et de la stabilité politique. Les États-Unis préfèrent toujours aller au centre commercial tout de suite plutôt que d'avoir à se rendre à la caserne, plus tard, pour maintenir l'ordre aux marches de leur coalition. L'alternative entre le Caddie et le Humvee. Mais l'ombre de Maginot risque fort de se profiler derechef… si certains nouveaux alliés ne mordent pas au vieil hameçon. On peut donc aisément imaginer un 11-Septembre de ce qu'on pourrait appeler la politique Wal-Mart, le premier importateur de biens de consommations aux États-Unis, c'est-à-dire le premier instrument d'une stratégie qui préfère remplir les centres commerciaux plutôt que les casernes. Le démenti revêtirait alors la forme d'une agitation déstabilisatrice dans un pays allié, et ce bien que les États-Unis aient fait le choix d'y importer tant et plus. Il sera toujours temps de voir de quelle réactivité les États-Unis feront preuve pour inventer de nouvelles réponses, de nouvelles croyances pour remplacer celles qui seraient démonétisées. S'ils n'en savent rien eux-mêmes, comment pourrions-nous l'imaginer ?

VIEIL ARSENIC ET NOUVELLES DENTELLES

Dans le cas de l'Europe occidentale et du Japon, le vieux poison qu'ils instillaient si bien aux États-Unis – notre instabilité serait votre souci – n'opère plus. Cette vieille croyance s'est écroulée avec le Mur. Si, dorénavant, les États-Unis nourrissent des craintes en regardant l'Europe, c'est d'abord en constatant que la glaciation des vieux démons, des identités barbares, assassines et suicidaires, s'est achevée avec la défaite de l'URSS. Alors, pour prévenir les risques de prolifération des bactéries après que le congélateur est tombé en panne, ils se penchent sur les anciens pays du bloc de l'Est.

Derrière la distinction qu'a opérée Donald Rumsfeld entre la Vieille Europe et la Nouvelle, un clivage est également mis en lumière entre deux générations de croyances. D'une part les croyances qui avaient soudé l'Europe occidentale pendant près d'un demi-siècle, vieille peur remisée que cette partie du continent ne vire au communisme… peur dans laquelle certains pays, nostalgiques et mélancoliques, continuent à croire qu'ils peuvent vivre. D'autre part les croyances que désormais fait naître le continent dans son ensemble – sa partie Est en particulier mais pas seulement –, dont les États-Unis redoutent qu'il ne retourne à la barbarie, c'est-à-dire qu'il ne retombe dans ses croyances antérieures –

la peur de l'autre qui s'expulse en violence : ces vieilles croyances européennes qui avaient conduit à la Seconde Guerre mondiale et à une confiscation partielle du continent pendant quarante-cinq ans.

La politique américaine, l'évolution de la conception que se font les États-Unis de la *pax americana*, sont décalquées à partir des mutations que connaissent celles des croyances qui les meuvent plus que toutes : leurs craintes. L'Europe occidentale comme le Japon doivent ainsi prendre conscience de ce qu'ils ont été comme des pays qui prospèrent pendant la guerre, grâce à la guerre, comme ces villes de garnison dont les activités diurnes et nocturnes profitent bien de la conjoncture belliqueuse. Il faudrait parler de «pays de garnison» pour désigner ceux qui étaient les alliés des États-Unis, un statut que des Allemands ou des Japonais, qui abritaient effectivement des troupes, notamment américaines, n'auraient aucune difficulté à reconnaître, mais qui prend davantage à contre-pied en France. Comme la France a vécu dans l'illusion de son indépendance sans cesse revendiquée par rapport aux États-Unis, il lui est d'autant plus difficile de prendre acte, après coup, que son bien-être était «dépendant».

Les pays qui abritent des troupes américaines mesurent immédiatement la portée d'une décision de retrait, comme la décision, annoncée par George Bush en août 2004, de réduire de soixante-dix mille militaires les effectifs de l'armée américaine en Europe et en Asie. L'Allemagne se lamente, estimant que quatre-vingt mille emplois s'en trouvent menacés. Mais il ne s'agit là que de la partie flagrante, spectaculaire et symbolique du désengagement américain qui accompagne le reflux des peurs inspirées. La décision de provoquer la chute du dollar en 1985 participe de la même logique et elle percute l'ensemble des pays dont la croissance était tirée par les importations des États-Unis, qu'ils aient disposé de bases américaines ou non, France comprise donc. Ce n'est pas parce qu'elle avait quitté le commandement unifié de l'Otan en 1966, en fermant le SHAPE, son quartier général en Europe (qui se trouvait à côté de Paris), ou la base américaine d'Évreux, que la France était sortie de la gravitation qu'impliquait la Guerre Froide. Une petite expérience d'apesanteur ne fait pas échapper à l'attraction terrestre. La France est restée dans le champ d'influences de la conjoncture; l'avoir nié ne fait que rendre plus incompréhensibles encore les conséquences de la disparition de la Guerre Froide. On ne peut comprendre l'asphyxie que si l'on admet avoir eu besoin d'air, en avoir même été dépendant.

La décision financière de 1985 me semble même être d'une tout autre importance puisqu'elle ne remet pas uniquement en cause la stratégie des tenanciers de bars à soldats, je veux dire de ceux qui ne pouvaient nier l'évidence : ils profitaient de la guerre. En l'occurrence, il s'agit des exportateurs français qui prospéraient, grâce à leurs efforts certes, grâce aux craintes américaines surtout. Cette décision, d'apparence monétaire – au risque de n'intéresser que ceux que la finance intéresse –, déstabilise tout l'édifice qui avait été mis en place dans les pays ayant bénéficié, il faut répéter le mot, de la Guerre Froide. Édifice qui comportait une série de constructions et de dispositifs conjoncturels – la conjoncture peut durer quarante ans –, lesquels dispositifs avaient pour but d'éviter un basculement social et politique. Ils étaient les équivalents occidentaux, subtils et sophistiqués, et donc plus efficaces, du Mur de Berlin, qui en était la version symétrique caricaturale, provocatrice et, par là même, inefficace, voire contre-productive.

La chute du Mur va déclencher un séisme dont la réplique sera constituée des écroulements de ces dispositifs, comme si la théorie des dominos, qu'on croyait morte avec la Guerre Froide, connaissait une résurrection paradoxale, en Occident même. Il est utile de visiter un certain nombre de ces Murs occidentaux écroulés, sans prétention aucune à l'exhaustivité, avec le double objectif de prendre la mesure de ce qu'ils étaient et, c'est même l'objectif principal de la visite, de mesurer ce qu'impliquent leurs effondrements.

LA LOCOMOTIVE DÉRAILLERA TROIS FOIS

Nous avons eu l'occasion de proposer et d'utiliser cette métaphore : la croissance de l'Europe occidentale et du Japon a été, passée la période de leur reconstruction, tirée par une locomotive industrielo-exportatrice. C'est aussi ce qui avait été présenté sous le nom de «syndrome coréen» pour en désigner la version la plus spectaculaire, qui prévalait dans la péninsule où la Guerre Froide n'en finit pas de ne pas se terminer. On peut donc encore y observer le syndrome jouant les prolongations, comme dans un village amish au sein duquel des pratiques archaïques subsisteraient.

Il n'est pas question de laisser croire que les États-Unis auraient imposé ce modèle, délibérément et de l'extérieur, à des bénéficiaires qui n'auraient été que simples marionnettes. Il s'agit plutôt de constater qu'il correspondait à une convergence d'intérêts entre leur projet géopolitique, les intérêts des pays bénéficiaires, ceux de leurs populations et ceux des entreprises locales. Cette compatibilité et simultanéité d'intérêts a fait l'événement, comme dans un big-bang qui serait la résultante de circonstances. Mais si la locomotive n'a pas été télécommandée, il faut accepter de voir qu'elle a été au moins tolérée, et qu'elle ne se serait pas mise en route s'il y avait eu antagonisme avec le projet géopolitique américain. La bienveillance des États-Unis face à la croissance qui fiabilisait leurs alliés a même été au-delà lorsque, dans la première moitié des années 1980, ils se sont mis à alimenter la chaudière en ouvrant leur marché intérieur aux produits eurasiatiques.

Ce modèle de développement était au service d'un projet géopolitique, la croissance étant la mère de toutes les batailles sociales et politiques; sa fille sera la stabilité politique de la coalition occidentale. Et c'est l'ensemble du dispositif qui quitte les rails lorsque les États-Unis changent leurs alliances. Comme des favorites qui seraient répudiées, les alliés, déchus de leur statut, vont voir disparaître simultanément tous les attributs de leur splendeur passée.

COURROIES DE TRANSMISSION

Le cœur du dispositif économique, le modèle industrielo-exportateur, va être atteint. Et, avec lui, ce sont les stratégies des entreprises qui vont entrer en fusion, puisqu'il faut maintenant expliciter ce qui sous-tendait jusqu'à présent l'analyse! S'il n'y avait pas de chef d'orchestre clandestin, un grand ordonnateur, il y eut une infinité d'instrumentistes, comme autant de petits lutins mobilisés pour l'interprétation de la partition. Ce sont les entreprises qui, au travers de leurs choix stratégiques simultanés et convergents, ont mis en œuvre le projet.

Lorsqu'une entreprise se fixe comme objectif d'exporter, elle peut légitimement penser qu'il s'agit d'une décision stratégique, dont les dirigeants seuls portent la responsabilité et qui correspond à ses seuls intérêts, situés dans la sphère de ce que l'on appelle habituellement la microéconomie. Un sentiment de liberté, d'être affranchis des influences extérieures, peut même habiter ceux qui se vivent comme décideurs. Quand plusieurs entreprises font, simultanément, le même choix, on peut assurément dire que les mêmes causes produisent les mêmes effets, que les grands esprits décideurs se rencontrent. On peut aussi ajouter à l'explication une dose de comportement mimétique et grégaire, chacun influençant les autres comme dans les processus qui voient se développer les tics de langage, de comportements, qui finissent par créer une mode, une croyance du microcosme microéconomique. Quand tous les opérateurs économiques semblent agir de concert, s'orientant ensemble dans le même sens, se mettant en mouvement simultanément dans la même direction, nous sommes en présence d'un phénomène qui échappe au champ précédemment évoqué. On peut alors recourir à la notion médiatico-sociologique de «phénomène de société».

Mais la multiplication des comportements microéconomiques n'est pas un simple changement d'échelle, le changement affecte aussi la nature des comportements. Il devient une microcontribution à la rédaction d'une page d'Histoire. Pour le meilleur ou le pire, puisque les mêmes processus sont à l'œuvre pour construire ou détruire; avant d'être suicidaires, les moutons de Panurge étaient sagement disciplinés. Nous ne pouvons alors plus nous satisfaire de la seule explication selon laquelle les entreprises, leurs décideurs et stratèges, seraient sous l'influence d'un environnement en fonction de l'évolution duquel ils se contentent de réagir. Il ne s'agit cependant pas de contester cette évidence, aussi flagrante que le dentier de Batman. Mais il convient également, un point de vue n'empêche pas l'autre, de voir, en creux, la portée de ce que nous venons d'observer : les entreprises participent à l'écriture d'une Histoire dont elles auraient tendance à se croire exclusivement spectatrices. Les entreprises sont des sujets historiques. Il n'y a jamais aucune difficulté à les convaincre de leur responsabilité active lorsqu'il s'agit de la seule histoire économique, mais nous parlons bien d'Histoire.

S'agissant de la petite histoire, économique, personne ne conteste, par exemple, que sur les marchés financiers, les comportements de ceux qui se reconnaissent d'ailleurs comme «acteurs» créent les événements autant qu'ils sont influencés par eux. C'est ainsi que craignant la baisse d'une monnaie, les acteurs adoptent des comportements de protection qui provoquent la réalisation de leur crainte, l'inverse étant également vrai. Il en est de même de tous les «marchés» monétaires ou financiers, où les croyances majoritaires se transforment en événements. Si les alchimistes ont échoué à réaliser la transmutation du vil plomb en or, les marchés à terme de matières premières changent les opinions quant à l'évolution du cours du plomb en argent sonnant ou trébuchant. Aucun «décideur» économique ne résiste longtemps lorsqu'on lui dit qu'il est tout autant acteur que spectateur des marchés.

Les résistances sont plus grandes lorsqu'on sort du champ économique pour avancer que les entreprises participent aussi à l'écriture de la grande Histoire. Expliquer que les «modes stratégiques» participent de son écriture passe encore. Mais le noyau dur des réticences est atteint lorsqu'est suggérée l'hypothèse selon laquelle la mise en œuvre d'un projet géopolitique historique aurait besoin, pour s'accomplir, de l'intervention des entreprises. Et pourtant! Il existe dans la fiscalité française des ovnis conceptuels qu'on appelle des «contributions volontaires obligatoires», qui conduisent une profession à prendre délibérément la décision de s'acquitter d'une taxe de soutien aux acteurs de ladite profession, taxe qui devient un impôt auquel aucun d'entre eux ne peut plus alors se soustraire. Ce concept, les résistances qu'il suscite, me semblent illustrer la relation que les entreprises entretiennent avec la géopolitique. Nous sommes en présence de stratégies volontaires obligatoires par lesquelles les décideurs s'enrôlent spontanément, mais en masse, pour faire les choix que l'Histoire attend d'eux.

Il est bien évident que si le sergent recruteur de la géopolitique se contentait de lancer le slogan traditionnel «engagez-vous!», il rencontrerait un piètre succès. Son talent consiste à laisser chacun avoir le sentiment qu'il lance, spontanément, le cri «engagez-moi». Chacun et tous. Car, *in fine*, la mobilisation a lieu et les troupes pourront se mettre en marche. Les petits ruisseaux des stratégies d'entreprises font les grands fleuves géopolitiques. La chose n'est d'ailleurs pas neuve : les compagnies maritimes, véritables ancêtres des multinationales d'aujourd'hui, ont joué un rôle déterminant dans la découverte du monde puis dans sa colonisation, *via* les comptoirs entre autres. Mais, en ce temps-là du moins, elles ne doutaient pas un instant qu'elles étaient les bras séculiers de la mise en œuvre d'un projet historique. Leurs responsables, pour leur part, n'éprouvaient pas le besoin de croire, faire croire que leurs stratégies procédaient de considérations microéconomiques et qu'elles n'étaient «qu'influencées» par leur environnement.

Sous la Liberté, les libertés

S'il est parfois malaisé de faire accepter qu'entre stratégie d'entreprise et géopolitique, la relation s'apparente à la discipline librement consentie, les explications sont multiples. Sans chercher à les hiérarchiser, sans ambition à vider la question, je propose quelques réponses dont les champs, d'ailleurs, se chevauchent parfois.

Il y a tout d'abord une grande résistance à la découverte de ce qui s'apparente à une perte de liberté, à dire vrai du sentiment de liberté. Comme chacun de nous est tombé du haut de son adolescence en découvrant que le monde ne lui appartenait pas. De même, ceux qui croient que leurs décisions leur appartiennent, proviennent d'eux, sont déroutés de découvrir que si, en effet, elles leur appartiennent, elles émanent par contre davantage des réalités géopolitiques dans lesquelles elles sont inscrites. On peut rapprocher cette découverte déplaisante d'être en «liberté surveillée par la conjoncture» de ce sentiment que chacun peut éprouver s'il a des enfants. En effet, qui n'a eu la conviction d'avoir choisi leurs prénoms en toute liberté, à l'occasion d'un arbitrage dans l'intimité parentale, au moment de la naissance? Or la désillusion peut apparaître lorsque, quelques années plus tard, on consulte la liste de tous les camarades de classe de ses enfants, et que les coïncidences constatées, on retrouve chez plusieurs autres le prénom qu'on avait choisi. On est naturellement conduit à s'interroger sur la liberté en général, la liberté de choisir en particulier. Cette répugnance à admettre qu'on croit pousser un cri alors qu'on se contente de renvoyer un écho est par ailleurs d'autant plus grande que l'on monte dans la hiérarchie des prises de décisions, et on ne s'en étonnera pas. Ceux qui se savent exécutants sont naturellement moins pris à contre-pied que ceux qui se veulent décideurs. Lorsqu'on appartient à une Direction, on est davantage enclin à croire qu'on l'indique plutôt qu'à accepter de voir qu'on la suit – nous parlons de la direction.

Or la nature des relations entre géopolitique et décision conduit à suggérer qu'un dirigeant est d'abord un traducteur. Il traduit les réalités en décision. Mais un traducteur ne saurait évidemment être assimilé à l'auteur du texte. La traduction peut être bonne ou mauvaise – on dit fidèle ou non, on crie parfois «*traduttore, traditore!*» à la trahison par le traducteur –, elle ne sera jamais l'original. Les décideurs qui se prennent pour des auteurs se retrouvent ainsi comme ces hommes politiques qui, n'ayant finalement qu'une marge de manœuvre résiduelle, se démarquent, tentent de se démarquer les uns des autres, en feignant de disposer de programmes radicalement différents pour changer le monde. Il n'est certes pas indifférent de rouler sur la file de droite ou de gauche sur l'autoroute, en fonçant ou lambinant, mais la réalité de l'autoroute ne dépend pas de la prudence ou de l'imprudence des conducteurs. Par contre, leurs mouvements collectifs font la fluidité ou les embouteillages. Si Bison Futé s'intéressait à la géopolitique, il pourrait deviner les stratégies des entreprises.

La géopolitique se contente de donner des impulsions que le mimétisme grégaire des comportements des acteurs économiques, et tout particulièrement le mimétisme de ceux qui ont la responsabilité des «choix» stratégiques, transforme en réalité. Mais leurs «prises de décisions» s'apparentent alors plus à celles du sismographe qui enregistre les secousses qu'à celles des plaques tectoniques qui se heurtent. Jamais Richter n'a prétendu élaborer une stratégie conduisant à une maîtrise de la dérive des continents : il s'est contenté de proposer d'en lire et d'en étalonner les manifestations. Mais dans le cas des stratégies d'entreprises, l'ensemble des sismographes conduit les acteurs à adopter une attitude qui finit par avoir des conséquences telluriques.

On a déjà rencontré ces prévisions autoréalisatrices qui transforment, notamment sur les marchés financiers, les mouvements d'opinions majoritaires en événements qui valident la pertinence des opinions initiales, amplifiant ces opinions et leurs conséquences. La stratégie d'entreprise entretient avec son environnement géopolitique la même nature de relation, celle d'un détecteur de fumée qui deviendrait pyromane et confirmerait alors, de façon apparemment paradoxale, l'adage selon lequel il n'y aurait pas de fumée sans feu. Une grande partie de son efficacité tient à sa subtile discrétion, qui fait que le décideur n'a pas le sentiment d'obéir à des injonctions géopolitiques mais de librement choisir en fonction de considérations essentiellement économiques. Une marge de liberté demeure d'ailleurs dans le moment de la mise en œuvre de la stratégie, ainsi que dans la forme pratique qu'elle revêt, ce qui accroît encore l'illusion de liberté.

De même, si les habitudes vestimentaires étaient décrétées, rendues obligatoires par décrets, la révolte gronderait, à n'en pas douter, chez les assujettis. Tandis que la délicate pression du mimétisme conduit chacun et tous à adopter des comportements identiques, tout en jouissant de la liberté résiduelle de choisir la couleur et les motifs de sa cravate ou de son foulard, qui se retrouve ainsi faire partie d'une panoplie commune, quasiment d'un uniforme, librement choisie. Chaque fois qu'on imagine se contenter de suivre la mode, on contribue en fait à sa diffusion. Toute entreprise qui croirait se contenter de faire des choix stratégiques aurait perdu de vue qu'elle participe à l'écriture de l'Histoire tout autant qu'elle est portée par elle. La stratégie d'entreprise devient alors le processus par lequel des décideurs expriment leur choix, comme on exprime l'eau d'une éponge. Mais chacun sait que l'«expression» se produit après que l'éponge a été gorgée. En l'occurrence, les entreprises qui baignent dans leur environnement sont imbibées de réalités géopolitiques.

Les instrumentistes se prennent pour des compositeurs. Ils s'imaginent parfois obéir à un chef d'orchestre alors qu'ils échappent à la cacophonie dans la spontanéité de leurs mimétismes, comme ces applaudissements qui, rapidement, en arrivent à scander un même rythme sans qu'il soit besoin de les y contraindre.

VERSION FRANÇAISE

Le modèle de développement qu'a connu la France pendant la Guerre Froide a été comme un Mur qui a structuré le pays. Il était constitué de moellons : les stratégies des entreprises. En exportant, ces dernières poursuivaient certes la recherche de leurs intérêts microéconomiques, et c'est ce qu'elles voyaient en premier, mais elles créaient aussi des emplois, rapportaient des devises, participaient à la croissance; elles en avaient également conscience. Mais qui ne comprend qu'elles contribuaient en outre à stabiliser le pays? Et ce à une époque où le risque était grand qu'il soit agité, plus encore qu'il l'avait été, de soubresauts sociaux et politiques. Lorsqu'un tiers du PNB français était exporté, on mesure bien qu'il s'agissait bien plus de microcontributions à un modèle économique, social et politique, que de l'addition de stratégies d'entreprises. Et ce modèle était parfaitement compatible avec le projet géopolitique des États-Unis, qui avaient besoin de la stabilité d'un allié, turbulent sans doute, mais qui devait se trouver, et est d'ailleurs resté, arrimé dans le camp occidental.

C'était un temps de convergences d'intérêts, ceux des États-Unis et ceux de la collectivité « France », de ses entreprises, de ses citoyens. Chacun y trouvait son compte, chacun pouvait croire que son comportement était celui d'un soliste indépendant, il n'en participait pas moins de la même symphonie historique. La France proclamait son indépendance non alignée, les entreprises élaboraient les stratégies qui leur faisaient gagner des parts de marché, les salariés poursuivaient leur ambition de progression sociale, chacun était d'autant plus enclin à se persuader qu'il décidait de son destin qu'il en était moins l'organisateur. *In memoriam.* Il s'agissait avant tout de croyances. Les stratégies étaient conjoncturelles, liées à leur époque, elles ne pouvaient durer que ce que durent les époques. Les stratégies des entreprises françaises au cœur desquelles figurait l'exportation sont à ranger dans un même musée imaginaire et historique, où figureraient, reliques mélancoliques, des morceaux du Mur de Berlin et les disques vinyle des chœurs de l'Armée rouge…

Exporter vers les pays du Sud? N'y plus songer depuis qu'ils sont insolvables et que plus personne n'imagine qu'on puisse recommencer à leur prêter afin qu'ils passent des commandes – les mêmes causes produisant les mêmes effets, ils finiraient, de nouveau, par ne plus pouvoir faire face à leurs échéances.

Exporter vers les États-Unis? On a longuement analysé les raisons qui avaient conduit les Américains à accepter d'importer des produits de leurs alliés… Jadis, naguère. On a également constaté que s'ils sont toujours disposés à le faire, afin de conduire leurs projets géopolitiques, la France ne fait plus partie des zones choyées dans lesquelles ils font le choix de se fournir en biens pour instiller la stabilité.

Exporter vers l'Est de l'Europe? Si la naïveté permettait peut-être de nourrir le rêve au lendemain de la Chute du Mur, chacun sait aujourd'hui qu'il faut contribuer à la stabilisation de ces pays de l'Est, qui passe par leur propre industrialisation… et non par l'exportation des produits qui résultent de la nôtre. Il ne sera possible d'y développer des stratégies d'exportation payantes, c'est-à-dire payées, qu'à hauteur des seules sommes qui leur seront prêtées pour qu'ils honorent leurs dettes. Les stratégies d'exportation seront donc limitées aux sommes que, pour des raisons géopolitiques, on acceptera de perdre – car refuser de les perdre coûterait bien plus cher encore.

Exporter vers les pays émergents? Le fantasme est riche et a été nourri quelques années durant. Mais la plupart de ces pays sont à ranger dans la catégorie de ceux à qui les États-Unis souhaitent, pour des raisons géopolitiques, donner l'accolade, ces nouveaux alliés chez qui ils font le choix d'acheter… Ne pas imaginer qu'ils seront disponibles pour être importateurs à grande échelle. Ce qu'ils importeront leur servira à mettre en œuvre leur propre modèle de croissance à base d'industrialisation et… d'exportation. En outre, au travers de crises financières dans les années 1990, leurs monnaies ont perdu entre 30 et 70 % de leur valeur par rapport aux monnaies européennes, ce qui pénalise d'autant les tentatives pour y exporter. Voilà qui est valable pour tous, mais, objectera-t-on, ne l'est pas pour l'immense Chine dont la monnaie ne s'est pas dépréciée, elle est même demeurée presque stable par rapport au dollar et a donc quasiment chuté autant que lui. Point de compétitivité monétaire perdue, donc!

Exporter vers la Chine? Fantasme parmi les fantasmes, il s'agit là du dernier avatar qui voit ressurgir le mythe des stratégies d'exportation.

Trêve d'illusions. Rappelons l'évidence. On ne pourra développer des stratégies d'exportation qu'avec un pays ayant opté pour un modèle de développement à base d'importations… Or ce n'est pas précisément l'option prise par la Chine. Ce n'est pas le sens de l'Histoire que les États-Unis et leur allié privilégié sont en train d'écrire au travers de leur partenariat stratégique – à une autre époque, on aurait parlé d'«amitié indéfectible». Inévitablement, un réajustement de parité entre le yuan et le dollar interviendra. Il ne remettra pas en cause le lien historique, il se contentera d'en éliminer les aspérités commerciales les plus outrancières.

Lorsque toutes les zones géographiques semblent ainsi se fermer, il n'est plus possible de laisser croire qu'il s'agit de mauvais sorts conjugués. C'est le souffle de l'Histoire qui vient de changer. Ce ne sont que différentes illustrations géographiques des nouvelles réalités du monde de l'après-Guerre Froide. Les stratégies d'exportation françaises sont mortes avec la guerre qui les avait vues prospérer. Qu'on se rassure : il existe une version allemande ou japonaise de la même oraison… La guerre étant finie, tous les murs, sans exception, s'effondrent, et les moellons volent en tous sens.

Une théorie de la stratégie d'entreprise qui nierait que les stratégies sont davantage une résonance qu'un bruit original aurait alors une prétention prométhéenne. L'idée qu'une entreprise puisse avoir une stratégie qui serait autre chose que l'ombre portée par la géopolitique implique que l'on revisite le mythe de la caverne : une décision stratégique est d'abord la croyance que l'on prend une décision. Celle-ci n'est en fait qu'un précipité, une résultante des influences géopolitiques dont fait l'objet le décideur, du champ magnétique historique et géographique dans lequel il baigne, champ qui est lui-même façonné par les croyances dominantes aux États-Unis. Nous sommes en présence de croyances au second degré.

LES NOUVELLES CROYANCES CHASSENT LES VIEILLES

Puisqu'on ne peut pas davantage espérer échapper à la force de gravitation des croyances américaines qu'aux autres forces de gravitation, il faut en tirer la leçon. À moins de vouloir se mettre en état d'apesanteur, c'est un choix possible, mais il demeurera marginal et sans doute provisoire. Le travail à accomplir sera d'abord un travail de deuil : faire son deuil de la Guerre Froide et de la chance qu'elle représentait pour ceux qui sont nés pendant les vacances, et au bon endroit de surcroît. Travail de deuil d'autant plus difficile qu'on ne découvre qu'il s'agissait de vacances qu'après qu'elles se sont achevées. La prospérité qui accompagnait le statut de pays de garnison est révolue avec les circonstances qui lui avaient donné naissance. Le modèle économique, politique, social, culturel, ainsi que le jeu de croyances ayant escorté ce statut, qui en étaient des manifestations, ont disparu avec lui. Ils ne reviendront jamais sur scène sauf à espérer, croyance vaine, une reconstruction du Mur, pourquoi pas une réhabilitation de Staline…

Un monde nouveau se met en place et il porte encore et toujours la marque des croyances des États-Unis, même si leurs nouvelles croyances ne ressemblent en rien aux anciennes, sauf dans la méthodologie mise en place pour exorciser les peurs qu'elles concentrent. Les nouvelles croyances ne regardent plus dans les mêmes directions, ne portent plus sur les mêmes craintes. Mais elles lancent le même défi à ceux qui sont confrontés à la prise de décision, c'est-à-dire qui doivent les traduire en ce qu'on appelle des «stratégies», comme une boussole qui se satisferait de la croyance qu'elle choisit son orientation.

On ne peut pas davantage lutter contre la géopolitique aujourd'hui qu'hier. On ne peut que l'accompagner. Pour les entreprises françaises, cela suppose qu'elles participent aux nouvelles alliances que le monde nouveau tente de construire : il s'agit d'accompagner la mise en place du modèle industrielo-exportateur chez les nouveaux alliés, c'est-à-dire d'investir dans les pays que les États-Unis tentent de développer dans l'espoir de les stabiliser. Pour chacun de nous, cet accompagnement implique que nous prenions la mesure que ces stratégies d'investissement à l'étranger ne se résument pas à ce que l'on pourfend sous le nom de «délocalisations», c'est-à-dire de décisions motivées par des différentiels de coûts salariaux ou de taux d'imposition. Ces délocalisations existent, mais elles sont minoritaires – précision qui n'équivaut pas à balayer d'un revers de main les conséquences qu'elles ont pour ceux qu'elles concernent. Cela dit, les investissements à l'étranger abordés ici ne sont pas des décisions mais des réponses. Celles-ci ne sont pas principalement motivées par le fait que des salariés locaux seraient moins coûteux que les Français, ce qui est sans doute vrai par ailleurs, mais par cette réalité géopolitique incontournable : un monde nouveau se met en place, sculpté par un nouveau jeu de croyances, de craintes surtout, d'espoirs parfois.

Tant de questions sont alors soulevées et qui se pressent : quels nouveaux emplois pour remplacer les anciens? Les premiers se créeront-ils aussi vite que les anciens disparaissent? Les titulaires des anciens métiers pourront-ils postuler aux nouveaux? De quelles expertises les nouvelles réalités géopolitiques ont-elles besoin, ici pour gérer les remises en cause, ailleurs pour vivre les nouveaux espoirs? Comment s'adresser aux laissés-pour-compte? De quelle formation avons-nous besoin pour acquérir les nouvelles expertises? Comment se donner les moyens financiers – des créances peut-être – des coûts du changement de monde? Comment parler du monde nouveau aux enfants? Mille autres interrogations se bousculent sans doute.

Bien entendu, j'aurais raté mes objectifs si les voyages proposés par ce livre, qui dès sa première page propose de «mettre en questions», n'avaient pas débouché sur des interrogations! Elles ne sont certainement pas nouvelles, mais qu'il soit permis d'espérer qu'elles seront désormais posées en des termes différents, éclairées par leurs dimensions historique et géographique. La géopolitique fournit une grille de lecture, ce n'est pas la seule. Cette grille n'est aucunement une théorie… car la théorie présente généralement l'inconvénient d'être… théorique. Il s'agit plus simplement d'une matrice de traitement de l'information, des informations, et qui se soumet en permanence à l'épreuve des faits. Si les faits démentent la grille de lecture, il va de soi que les faits ont raison et qu'il convient de remettre en cause les hypothèses, de les jeter peut-être.

En tout état de cause, un nouveau jeu de croyances sous-tendra les réponses qu'on inventera, ébauchera – approximations de réponses, tâtonnantes, qu'on n'hésitera pas à remettre en cause. Un risque majeur serait alors de se tourner vers les croyances d'un autre temps, discréditées pourtant. Le repli sur le révolu quand une révolution fait peur. De fait, on rencontre des nostalgiques de la Troisième ou de la Quatrième Internationale, quand ce n'est pas du Troisième Reich ou des temps archaïques. Cette propension s'inscrit dans une grande tradition, la nostalgie, qui peut conduire à la mélancolie. Notre siècle avait cinq ans quand, à Paris, le Grand Palais proposait de parcourir vingt-cinq siècles d'histoire de la mélancolie au travers de centaines d'œuvres qui l'expriment. Un itinéraire exceptionnel jalonné de créations somptueuses qui marquent, au gré des époques, les variantes… et les constantes.

Il s'avère que la mélancolie apparaît comme réponse lorsqu'on se sent submergé, subjugué, désarmé par le sort, par des désirs auxquels il faut résister, par un monde sur lequel on n'aurait pas prise, la puissance de Dieu pour certains, son absence pour d'autres, la vanité de la raison ou des techniques, les apocalypses dont les hommes sont capables… La mélancolie, on le sait bien, peut conduire à la dépression, la prostration, parfois pire. Mais la mélancolie peut également être furieuse. La tradition occidentale semble ici inaugurée par Ajax qui se suicide, désespéré de n'avoir pu obtenir les armes d'Achille, ou bien par Héraclès qui, après avoir tué un troupeau de bœufs, et sa famille aussi, entreprend de se consoler en multipliant les exploits, ses douze travaux.

Qui ne voit, en ce moment même, combien l'époque est nostalgique? Avec ses variantes dépressives et furieuses. Peut-on rêver un instant qu'elle soit également créatrice?

FÉVRIER 2006